Cuisiner à petit prix

RECETTES SALÉES

RECETTES SUCRÉES

Aiguillettes de canard au poivre vert

Préparation : 20 minutes ■ Cuisson : 15 minutes ■ Budget : ★ Difficulté : ★ ★

Pour 2 personnes

- 200 g d'aiguillettes de canard
- Beurre
- 15 g de poivre vert
- 1,5 cl de cognac
- 20 cl de crème fraîche
- Sel et poivre

Dans une poêle, faites revenir les aiguillettes de canard dans du beurre environ 10 minutes en mélangeant régulièrement.

En fin de cuisson, salez et poivrez selon vos goûts. Déglacez avec le cognac. Réservez le canard au chaud.

À feu doux, versez la crème fraîche et le poivre vert dans la poêle. Mélangez doucement et vérifiez l'assaisonnement.

Aiguillettes de poulet au miel

Préparation : 20 minutes ■ Cuisson : 5 minutes ■ Repos : 1 heure ■ Budget : ★ Difficulté : ★

Pour 4 personnes

- 2 citrons verts non traités
- 4 cuil. à soupe d'huile d'olive
- 4 gousses d'ail hachées
- 2 cuil. à café de thym
- 4 cuil. à café de miel
- 600 g d'aiguillettes de poulet
- 1 yaourt nature
- Sel et poivre

Lavez les citrons verts, prélevez les zestes puis pressez-les.

Dans un saladier, mélangez 3 cuil. à soupe d'huile d'olive, les zestes, le jus de citron, l'ail, le thym, le yaourt et le miel. Salez et poivrez.

Incorporez les aiguillettes dans la marinade et laissez reposer une heure.

Faites chauffer l'huile restante dans une poêle et faites-y sauter les aiguillettes 5 minutes à feu vif.

Servez aussitôt avec la marinade réchauffée au four à micro-ondes.

Ailerons de poulet grillés au miel

Préparation : 15 minutes ■ Cuisson : 50 minutes ■ Budget : ★ Difficulté : ★ ★

Pour 1 personne

- 200 g d'ailerons de poulet
- 0,5 l de bouillon (en cube)
- 30 g de miel
- 1,5 cl de sauce soja
- 1 gousse d'ail
- 1 citron
- Gingembre
- Piment de Cayenne moulu
- Sel et poivre

Faites bouillir 0,5 l d'eau dans une cocotte et jetez-y le cube de bouillon. Déposez-y les ailerons de poulet, arrosez bien avec le bouillon et laissez mijoter à couvert pendant 10 minutes.

Pendant ce temps, préparez la sauce : hachez finement l'ail, le gingembre et le zeste du citron. Ajoutez le miel, le jus du citron, la sauce soja et un peu de piment. Mélangez bien. Salez, poivrez.

Versez cette préparation sur les ailerons et laissez réduire jusqu'à complète évaporation du liquide en remuant très régulièrement pour imbiber le poulet (environ 40 minutes).

Ailes de poulet teriyaki au barbecue

Préparation : 10 minutes ■ Marinade : 1 heure ■ Cuisson : 10 minutes ■ Budget : ★ Difficulté : ★

Pour 2 personnes

- 8 ailes de poulet
- 3 cuil. à soupe de sauce soja
- 2 cuil. à soupe de vinaigre de Xérès
- 1 cuil. à café d'ail en poudre
- 1 cuil. à soupe de miel

Mélangez la sauce soja, le vinaigre de Xérès, l'ail et le miel.

Versez cette marinade sur le poulet et laissez reposer 1 heure.

Placez les ailes dans 4 feuilles de papier aluminium et faites-les cuire au barbecue pendant 10 minutes. Servez bien chaud.

Artichauts farcis au jambon de pays

Préparation : 20 minutes ■ Cuisson : 20 minutes ■ Budget : ★ Difficulté : ★

Pour 4 personnes

- 4 artichauts
- 3 tranches épaisses de jambon de pays
- 3 cuil. à soupe de vinaigre balsamique
- 3 cuil. à soupe d'huile d'olive
- Le jus de 1 citron
- Ciboulette
- Sel et poivre

Plongez les artichauts dans une casserole d'eau bouillante et comptez 20 minutes de cuisson. Passez-les sous l'eau froide, égouttez-les puis ôtez toutes les feuilles afin de récupérer les fonds.

Coupez les tranches de jambon en petits dés et faites-les rissoler à la poêle. Préparez une vinaigrette avec l'huile d'olive, le vinaigre balsamique, le jus de citron et la ciboulette finement ciselée. Salez et poivrez selon vos goûts.

Dressez les fonds d'artichauts sur des assiettes, déposez les dés de jambon dorés sur les fonds et nappez de vinaigrette.

Aubergines au four

Préparation : 15 minutes ■ Cuisson : 30 minutes ■ Budget : ★ Difficulté : ★

Pour 2 personnes

- 2 aubergines
- 2 tomates
- 2 cuil. à soupe d'huile d'olive
- 1 oignon
- Sel et poivre

Préchauffez le four à 220 °C (th. 7-8).

Coupez les aubergines en deux et fendez la chair à l'aide d'un couteau. Salez, poivrez et arrosez-les d'huile d'olive.

Coupez les tomates en petits dés.

Pelez et émincez l'oignon.

Dans un plat à gratin, placez les aubergines recouvertes des tomates et de l'oignon. Enfournez pour 30 minutes.

Servez aussitôt.

Aubergines marinées grillées

Préparation : 20 minutes ■ Cuisson : 40 minutes ■ Repos : 1 heure ■ Budget : ★ Difficulté : ★

Pour 4 personnes

- 750 g d'aubergines
- 3 gousses d'ail
- Huile d'olive
- Thym
- Basilic
- Sel et poivre

Lavez les aubergines et séchez-les. Coupez-les en deux dans le sens de la longueur. Salez et poivrez chaque demi-aubergine selon vos goûts. Saupoudrez-les de thym.

Découpez les gousses d'ail en fines lamelles. Faites de petites entailles dans la pulpe des aubergines et enfoncez-y les lamelles d'ail. Enduisez avec un filet d'huile d'olive et laissez mariner 1 heure à température ambiante.

Préchauffez le four à 210 °C (th. 7).

Déposez les aubergines, pulpe vers le haut, sur une plaque bien huilée et laissez cuire 40 minutes.

Aubergines sautées à l'ail

Préparation : 20 minutes ■ Cuisson : 20 minutes ■ Budget : ★ Difficulté : ★

Pour 4 personnes

- 2 aubergines
- 10 cl d'huile d'olive

Pour la sauce

- 2 yaourts bulgares
- 5 gousses d'ail
- Persil
- Sel et poivre

Lavez et essuyez soigneusement les aubergines. Ôtez les queues et tranchez les aubergines en fines rondelles, en conservant la peau.

Dans une sauteuse, faites chauffer l'huile d'olive et versez-y les rondelles d'aubergines.

Laissez cuire 15 minutes, en les rétournant régulièrement pour dorer toutes les faces. Pour finir, égouttez-les sur un papier absorbant. Réservez au chaud.

Préparez la sauce : épluchez et hachez finement les gousses d'ail ainsi que le persil.

Dans un bol, mélangez les yaourts avec l'ail et le persil. Salez et poivrez selon vos goûts. Réservez au frais.

Aumônières de rouget

Préparation : 1 heure ■ Cuisson : 30 minutes ■ Budget : ★ ★ Difficulté : ★ ★

Pour 4 personnes

- 8 filets de rouget
- 4 feuilles de brick
- 4 poireaux
- 60 g de fumet de poisson en poudre
- Beurre
- 1,5 cl d'huile d'olive
- 1 cuil. à soupe de crème fraîche
- Sel et poivre

Préchauffez le four à 150 °C (th. 5).

Lavez et émincez les poireaux. Dans une sauteuse faites-les suer dans un peu de beurre. Ajoutez 3 cuil. à soupe d'eau et laissez cuire 10 minutes avant d'ajouter la crème fraîche et le fumet de poisson. Mélangez bien.

Dans une poêle, faites chauffer l'huile d'olive et saisissez-y les filets de rouget, 5 minutes sur chaque face. Salez et poivrez selon vos goûts.

Ouvrez et posez à plat les feuilles de brick. Disposez sur chacune d'elles des poireaux cuits et deux filets de rouget. Refermez en aumônière et attachez avec de la ficelle alimentaire.

Placez au four et faites cuire 10 minutes, jusqu'à ce que les aumônières soient bien dorées.

Avocats au crabe

Préparation : 10 minutes ■ Budget : ★ ★★ Difficulté : ★

Pour 2 personnes

- 300 g de crabe en boîte
- 2 avocats bien mûrs
- 12 tomates cerise
- 4 œufs
- 4 cuil. à soupe de mayonnaise

Coupez les avocats en deux.

Faites des œufs durs.

Mélangez la mayonnaise au crabe émietté.

Disposez sur chaque moitié d'avocat le crabe et 3 tomates cerise coupées en 2.

Après avoir écalé les œufs, vous pouvez les disposer coupés en deux, à côté des avocats.

Bar au citron

Préparation : 10 minutes ■ Cuisson : 20 minutes ■ Budget : ★ ★ Difficulté : ★ ★

Pour 4 personnes

- 1 bar (vidé et écaillé)
- 2 citrons
- 20 cl de vin blanc sec
- Thym
- Marjolaine
- Sel et poivre du moulin

Préchauffez le four à 180 °C (th. 6).

Placez le bar dans un plat. Arrosez avec le jus de 1 citron.

Lavez et coupez l'autre citron en rondelles et disposez-les sur et à l'intérieur du bar.

Ajoutez le vin blanc. Parsemez de thym et de marjolaine ciselés. Salez et poivrez selon vos goûts.

Mettez au four et laissez cuire 20 minutes.

Bavette à l'échalote

Préparation : 5 minutes ■ Cuisson : 6 minutes ■ Budget : ★ Difficulté : ★ ★ ★

Pour 4 personnes

- 500 g de bavette
- 2 échalotes
- 2 cuil. à soupe de crème fraîche épaisse
- 3 cuil. à soupe de persil haché
- Sel et poivre

Saisissez la viande.

Pendant ce temps, pelez et émincez les échalotes. Puis faites-les fondre dans une casserole avec un peu d'eau.

Ajoutez la crème fraîche, assaisonnez et laissez chauffer 2 minutes.

Servez la bavette nappée de sauce et parsemez de persil.

Beignets de courgettes

Préparation : 20 minutes ■ Repos : 1 heure ■ Cuisson : 4 minutes ■ Budget : ★ Difficulté : ★

Pour 4 personnes

- 4 courgettes
- 250 g de farine
- 3 œufs
- 1 cuil. à soupe d'huile d'arachide
- 1 sachet de levure
- Huile d'olive
- Sel
- 15 g de gros sel

Épluchez les courgettes et coupez-les en fines rondelles. Déposez-les dans une écumoire et saupoudrez de gros sel, laissez dégorger pendant 1 heure.

Pendant ce temps, préparez la pâte à beignets : mélangez les œufs, la farine, l'huile d'arachide, la levure, une pincée de sel fin et 10 cl d'eau. Mélangez bien tous les ingrédients au fur et à mesure.

Dans une sauteuse, faites chauffer l'huile d'olive à feu vif. Une fois qu'elle est bien chaude, trempez les rondelles de courgettes dans la pâte, puis déposez-les dans la poêle. Laissez bien dorer puis retournez-les à l'aide d'une cuillère en bois.

Placez les beignets sur du papier absorbant.

Blanquette express

Préparation : 10 minutes ■ Cuisson : 40 minutes ■ Budget : ★ Difficulté : ★ ★ ★

Pour 6 personnes

- 1,2 kg d'épaule de veau
- 3 carottes
- 1 grand poireau
- 50 g de beurre
- 50 g de farine
- 3 jaunes d'œufs
- 10 cl de crème fraîche épaisse
- 1 bouquet garni
- 1 oignon piqué d'un clou de girofle
- Sel et poivre

Coupez la viande en morceaux. Placez-les dans une cocotte-minute et recouvrez d'eau froide. Portez à ébullition et écumez.
Ajoutez les carottes, l'oignon piqué d'un clou de girofle, le poireau, le bouquet garni, salez et poivrez. Faites cuire 30 minutes sous pression.
Pendant ce temps, préparez un roux blanc en faisant fondre le beurre dans une casserole et en ajoutant la farine. Mélangez vigoureusement pour ne pas le laisser colorer.
Retirez la viande de la cocotte après la cuisson.
Mouillez le roux avec le jus de cuisson de la viande. Mélangez au fouet jusqu'à l'obtention d'une sauce lisse et moyennement épaisse.
Incorporez les jaunes d'œufs battus avec la crème et vérifiez l'assaisonnement. Placez les morceaux de viande dans la sauce et laissez mijoter quelques minutes avant de servir dans un plat chaud.

Bœuf bourguignon facile

Préparation : 45 minutes ■ Cuisson : 3 à 4 heures ■ Budget : ★ ★★ Difficulté : ★

Pour 4 personnes

- 1 kg de viande à bourguignon
- 6 carottes
- 250 g de lard
- 2 oignons
- 1 verre de vin rouge
- Sel et poivre

Faites revenir les oignons et le lard coupés en morceaux. Réservez.

Placez la viande dans un faitout, assaisonnez et ajoutez les carottes coupées en rondelles.
Laissez mijoter 30 minutes.

Ajoutez le lard et les oignons puis le verre de vin rouge. Faites cuire sur feu doux pendant au moins 3 heures.

Bœuf lôc lac

Préparation : 10 minutes ■ Marinade : 1 heure ■ Cuisson : 20 minutes ■ Budget : ★ ★ ★ Difficulté : ★

Pour 4 personnes

- 1 kg de bœuf (de l'aiguillette de préférence)
- 4 cuil. à café de concentré de tomate
- 6 cuil. à soupe de sauce soja
- 1 cuil. à soupe de fécule de pommes de terre
- 2 gousses d'ail émincées
- 2 cuil. à soupe d'huile de tournesol
- 200 g de riz cuit
- Sel et poivre

Coupez la viande en petits cubes et placez ceux-ci dans un saladier.

Parsemez-les de sel, de poivre, de fécule de pommes de terre et de sauce soja. Mélangez et laissez reposer 1 heure.

Faites chauffer l'huile dans un wok et jetez-y les morceaux de bœuf. Une fois saisis sur toutes les faces, retirez-les.

Mettez l'ail dans le wok puis replacez les morceaux de viande. Retirez du feu.

Versez le concentré de tomate puis le riz et mélangez.

Boudin aux pommes

Préparation : 10 minutes ■ Cuisson : 20 minutes ■ Budget : ★★ Difficulté : ★

Pour 4 personnes

- 4 boudins noirs
- 2 pommes
- 30 g de beurre
- Sel et poivre

Pelez les pommes, coupez-les en dés et faites-les cuire dans le beurre à feu doux, 20 minutes.

Pendant ce temps, faites griller le boudin (sur un gril).

Servez aussitôt le boudin sur un lit de pommes.

Boulettes d'aubergine au parmesan

Préparation : 15 minutes ■ Cuisson : 15 minutes ■ Budget : ★ ★ Difficulté : ★

Pour 20 à 25 boulettes

- 1 grosse aubergine ou 2 petites
- 1 œuf
- 2 gousses d'ail écrasées
- 130 g de mie de pain
- 90 g de parmesan
- 2 cuil. à soupe d'huile d'olive
- 100 g de feta
- 4 cuil. à soupe de persil
- 10 cl de lait
- Farine
- Sel et poivre

Préchauffez le four à 210 °C (th. 7).

Coupez les aubergines dans la longueur, en tranches fines.

Nappez-les d'huile d'olive et mettez-les au four 10 minutes, jusqu'à ce qu'elles soient dorées.
Une fois cuites, mixez-les.

Dans un saladier, mélangez à la fourchette l'aubergine, l'œuf, l'ail, la mie de pain ramollie dans le lait, le parmesan, la feta, le persil, du sel et du poivre.

Formez de petites boulettes puis roulez-les dans la farine et faites-les frire. Servez aussitôt.

Bricks à l'œuf

Préparation : 10 minutes ■ Cuisson : 15 minutes ■ Budget : ★ Difficulté : ★

Pour 4 personnes

- 8 feuilles de brick
- 4 œufs
- 100 g de fromage râpé
- 4 cuil. à soupe d'huile d'olive
- Sel et poivre

Préchauffez le four à 210 °C (th. 7).

Superposez 2 feuilles de brick et cassez 1 œuf au milieu.

Parsemez de fromage râpé, salez et poivrez.

Pliez les feuilles en quatre, badigeonnez-les d'huile d'olive et enfournez 15 minutes. Servez aussitôt.

Bricks de saint-marcellin

Préparation : 20 minutes ■ Cuisson : 8 minutes ■ Budget : ★ ★ Difficulté : ★

Pour 4 personnes

- 4 feuilles de brick
- 2 saint-marcellin pas trop faits
- 20 g de beurre fondu
- 2 cuil. à soupe de thym émietté
- Poivre

Préchauffez le four à 210 °C (th. 7).

Coupez les saint-marcellin en deux pour former 4 palets.

Enrobez-les de thym.

Badigeonnez les feuilles de brick de beurre.

Déposez au centre de chacune d'elle un palet de fromage, poivrez et pliez la feuille en triangle.

Disposez les bricks sur une plaque recouverte de papier sulfurisé et enfournez pour 8 minutes.

Dégustez aussitôt, accompagné d'une salade verte.

Bricks de sardine

Préparation : 25 minutes ■ Cuisson : 2 minutes ■ Budget : ★ Difficulté : ★

Pour 4 personnes

- 4 feuilles de brick
- 4 sardines
- 1 cuil. à soupe de crème fraîche
- 2 tomates
- 50 g d'édam
- 20 g de beurre
- Sel et poivre
- Menthe fraîche

Coupez le fromage en petits dés. Pelez les tomates, coupez-les en petits cubes. Mélangez le fromage et les tomates avec la crème fraîche. Salez, poivrez.

Coupez les têtes des sardines et enlevez les arêtes centrales.

Faites fondre doucement le beurre au micro-ondes et avec un pinceau, beurrez les quatre feuilles de brick. Déposez un filet de sardine sur chaque feuille, ajoutez-y de la farce puis recouvrez avec le deuxième filet de sardine. Posez un peu de menthe ciselée dessus, puis repliez les bords de la feuille de brick et roulez chaque sardine sur elle-même.

Faites dorer très rapidement les bricks de sardine dans une poêle, une minute de chaque côté.

Brochettes d'agneau à la pékinoise

Préparation : 10 minutes ■ Marinade : 1 heure ■ Cuisson : 16 minutes ■ Budget : ★ ★ ★
Difficulté : ★

Pour 4 personnes

- 500 g de gigot d'agneau désossé
- 2 cuil. à soupe d'ail en poudre
- 2 petits oignons blancs
- 1 cuil. à soupe de gingembre en poudre
- 2 cuil. à soupe de vinaigre de vin blanc
- 2 cuil. à soupe de sauce soja
- 1 cuil. à café d'huile de sésame
- Sel et poivre

Détaillez la viande en cubes. Placez ceux-ci dans un saladier avec les oignons, pelés et coupés en deux, le gingembre, l'ail, le vinaigre, la sauce soja et l'huile de sésame. Salez, poivrez et laissez macérer 1 heure.

Préparez les brochettes en alternant les cubes de viande et les morceaux d'oignons.

Faites griller les brochettes 8 minutes de chaque côté en les arrosant de marinade. Servez aussitôt.

Brochettes de jambon cru, melon et fromage frais

Préparation : 15 minutes ■ Budget : ★ ★ Difficulté : ★

Pour 4 personnes

- 200 g de fromage frais
- 1 melon
- 8 tranches de jambon cru

Coupez la chair du melon en dés.

Tartinez le jambon cru de fromage. Roulez la tranche dans le sens de la longueur et découpez des morceaux d'environ 2,5 cm.

Préparez les brochettes en alternant dés de melon et rouleaux de jambon cru. Dégustez bien frais.

Brochettes de légumes

Préparation : 15 minutes ■ Cuisson : 10 minutes ■ Budget : ★ Difficulté : ★

Pour 4 personnes

- 1 poivron vert
- 1 poivron jaune
- 16 tomates cerise
- 2 oignons

Coupez les poivrons en dés.

Pelez et coupez les oignons en dés.

Préparez les brochettes en alternant les légumes.

Faites-les griller 10 minutes au barbecue ou sous le gril du four.

Brochettes de poulet façon tandoori

Préparation : 20 minutes ■ Cuisson : 10 minutes ■ Budget : ★ Difficulté : ★

Pour 4 personnes

- 4 escalopes de poulet
- 4 yaourts grecs
- 100 g d'épices tandoori
- 3 cuil. à soupe d'huile d'olive
- Le jus de 1 citron

Dans un petit saladier, mélangez les yaourts grecs avec le tandoori, l'huile d'olive et le jus de citron.

Découpez les escalopes de poulet en petits dés et placez-les dans la préparation en mélangeant bien. Laissez au frais pendant 24 heures.

Faites griller les morceaux à la poêle et piquez-les sur des brochettes en bois. Servez tiède.

Brochettes de tomates cerise et mozzarella

Préparation : 15 minutes ■ Budget : ★ Difficulté : ★

Pour 4 personnes

- 200 g de tomates cerise
- 150 g de mozzarella
- Une dizaine de feuilles de basilic

Coupez les tomates cerise en deux.

Coupez la mozzarella en petits morceaux.

Sur un cure-dent, piquez une moitié de tomate, une feuille de basilic, un morceau de mozzarella, à nouveau une feuille de basilic et terminez par l'autre moitié de la tomate cerise.

Cabillaud à la tahitienne

Préparation : 15 minutes ■ Marinade : 15 minutes ■ Budget : ★ ★ ★ Difficulté : ★

Pour 4 personnes

- 500 g de cabillaud
- 1 oignon
- 1 échalote
- 3 citrons verts
- 1 piment oiseau
- 1 cuil. à soupe de ciboulette émincée
- Sel et poivre

Pelez et hachez l'oignon et l'échalote.

Prélevez le jus des citrons et mélangez-le à l'oignon et l'échalote.

Coupez le poisson en dés. Ajoutez-les au mélange précédent. Assaisonnez et incorporez le piment oiseau émincé.

Laissez reposer au frais 15 minutes.
Au moment de servir, parsemez de ciboulette émincée.

Cabillaud en cocotte

Préparation : 35 minutes ■ Cuisson : 30 minutes ■ Budget : ★ Difficulté : ★ ★

Pour 4 personnes

- 4 filets de cabillaud
- 5 tomates
- 3 gousses d'ail
- 3 oignons
- 1 bouquet garni
- 20 cl de vin blanc sec
- 3 cuil. à soupe d'huile d'olive
- Sel et poivre

Émincez finement les oignons et l'ail.

Entaillez les tomates d'une croix, plongez-les quelques instants dans l'eau bouillante puis et découpez-les en gros morceaux.

Dans une cocotte, faites chauffer l'huile d'olive et mettez-y l'oignon, l'ail et les morceaux de tomate. Faites revenir à feu vif puis ajoutez le vin blanc, le bouquet garni, le sel et le poivre (selon vos goûts). Laissez cuire à couvert et à feu moyen pendant 15 minutes.

Ajoutez alors les filets de cabillaud, salez légèrement. Laissez cuire à découvert et à feu doux 15 minutes de plus.

Cabillaud rôti à la moutarde

Préparation : 10 minutes ■ Cuisson : 20 minutes ■ Budget : ★ Difficulté : ★

Pour 4 personnes

- 4 filets de cabillaud
- 45 g de moutarde
- 45 g de chapelure
- 3 cuil. à soupe d'huile d'olive
- Persil
- Sel et poivre

Préchauffez votre four à 180 °C (th. 6).

Huilez légèrement votre plat. Placez-y les filets de poisson et tartinez-les de moutarde.

Recouvrez avec la chapelure, le persil ciselé et l'huile d'olive. Salez et poivrez.

Placez au four et laissez cuire 20 minutes.

Cake chèvre, noix et raisins secs

Préparation : 25 minutes ■ Cuisson : 40 minutes ■ Budget : ★ ★ Difficulté : ★

Pour 6 personnes

- 175 g de farine
- 3 œufs
- 2 cuil. à soupe d'huile d'olive
- ½ sachet de levure chimique
- 100 g de fromage râpé
- 150 g de fromage de chèvre en bûche
- 12 cl de lait
- 70 g de cerneaux de noix
- 50 g de raisins secs
- Sel et poivre

Préchauffez le four à 200 °C (th.6-7).

Faites gonfler les raisins 15 minutes dans de l'eau tiède.

Dans un saladier, fouettez les œufs puis incorporez la farine, la levure, du sel et du poivre.

Ajoutez peu à peu l'huile, le lait chaud et le fromage râpé. Mélangez bien.

Ajoutez le chèvre écrasé à la fourchette, les noix concassées grossièrement et les raisins égouttés.

Beurrez un moule à cake, versez-y la préparation et enfournez pour 45 minutes.

Laissez légèrement tiédir avant de démouler et servez.

Cake au thon

Préparation : 15 minutes ■ Cuisson : 40 minutes ■ Budget : ★ Difficulté : ★

Pour 6 personnes

- 150 g de farine
- 1 sachet de levure chimique
- 3 œufs
- 300 g de thon en boîte
- 10 cl de lait
- 10 cl d'huile
- Sel et poivre

Préchauffez le four à 200 °C (th. 6-7).

Mélangez la farine et la levure.

Ajoutez les œufs puis le lait, l'huile, du sel et du poivre.

Mélangez bien puis incorporez le thon émietté.

Beurrez un moule à cake, versez-y la préparation et enfournez pour 40 minutes.

Laissez tiédir avant de démouler et servez aussitôt.

Cake aux champignons

Préparation : 20 minutes ■ Cuisson : 45 minutes ■ Budget : ★ Difficulté : ★

Pour 6 personnes

- 150 g de farine de blé
- 50 g de farine de châtaigne
- 4 œufs
- 12,5 cl de lait
- 10 cl d'huile
- 1 sachet de levure
- 100 g de gruyère râpé
- 400 g de champignons de Paris
- 1 gousse d'ail
- 3 cuil. à soupe de persil haché
- Sel et poivre

Préchauffez le four à 200 °C (th. 6-7).

Émincez les champignons et faites-les cuire avec de l'ail et du persil.

Dans un saladier, fouettez les œufs puis ajoutez les farines et la levure.

Incorporez peu à peu l'huile, le lait et le gruyère râpé.

Ajoutez les champignons et assaisonnez.

Beurrez un moule à cake, versez-y la préparation et enfournez pour 45 minutes.

Laissez tiédir légèrement avant de démouler puis servez.

Cake aux courgettes et au chèvre frais

Préparation : 20 minutes ■ Cuisson : 45 minutes ■ Budget : ★ ★ Difficulté : ★

Pour 6 personnes

- 150 g de farine
- 1 sachet de levure
- 3 œufs
- 3 cl d'huile de tournesol
- 1 cuil. à soupe d'huile d'olive
- 12,5 cl de lait
- 200 g de chèvre frais
- 1 courgette
- Sel et poivre

Préchauffez le four à 200 °C (th. 6-7).

Coupez la courgette en dés puis faites-la revenir dans l'huile d'olive. Réservez.

Dans un saladier, mélangez la farine à la levure puis incorporez les œufs, l'huile, le lait chaud, les dés de courgettes, le chèvre (grossièrement coupé) et assaisonnez.

Beurrez un moule à cake, versez-y la préparation et enfournez pour 45 minutes.

Laissez tiédir avant de démouler puis servez.

Cake aux deux saumons

Préparation : 20 minutes ■ Cuisson : 45 minutes ■ Budget : ★ ★★ Difficulté : ★

Pour 6 personnes

- 120 g de farine
- 3 œufs
- 10 cl de lait
- 100 g de beurre fondu
- 1 sachet de levure
- 150 g de saumon frais
- 150 g de saumon fumé
- Sel et poivre

Préchauffez le four à 200 °C (th. 6-7).

Dans un saladier, mélangez la farine à la levure puis ajoutez les œufs, le lait et le beurre fondu.

Coupez le saumon fumé et le saumon frais en petits morceaux. Incorporez-les délicatement à la préparation et assaisonnez.

Beurrez un moule à cake, versez-y la préparation et enfournez pour 45 minutes.

Laissez tiédir légèrement avant de démouler puis servez.

Cake aux épinards et au poisson blanc

Préparation : 30 minutes ■ Cuisson : 30 minutes ■ Budget : ★★★ Difficulté : ★

Pour 6 personnes

- 50 g de farine
- 20 cl de lait
- 3 œufs
- 800 g de filet de poisson blanc (merlan ou cabillaud)
- 800 g d'épinards surgelés
- 50 g de margarine
- Sel et poivre

Préchauffez le four à 200 °C (th. 6-7). Faites bouillir de l'eau. Préparez une béchamel en faisant chauffer la margarine dans la casserole. Puis ajoutez la farine et le lait en mélangeant vigoureusement. Quand elle est bien épaisse, ajoutez les galets d'épinards. Assaisonnez et laissez dégeler à feu doux.

Lorsque l'eau bout, salez et plongez les filets de poisson. Attendez la reprise de l'ébullition et laissez frémir 5 minutes. Égouttez. Lorsque les épinards sont dégelés, hors du feu, assaisonnez et incorporez 3 œufs. Ajoutez ensuite la moitié des filets de poisson et mélangez.

Beurrez un moule à cake et versez un tiers de la préparation aux épinards. Répartissez la moitié des filets de poisson restants puis à nouveau les épinards.

Enfournez pour 30 minutes. Démoulez puis servez aussitôt.

Cake aux olives et au jambon

Préparation : 15 minutes ■ Cuisson : 45 minutes ■ Budget : ★ Difficulté : ★

Pour 6 personnes

- 250 g de farine
- 1 paquet de levure
- 15 cl de vin blanc sec
- 15 cl d'huile d'olive
- 4 œufs
- 100 g de gruyère râpé
- 200 g de jambon en dés
- 200 g d'olives noires
- Sel et poivre

Préchauffez le four à 200 °C (th. 6-7).

Dans un saladier, travaillez le vin, l'huile et les œufs.

Ajoutez la farine, le gruyère, la levure, le jambon et les olives. Assaisonnez.

Beurrez un moule à cake, versez-y la préparation et enfournez pour 45 minutes.

Laissez tiédir avant de démouler puis servez.

Cake aux tomates séchées

Préparation : 10 minutes ■ Cuisson : 1 heure ■ Budget : ★★ Difficulté : ★

Pour 6 personnes

- 250 g de farine
- 1 sachet de levure
- 4 œufs
- 100 g de gruyère râpé
- 200 g de tomates séchées en bocal
- 15 cl d'huile
- 15 cl de lait
- 2 poignées de basilic ciselé
- Sel et poivre

Préchauffez le four à 200 °C (th. 6-7).

Battez les œufs puis incorporez-y l'huile, le lait, le sel et le poivre.

Ajoutez la farine et la levure.

Incorporez ensuite le gruyère, les tomates coupées en petits morceaux et le basilic. Mélangez bien.

Beurrez un moule à cake, versez-y la préparation et enfournez pour 45 minutes.

Laissez tiédir légèrement avant de démouler puis servez.

Cake franc-comtois

Préparation : 30 minutes ■ Cuisson : 1 h 05 ■ Budget : ★★ ★ Difficulté : ★

Pour 6 personnes

- 250 g de farine
- 4 œufs
- 1 sachet de levure
- 100 g de beurre demi-sel
- 10 cl de lait
- 150 g de comté
- 1 petite saucisse de Morteau
- 5 cl de vin blanc sec
- Sel et poivre

Préchauffez le four à 200 °C (th 6-7).
Pochez la saucisse 20 minutes dans de l'eau frémissante.
Égouttez-la, retirez la peau et coupez-la en cubes.

Râpez le comté. Faites tiédir le lait. Hors du feu, ajoutez le beurre coupé en morceaux et laissez-le fondre.

Dans un saladier, mélangez la farine avec la levure. Incorporez les œufs un à un puis délayez avec le lait et le vin blanc. Assaisonnez.

Ajoutez le comté râpé et les cubes de saucisse. Mélangez.

Beurrez un moule à cake et versez-y la pâte. Enfournez pour 45 minutes. Laissez tiédir légèrement avant de démouler puis servez.

Cake jambon-fromage

Préparation : 15 minutes ■ Cuisson : 45 minutes ■ Budget : ★ Difficulté : ★

Pour 6 personnes

- 300 g de farine
- 1 paquet de levure
- 6 œufs
- 12 cl de lait
- 100 g de beurre fondu
- 225 g de gruyère râpé
- 300 g de jambon
- Sel et poivre

Préchauffez le four à 200 °C (th. 6-7).

Dans un saladier, fouettez les œufs et ajoutez la farine, le lait, le beurre fondu, le gruyère, la levure et assaisonnez.

Ajoutez le jambon coupé en morceaux.

Beurrez un moule à cake et versez-y la préparation.

Enfournez pour 45 minutes.

Laissez tiédir légèrement avant de démouler puis servez.

Canard farci aux pommes

Préparation : 25 minutes ■ Cuisson : 1 h 10 ■ Budget : ★ ★ Difficulté : ★ ★

Pour 4 personnes

- 1 canard
- 6 pommes (type golden)
- 30 g de sucre en poudre
- 15 g de beurre
- 2 cuil. à soupe d'huile d'olive
- 20 cl de calvados
- Sel et poivre

Épluchez et coupez les pommes en petits quartiers. Dans une poêle, faites caraméliser ces morceaux de pommes avec le beurre et le sucre, en mélangeant avec la spatule pour que ça n'attache pas. Lorsque les pommes sont bien caramélisées, retirez la poêle du feu et ajoutez le calvados.

Préchauffez le four à 200 °C (th. 6-7). Salez et poivrez le canard selon vos goûts et farcissez-le avec les pommes au calvados. Posez-le dans un plat et arrosez-le avec 2 cuil. à soupe d'huile d'olive, en répartissant bien sur toute la surface.Placez au four et laissez cuire 1 heure. À mi-cuisson, retournez le canard et arrosez-le avec le jus.

Avant de servir, laissez reposer le canard 30 minutes et servez-le découpé en morceaux, avec sa farce aux pommes.

Carottes braisées

Préparation : 15 minutes ■ Cuisson : 1 heure ■ Budget : ★ Difficulté : ★

Pour 2 personnes

- 500 g de carottes
- 150 g d'oignons blancs
- 25 g de beurre
- 5 g de sucre en poudre
- 2 gousses d'ail
- Cerfeuil
- 1 bouquet garni (thym, laurier et persil plat)
- Sel et poivre

Hachez finement l'ail et le cerfeuil. Épluchez les carottes et coupez-les en tranches fines. Épluchez les oignons et coupez-les en dés.

Dans une cocotte, faites fondre le beurre à feu vif et jetez-y les oignons et les carottes. Laissez rissoler pendant 3 minutes puis saupoudrez avec le sucre en poudre.

Mélangez bien pour éviter que les légumes n'accrochent et réduisez le feu.

Ajoutez l'ail haché, le bouquet garni et le cerfeuil. Mélangez le tout. Salez et poivrez selon vos goûts. Couvrez et laissez mijoter 1 heure à feu très doux.

Remuez très régulièrement pour éviter que cela n'accroche.

Carpaccio de bœuf au pesto

Préparation : 25 minutes ■ Budget : ★ Difficulté : ★

Pour 4 personnes

- 400 g de filet de bœuf

Pour la sauce pesto

- 10 feuilles de basilic
- 10 cl d'huile d'olive
- Le jus de 1 citron
- 30 g de pignons de pin
- Sel et poivre

Placez le filet de bœuf au congélateur pour qu'il durcisse un peu. Découpez-le alors en tranches très fines et disposez-les dans des assiettes plates.

Préparez la sauce en mélangeant l'huile d'olive, les feuilles de basilic ciselées, les pignons et le jus de citron. Salez et poivrez selon vos goûts. Nappez la viande avec cette sauce.

Servez aussitôt, bien frais.

Carré de porc et pommes de terre

Préparation : 15 minutes ■ Cuisson : 1 h 10 ■ Budget : ★ Difficulté : ★ ★

Pour 4 personnes

- 1 carré de porc de 1 kg
- 1 kg de pommes ce terre à chair ferme
- 20 cl de crème fraîche
- 3 jaunes d'œufs
- 3 gousses d'ail
- 2 cuil. à soupe d'huile d'olive
- Beurre
- Sel et poivre blanc

Préchauffez le four à 180 °C (th. 6).

Pelez les gousses d'ail et coupez-les en morceaux. Piquez-les dans la viande. Salez et poivrez selon vos goûts. Badigeonnez avec l'huile d'olive et faites dorer la viande à la poêle, quelques minutes sur chaque face.
Déposez-la dans un plat et faites cuire au four pendant 20 minutes.

Pendant ce temps, épluchez les pommes de terre et découpez-les en très fines rondelles. Salez et poivrez selon vos goûts. Ajoutez les pommes de terre tout autour du carré de viande.

Battez au fouet les jaunes d'œufs avec la crème fraîche et versez ce mélange sur les pommes de terre. Parsemez de morceaux de beurre et replacez le plat au four pour 45 minutes.

Cassoulet

Préparation : 45 minutes ■ Cuisson : 3 h 30 ■ Budget : ★ ★ Difficulté : ★

Pour 8 personnes

- 750 g de haricots cocos
- 8 saucisses de Toulouse non fumées
- 4 tranches de poitrine fraîche
- 4 tranches de poitrine fumée
- 4 cuisses de confit de canard
- 70 g de concentré de tomate en boîte
- 4 cuil. à soupe de chapelure
- 6 gousses d'ail
- Quelques feuilles de thym et de laurier
- Sel et poivre

La veille, faites tremper les haricots. Faites-les cuire dans une cocotte avec l'ail, du thym et du laurier 30 minutes. Égouttez.
Placez-les dans une cocotte et recouvrez d'eau. Ajoutez le concentré de tomate, la poitrine fumée en morceaux, du thym, du laurier et remettez à mijoter 30 minutes.
Faites griller la poitrine en morceaux et les saucisses. Ajoutez dans la cocotte. Assaisonnez et laissez mijoter 1 heure à feu très doux, en remuant de temps en temps.
Sortez les cuisses de canard de la boîte, ôtez toute la graisse et séparez le haut et le bas des cuisses. Ajoutez-les dans la cocotte et laissez encore mijoter 30 minutes.
Faites préchauffer le four à 110 °C (th. 3-4).
Prenez deux plats et frottez-les d'ail puis répartissez le contenu de la cocotte. La sauce doit recouvrir les haricots. Saupoudrez alors de chapelure et enfournez. Appuyez sur les morceaux de viande et de saucisses pour qu'ils soient recouverts de sauce.
Laissez cuire 1 heure. Servez.

Céleri rémoulade

Préparation : 10 minutes ■ Cuisson : 10 minutes ■ Budget : ★ Difficulté : ★

Pour 4 personnes

- 1 céleri-rave
- 2 œufs + 1 jaune
- 1 cuil. à soupe de moutarde
- 25 cl d'huile de tournesol
- 1 cuil. à soupe de vinaigre
- Sel et poivre

Épluchez et coupez le céleri-rave en julienne.

Faites-le cuire dans l'eau bouillante 5 minutes. Égouttez et réservez.

Faites cuire 2 œufs. Une fois durs et refroidis, écalez-les et séparez le jaune du blanc.

Réduisez les jaunes en pâte, incorporez-y un jaune d'œuf cru, la moutarde, l'huile, le vinaigre, le sel, le poivre et mélangez comme une mayonnaise.

Incorporez cette sauce au céleri, mélangez bien et placez le tout au réfrigérateur 1 heure avant de déguster.

Chaussons aux épinards et mozzarella

Préparation : 15 minutes ■ Cuisson : 15 minutes ■ Budget : ★ Difficulté : ★

Pour 4 personnes

- 1 rouleau de pâte feuilletée
- 200 g d'épinards surgelés
- 2 boules de mozzarella
- 1 gousse d'ail
- 1 branche d'estragon
- 3 branches de persil plat
- 1 jaune d'œuf
- Sel et poivre

Préchauffez le four à 210 °C (th. 7). Faites dégeler les épinards dans une casserole d'eau bouillante durant 3 minutes. Égouttez-les. Pelez l'ail. Placez épinards, ail, estragon et persil dans le bol d'un mixeur et mixez. Ajoutez la mozzarella égouttée et mixez à nouveau. Salez et poivrez.

Découpez des cercles de 5-6 cm dans la pâte feuilletée. Déposez au milieu de chaque cercle 1 cuil. à café de farce.

Pliez le chausson en deux et refermez-le en pinçant et en mouillant les bords avec du jaune d'œuf. Entaillez chaque chausson avec un couteau afin de laisser échapper les vapeurs de cuisson. Badigeonnez chaque chausson avec du jaune d'œuf.

Placez les chaussons sur la plaque du four et enfournez 10 minutes. Laissez tiédir avant de servir.

Chili con carne express

Préparation : 25 minutes ■ Cuisson : 1 heure ■ Budget : ★ Difficulté : ★ ★

Pour 4 personnes

- 500 g de bœuf haché
- 400 g de tomates
- 400 g de haricots rouges
- 3 poivrons rouges
- 3 oignons
- 3 cuil. à soupe d'huile d'olive
- Persil
- Thym
- Coriandre
- 1 cuil. à café de cumin
- 1 cuil. à café de chili en poudre
- Sel

Lavez, essuyez et hachez le persil et la coriandre finement. Lavez, coupez en deux et épépinez les poivrons rouges. Coupez-les en petits morceaux. Pelez et émincez les oignons.

Faites revenir le persil, la coriandre, les poivrons et les oignons dans une cocotte, avec l'huile d'olive pendant 10 minutes (à feu doux). Ajoutez la viande hachée et faites revenir 5 minutes à feu vif en remuant sans cesse pour que ça n'accroche pas. Ajoutez le thym, les épices ainsi que les tomates coupées en petits dés. Salez et mélangez.

Laissez cuire pendant 1 heure (à couvert) sur feu doux.

Ajoutez les haricots rouges dans la cocotte seulement 10 minutes avant la fin de la cuisson.

Chou aux lardons

Préparation : 20 minutes ■ Cuisson : 18 minutes ■ Budget : ★ Difficulté : ★

Pour 4 personnes

- 1 chou vert
- 300 g de lardons
- 2 cuil. à soupe de crème fraîche

Coupez le chou en grosses lamelles.

Dans une cocotte d'eau bouillante salée, plongez les lamelles de chou et laissez blanchir 5 minutes, à partir du premier bouillon. Puis passez les lamelles sous un filet d'eau froide et égouttez.

Dans une poêle, faites revenir les lardons à feu vif, sans ajout de matière grasse (environ 5 minutes). Une fois qu'ils sont bien dorés, ajoutez les lamelles de chou et laissez cuire 10 minutes de plus, en remuant régulièrement.

Ajoutez la crème fraîche, remuez bien et laissez chauffer 3 minutes à feu moyen.

Citrons farcis au thon

Préparation : 15 minutes ■ Repos : 2 heures ■ Budget : ★ Difficulté : ★

Pour 4 personnes

- 4 citrons
- 200 g de thon à l'huile
- 50 g d'olives vertes
- 2 œufs
- Huile d'olive
- Sel et poivre

Faites cuire les œufs 10 minutes jusqu'à ce qu'ils soient durs.

Lavez les citrons, séchez-les puis coupez-les dans le sens de la longueur avant de les évider (conservez la pulpe à part).

Mixez le thon égoutté, les olives dénoyautées et les œufs durs. Ajoutez à ce mélange la pulpe des citrons ainsi que 1 cuil. à soupe d'huile d'olive. Mélangez bien. Salez et poivrez.

Répartissez ensuite cette préparation dans les citrons évidés.

Conservez au frais au moins 2 heures avant de servir.

Clafoutis au chèvre

Préparation : 20 minutes ■ Cuisson : 35 minutes ■ Budget : ★ Difficulté : ★

Pour 6 personnes

- 200 g de fromage de chèvre frais
- 200 g de tomates cerise
- 20 cl de lait
- 3 œufs
- Beurre
- 1 courgette
- Ciboulette
- Noix de muscade en poudre
- Sel et poivre

Préchauffez le four 180 °C (th. 6).

Émiettez le chèvre frais et répartissez les morceaux dans un plat à tarte beurré.

Lavez les tomates cerise et coupez-les en deux. Déposez-les dans le plat avec les miettes de fromage, côté coupé vers le haut.

Épluchez la courgette, coupez-la en gros tronçons et râpez-la grossièrement. Répartissez-la dans le plat.

Dans un bol, battez au fouet les œufs et le lait. Ajoutez-y la ciboulette hachée et la noix de muscade. Salez et poivrez selon votre goût. Versez ce mélange dans le plat, placez au four et laissez cuire 35 minutes.

Clafoutis de courgettes

Préparation : 10 minutes ■ Cuisson : 20 minutes ■ Budget : ★ Difficulté : ★ ★

Pour 4 personnes

- 200 g de courgettes
- 80 g de comté râpé
- 50 g de Maïzena
- Beurre
- 3 petits-suisses natures
- 2 œufs
- 1 sachet de levure
- 10 cl de lait
- Noix de muscade
- Sel et poivre

Préchauffez le four à 180 °C (th. 6).

Pelez les courgettes et râpez-les finement.

Dans un saladier, mélangez les petits-suisses et les œufs, ajoutez la Maïzena, la levure et le lait. Mélangez bien.

Versez le comté et les courgettes râpés. Salez et poivrez selon vos goûts. Ajoutez une pincée de noix de muscade râpée. Mélangez bien.

Beurrez quatre petits moules à soufflé et répartissez-y la préparation. Placez au four et laissez cuire pendant 20 minutes.

Clafoutis jambon et fromage

Préparation : 10 minutes ■ Cuisson : 20 minutes ■ Budget : ★ Difficulté : ★

Pour 4 personnes

- 150 g de jambon blanc
- 60 g de crème fraîche
- 60 g de farine
- 50 g de comté râpé
- 30 cl de lait
- 2 œufs
- Huile d'olive
- Noix de muscade râpée
- Sel et poivre

Préchauffez votre four à 180 °C (th 6).

Coupez le jambon en dés.

Dans un bol, fouettez les œufs avec la crème, la farine et le comté râpé. Ajoutez petit à petit le lait, puis les dés de jambon et la noix de muscade. Salez et poivrez selon vos goûts.

Versez la préparation dans un moule huilé et faites cuire pendant 20 minutes au four, jusqu'à ce que le clafoutis soit bien doré.

Club sandwich au chèvre et au basilic

Préparation : 15 minutes ■ Budget : ★ Difficulté : ★

Pour 1 personne

- 4 tranches de pain de mie
- 6 tomates cerise
- 25 g de chèvre frais
- 1 cuil. à soupe d'huile d'olive
- 2 feuilles de basilic ciselées
- ⅕ de concombre

Mélangez le fromage de chèvre au basilic et à l'huile d'olive.

Coupez le concombre en fines rondelles et les tomates cerise en deux.

Tartinez les tranches de pain de mie avec le chèvre.

Disposez dessus les rondelles de concombre et refermez avec une autre tranche de pain.

Coupez le sandwich en quatre et servez aussitôt.

Coleslaw

Préparation : 15 minutes ■ Repos : 30 minutes ■ Budget : ★ Difficulté : ★

Pour 4 personnes

- ½ chou blanc
- 2 carottes
- 1 yaourt bulgare
- 1 oignon émincé
- Le jus de 2 citrons
- Sel
- Poivre

Émincez finement le chou blanc.

Épluchez et râpez les carottes.

Dans un saladier, mélangez le yaourt, le jus de citron, et assaisonnez de sel et de poivre. Ajoutez le chou, les carottes et l'oignon émincé.

Mélangez bien et laissez reposer au réfrigérateur 30 minutes.

Dégustez, accompagné d'un filet de volaille.

Colombo de poulet

Préparation : 10 minutes ■ Marinade : 2 heures ■ Cuisson : 30 minutes ■ Budget : ★★★
Difficulté : ★

Pour 4 personnes

- 4 cuisses de poulet
- 1 oignon
- 1 gousse d'ail
- 2 cuil. à café de poudre à colombo
- 3 pommes de terre moyennes
- 3 cuil. à soupe de persil émincé
- Le jus de 1 citron
- 2 cuil. à café du mélange 4 épices
- Sel

Faites mariner le poulet dans un récipient avec un oignon coupé en dés, 1 cuil. à café de poudre à colombo, le mélange 4 épices, une pincée de sel et le jus de citron. Réservez au frais 2 heures.
Faites chauffer un filet d'huile dans une sauteuse et faites-y dorer le poulet sur toutes ses faces. Réservez.

Dans la même sauteuse, faites revenir les dés d'oignons de la marinade, les pommes de terre coupées en petits dés ainsi que la gousse d'ail hachée.
Rajoutez le poulet, le restant de poudre à colombo et le persil haché.

Couvrez d'eau et laissez mijoter 30 minutes à couvert. Servez bien chaud.

Concombres façon Tsatsiki

Préparation : 20 minutes ■ Budget : ★ Difficulté : ★

Pour 4 personnes

- 5 yaourts grec nature
- 10 g de sucre en poudre
- 1 cuil. à soupe de vinaigre de cidre
- 4 cuil. à soupe d'huile d'olive
- 3 concombres
- 3 gousses d'ail
- 6 feuilles de menthe
- Sel et poivre

Pelez trois concombres et coupez-les dans le sens de la longueur. Retirez soigneusement les graines. Coupez la pulpe en petits dés.

Mélangez le yaourt avec l'huile d'olive, le vinaigre de cidre, les gousses d'ail écrasées, les feuilles de menthe ciselées et le sucre. Salez et poivrez selon vos goûts.

Versez la sauce ainsi obtenue sur les concombres en dés. Mélangez bien. Conservez au frais au moins 2 heures.

Côtes de porc laquées

Préparation : 10 minutes ■ Marinade : 1 heure ■ Cuisson : 10 minutes ■ Budget : ★ ★
Difficulté : ★

Pour 4 personnes

- 4 côtes de porc
- 4 cuil. à soupe de miel liquide
- 2 cuil. à soupe de sauce soja

Dans un plat, mélangez le miel à la sauce soja et badigeonnez-en les côtes de porc. Laissez reposer 1 heure.

Faites cuire les côtes de porc dans une sauteuse avec la marinade, 5 minutes de chaque côté. Servez aussitôt.

Courgettes au lait de coco

Préparation : 10 minutes ■ Cuisson : 15 minutes ■ Budget : ★ Difficulté : ★

Pour 2 personnes

- 500 g de courgettes
- 20 cl de lait de coco
- 2 oignons
- 1 cuil. à soupe d'huile d'olive
- 1 cuil. à café de cumin
- 1 cuil. à café de curcuma
- Sel

Lavez les courgettes, épluchez-les et coupez-les en petits dés. Dans une cocotte, faites-les revenir dans l'huile d'olive et ajoutez les oignons émincés.

Laissez dorer puis sortez le tout de la cocotte et égouttez sur du papier absorbant.

Dans la cocotte, faites chauffer le lait de coco pendant 10 minutes. Une fois qu'il a épaissi, ajoutez le cumin et le curcuma ainsi que les dés de courgettes et les oignons. Salez selon vos goûts et laissez cuire 5 minutes à feu doux.

Courgettes caramélisées aux épices

Préparation : 10 minutes ■ Cuisson : 1 heure ■ Budget : ★ Difficulté : ★

Pour 2 personnes

- 800 g de courgettes
- 60 g de sucre
- 2 cuil. à café de carvi
- 1 cuil. à café de cumin
- 2 cuil. à soupe d'huile d'olive
- Sel

Coupez les courgettes en fines rondelles.

Faites chauffer l'huile d'olive dans une poêle et faites-y revenir les courgettes 5 minutes.

Ajoutez le carvi, le cumin, un peu de sel puis le sucre.

Laissez cuire à feu très doux 1 heure, en remuant. Servez aussitôt.

Courgettes farcies

Préparation : 20 minutes ■ Cuisson : 30 minutes ■ Budget : ★ Difficulté : ★

Pour 4 personnes

- 4 courgettes
- 200 g de bacon
- 6 cl de lait
- 6 champignons de Paris
- 1 œuf
- 2 oignons
- 1 cuil. à soupe d'huile d'olive
- Chapelure

Préchauffez le four à 180 °C (th. 6). Lavez et coupez les courgettes en deux dans le sens de la longueur. Évidez-les avec une cuillère et réservez la pulpe. Placez les courgettes dans un plat, ajoutez un demi-verre d'eau et mettez au four.

Pendant ce temps, hachez grossièrement la pulpe des courgettes avec les oignons, les champignons coupés en dés et le bacon tranché en lamelles. Faites revenir ce hachis dans l'huile d'olive environ 10 minutes sur feu moyen.

Battez l'œuf avec le lait et ajoutez ce mélange dans la poêle pour lier l'ensemble. Remuez rapidement puis stoppez la cuisson.

Sortez le plat du four, farcissez les courgettes avec la préparation. Saupoudrez de chapelure et remettez au four pour 20 minutes.

Crevettes poêlées à la coriandre

Préparation : 20 minutes ■ Cuisson : 5 minutes ■ Marinade : 30 minutes ■ Budget : ★ Difficulté : ★★

Pour 4 personnes

- 600 g de grosses crevettes roses
- 2 citrons verts
- 2 cuil. à soupe d'huile d'olive
- Quelques feuilles de coriandre fraîche
- 2 gousses d'ail
- Une pincée de mélange 5 baies
- Sel et poivre

Décortiquez les crevettes.

Préparez la marinade en pressant les citrons et en incorporant le jus à l'huile d'olive, l'ail haché, le sel, le poivre et le mélange 5 baies.

Plongez les crevettes dans la marinade et parsemez de feuilles de coriandre fraîche. Laissez reposer 30 minutes.

Égouttez les crevettes et faites-les sauter au wok bien chaud pendant 5 minutes.

Retirez-les puis versez la marinade dans le wok quelques secondes afin qu'elle réduise.

Nappez-en les crevettes avant de servir et parsemez de coriandre.

Croissants au jambon

Préparation : 30 minutes ■ Cuisson : 20 minutes ■ Budget : ★ Difficulté : ★ ★

Pour 1 personne

- 1 pâte feuilletée
- 2 tranches de jambon blanc
- 40 g de gruyère râpé
- 30 g de farine
- 30 g de crème fraîche
- 3 cl de vin blanc sec
- 15 g de moutarde
- 1 jaune d'œuf
- 1 cuil. à soupe d'huile d'olive
- 1 oignon

Pelez et émincez l'oignon. Faites-le dorer avec l'huile d'olive. Ajoutez la farine et le vin. Laissez cuire 5 minutes.

Dans un bol, mélangez la moutarde et la crème fraîche. Incorporez l'oignon cuit à ce mélange. Hachez vos tranches de jambon grossièrement, pour obtenir de petits morceaux.

Préchauffez le four à 180 °C (th. 6). Étalez la pâte feuilletée. Coupez deux triangles bien réguliers. Nappez chaque triangle de pâte avec la préparation et recouvrez avec les miettes de jambon. Saupoudrez de gruyère râpé et roulez les triangles en croissants.

Badigeonnez les croissants avec le jaune d'œuf battu. Placez-les au four, sur une feuille de papier aluminium fariné et laissez-les cuire 20 minutes, jusqu'à ce qu'ils soient bien dorés.

Croissants au saumon fumé

Préparation : 15 minutes ■ Cuisson : 15 minutes ■ Budget : ★ Difficulté : ★ ★ ★

Pour 16 petits-fours

- 1 rouleau de pâte feuilletée
- 4 tranches de saumon fumé
- Lait

Préchauffez le four à 200 °C (th. 6-7).

Coupez le rouleau de pâte en quatre puis chaque quart en quatre. Vous obtenez seize parts.

Disposez dessus de petits morceaux de saumon fumé.

Roulez chaque petite part en forme de croissant.

Badigeonnez un peu de lait dessus et enfournez 15 minutes.

Croissants aux lardons

Préparation : 15 minutes ■ Cuisson : 15 minutes ■ Budget : ★ Difficulté : ★

Pour une dizaine de croissants

- 1 rouleau de pâte feuilletée
- 100 g de lardons fumés

Préchauffez le four à 210 °C (th. 7).

Découpez la pâte feuilletée en bandes de 4 cm puis chaque bande en triangles.

Prenez un morceau de pâte, placez un lardon au centre et roulez-le en croissant (côté large en premier). Rabattez les côtés.

Enfournez 15 minutes et servez aussitôt.

Croquants d'endive au chèvre

Préparation : 15 minutes ■ Cuisson : 5 minutes ■ Budget : ★ Difficulté : ★

Pour 2 pièces

- 12 feuilles d'endives
- 250 g de lardons fumés
- 8 noix
- 1 petit chèvre « blanc »
- 1 petit chèvre « gris »

Faites rissoler les lardons dans une poêle à sec.

Brisez les noix en petits morceaux.

Émiettez chaque chèvre et incorporez-y les lardons et les noix.

Avec une petite cuillère, garnissez chaque feuille d'endives.

Réservez au réfrigérateur avant de servir.

Croque-madame

Préparation : 10 minutes ■ Cuisson : 15 minutes ■ Budget : ★ Difficulté : ★

Pour 4 personnes

- 8 tranches de pain de mie
- 4 œufs
- 4 tranches de jambon
- 100 g de gruyère râpé
- 20 cl de béchamel prête à l'emploi

Préchauffez le four à 210 °C (th. 7).

Couvrez une tranche de pain de mie d'un peu de béchamel.

Ajoutez une tranche de jambon pliée en deux puis un peu de gruyère râpé.

Recouvrez d'une autre tranche de pain, d'un peu de béchamel et parsemez de gruyère.

Reproduisez cela pour les 3 autres.

Avant d'enfourner, dispersez un peu de gruyère au-dessus de chaque croque-madame pour y caler un œuf.

Enfournez pour 15 minutes puis servez aussitôt.

Croque-raclette

Préparation : 10 minutes ■ Cuisson : 8 minutes ■ Budget : ★ ★ Difficulté : ★

Pour 4 personnes

- 8 tranches de pain de mie
- 200 g de raclette en tranches
- 4 cuil. à soupe de crème fraîche épaisse
- 8 tranches de viande des Grisons

Préchauffez le gril du four.

Déposez sur 4 tranches de pain de la raclette ainsi que 2 tranches de viande des Grisons.

Ajoutez une cuil. à soupe de crème par sandwich et refermez avec une tranche de pain.

Enfournez 8 minutes et servez aussitôt.

Croquettes de pâtes

Préparation : 30 minutes ■ Cuisson : 15 minutes ■ Budget : ★ Difficulté : ★

Pour 6 personnes

- 500 g de coquillettes
- 500 g de gruyère râpé
- 500 g de jambon haché
- 1 œuf
- 100 g de chapelure
- Sel et poivre

Faites cuire les pâtes. Égouttez-les.

Mélangez les pâtes avec le jambon, le gruyère et l'œuf.

Salez et poivrez.

Formez des boulettes et passez-les dans la chapelure.

Plongez-les dans une friteuse jusqu'à ce qu'elles soient bien dorées. Servez aussitôt.

Crozets au beaufort

Préparation : 15 minutes ■ Cuisson : 30 minutes ■ Budget : ★ ★ Difficulté : ★

Pour 4 personnes

- 500 g de crozets
- 40 cl de crème liquide
- 4 tranches de jambon cru
- 250 g de beaufort
- 1 cuil. à café de muscade
- Sel et poivre

Faites cuire les pâtes.

Préchauffez le four à 180 °C (th. 6).

Pendant ce temps, coupez le jambon en lanières.

Coupez le fromage en tranches fines.

Dans un plat à gratin, mélangez les crozets avec le jambon cru, la crème et la moitié du fromage. Ajoutez la muscade, salez, poivrez et parsemez du reste de fromage.

Faites dorer 20 minutes et servez aussitôt.

Crumble aux échalotes

Préparation : 30 minutes ■ Cuisson : 1 heure ■ Budget : ★ Difficulté : ★

Pour 4 personnes

Pour la fondue d'échalotes
- 500 g d'échalotes
- 1 cuil. à soupe de paprika
- 1 verre de vin rouge
- Sel
- Poivre

Pour le crumble
- 100 g de parmesan râpé
- 40 g de farine
- 100 g de beurre

Commencez par la fondue d'échalotes en pelant les échalotes puis en les émincant. Faites fondre une noix de beurre dans une grande casserole et ajoutez les échalotes puis le paprika. Ajoutez l'équivalent d'un verre d'eau peu à peu, en cours de cuisson, pour éviter que ça n'accroche. Quand les échalotes commencent à foncre, ajoutez le vin et finissez de cuire encore 20 minutes.

Préchauffez le four à 150 °C (th. 5).
Préparez le crumble en mélangeant le beurre et le parmesan.

Ajoutez la farine peu à peu jusqu'à obtention d'une pâte friable. Versez les échalotes dans un plat à four et saupoudrez de crumble. Enfournez pour 30 minutes puis servez aussitôt.

Curry d'agneau

Préparation : 15 minutes ■ Cuisson : 2 h 15 ■ Budget : ★ ★★Difficulté : ★

Pour 6 personnes

- 1 kg de gigot
- 150 g de beurre
- 3 yaourts nature
- 2 gros oignons
- 2 gousses d'ail
- 2 cuil. à café de curry
- 1 pincée de mélange 4 épices
- 2 g de safran
- 1 cuil. à café de coriandre en grains
- 10 clous de girofle
- 1 cuil. à café de cumin
- 7 à 8 grains de cardamome
- Sel

Coupez le gigot en morceaux.

Pelez l'ail et les oignons puis émincez-les.

Faites fondre la moitié du beurre dans une cocotte et faites-y blondir l'ail et les oignons.

Ajoutez les clous de girofle, le mélange 4 épices, le sel et le curry.

Incorporez les yaourts, la viande et le reste du beurre. Laissez mijoter 2 heures.

Vers la fin de la cuisson, ajoutez le cumin, la coriandre, le safran et la cardamome. Laissez encore mijoter 15 minutes. Servez aussitôt.

Curry de crevettes

Préparation : 10 minutes ■ Cuisson : 30 minutes ■ Budget : ★ Difficulté : ★

Pour 4 personnes

- 400 g de crevettes roses
- 1 grosse boîte de tomates pelées concassées
- 2 cuil. à soupe de curry
- 1 oignon
- 3 cuil. à soupe de lait de coco
- 3 cuil. à soupe de coriandre émincée
- Sel

Pelez et émincez l'oignon.

Faites-le revenir dans une poêle avec de l'huile et ajoutez les tomates pelées.

Ajoutez le curry, la noix de coco, le sel et les crevettes décortiquées. Laissez mijoter 20 minutes.

Au moment de servir, parsemez les assiettes de coriandre.

Curry de légumes

Préparation : 30 minutes ■ Cuisson : 30 minutes ■ Budget : ★ Difficulté : ★

Pour 4 personnes

- 50 g de raisins secs blonds
- 15 g de curry
- 15 g de sucre en poudre
- 3 pommes de terre
- 3 carottes
- 1 aubergine
- 2 courgettes
- 2 tomates
- 1 pomme type golden
- 2 oignons
- Céleri
- 3 cuil. à soupe d'huile d'olive
- Sel et poivre

Pelez et émincez les oignons. Épluchez les légumes (pommes de terre, carottes, aubergine, courgettes), lavez-les et découpez-les en cubes. Hachez les feuilles de céleri. Réservez.

Pelez la pomme, ôtez le trognon et coupez-la en dés. Plongez les tomates dans l'eau bouillante pendant 2 minutes puis pelez-les. Écrasez la pulpe de façon grossière à la fourchette.

Dans une sauteuse, faites chauffer l'huile d'olive et faites-y revenir les oignons 5 minutes. Versez ensuite tous les légumes (sauf le céleri) et laissez sur feu moyen 5 minutes. Mélangez bien pour que cela n'attache pas. Saupoudrez avec le curry et le sucre en poudre. Salez et poivrez selon vos goûts. Ajoutez enfin les dés de pomme, les raisins secs et le céleri haché. Couvrez et laissez mijoter 20 minutes à feu doux.

Curry de lotte au lait de coco

Préparation : 20 minutes ■ Cuisson : 20 minutes ■ Budget : ★ Difficulté : ★ ★ ★

Pour 4 personnes

- 1 kg de lotte
- 1 poivron rouge
- 3 tomates mûres
- 200 ml de lait de coco
- 1 cuil. à café de pâte de curry jaune
- 1 morceau de sucre
- Sel et poivre

Coupez les tomates en quartiers et le poivron en lamelles.

Dans une sauteuse, faites revenir le poivron et les tomates puis faites réduire sur feu doux jusqu'à ce qu'il n'y ait plus de jus.

Versez le lait de coco puis le curry et le sucre.

Coupez la lotte en cubes et versez ceux-ci dans la sauce.
Salez et poivrez.

Faites cuire environ 20 minutes à feu moyen.

Dattes au bacon

Préparation : 10 minutes ■ Cuisson : 5 minutes ■ Budget : ★★ Difficulté : ★

Pour une dizaine de dattes

- 12 dattes
- 6 tranches de bacon

Préchauffez le gril du four.

Coupez les tranches de bacon en deux.

Enroulez une tranche de bacon autour d'une datte et embrochez-la sur un pic.

Répétez l'opération autant de fois que nécessaire. Enfournez 5 minutes. Servez aussitôt.

Daurade au parmesan et aux tomates

Préparation : 10 minutes ■ Cuisson : 30 minutes ■ Budget : ★ Difficulté : ★ ★

Pour 2 personnes

- 1 daurade
- 100 g de tomates confites à l'huile d'olive
- 100 g de parmesan
- Le jus de 1 citron
- Huile d'olive
- Laurier
- Fleur de sel et poivre

Préchauffez le four à 240 °C (th. 8).

Videz la daurade et lavez-la soigneusement. Ôtez la queue et les nageoires.

Salez et poivrez généreusement l'intérieur de la daurade, puis farcissez-la avec les tomates confites, des feuilles de laurier et du parmesan râpé.

Placez la daurade dans un plat, arrosez d'un filet d'huile d'olive et du jus de citron. Salez et poivrez selon vos goûts.

Recouvrez le plat avec du papier aluminium et placez au four. Laissez cuire 30 minutes.

Émincé de dinde aux champignons

Préparation : 10 minutes ■ Cuisson : 25 minutes ■ Budget : ★ Difficulté : ★

Pour 4 personnes

- 4 escalopes de dinde
- 200 g de champignons
- 90 g de moutarde
- 20 cl de crème fraîche
- Beurre
- Sel et poivre

Coupez les escalopes en petits morceaux.

Dans une casserole, faites-les revenir dans du beurre. Au bout de 10 minutes, ajoutez la moutarde et la crème fraîche, ainsi que les champignons coupés en petits morceaux.

Laissez cuire 15 minutes de plus, à feu doux et à couvert. Salez et poivrez.

Émincé de poulet au curry

Préparation : 15 minutes ■ Repos : 3 heures ■ Cuisson : 15 minutes ■ Budget : ★ Difficulté : ★

Pour 4 personnes

- 4 escalopes de poulet
- 40 g de moutarde
- 40 g de curry
- 40 g de Maïzena
- 2 cuil. à soupe de crème fraîche
- 2 yaourts natures
- 2 oignons
- Sel et poivre
- Huile d'olive

Dans un bol, mélangez les yaourts, la moutarde, le curry, le sel et le poivre de façon à former une sauce homogène. Déposez les escalopes de poulet dans cette sauce et recouvrez-les bien. Laissez mariner au frais pendant au moins 3 heures.

Une fois la viande bien marinée, coupez-la en fines lamelles, et faites-la revenir doucement à la poêle, dans un filet d'huile. Ajoutez-y les oignons finement tranchés.

Pendant ce temps, ajoutez dans la sauce la Maïzena et la crème fraîche, mélangez au fouet. Après 5 minutes, une fois les oignons bien dorés, versez la sauce par-dessus et laissez mijoter à feu moyen environ 10 minutes.

Endives à l'étuvée

Préparation : 15 minutes ■ Cuisson : 1 heure ■ Budget : ★ Difficulté : ★

Pour 4 personnes

- 8 endives
- 8 tranches de poitrine fumée
- Paprika
- Huile d'olive
- Sel et poivre

Nettoyez les endives et creusez la base avec un économe pour enlever l'amertume.

Entourez chaque endive d'une tranche de poitrine fumée. Faites revenir ces rouleaux dans une cocotte, avec de l'huile d'olive.

Ajoutez le paprika, salez et poivrez selon vos goûts.

Laissez mijoter 1 heure à feu très doux, sans ajouter d'eau dans la cocotte, avec le couvercle. Égouttez avant de servir.

Endives au jambon

Préparation : 25 minutes ■ Cuisson : 50 minutes ■ Budget : ★ Difficulté : ★

Pour 4 personnes

- 8 endives
- 8 tranches de fromage pour croque-monsieur
- 8 tranches de jambon
- 200 g de gruyère râpé
- 120 g de sucre en poudre
- 2 cuil. à soupe d'huile d'olive
- Le jus de 2 citrons

Pour la béchamel

- 60 g de beurre
- 60 g de farine
- ½ l de lait
- Noix de muscade

Dans une casserole, faites cuire les endives pendant 10 minutes, puis essuyez-les soigneusement. Dans une cocotte, faites dorer les endives dans l'huile d'olive en les retournant plusieurs fois. Saupoudrez-les avec le sucre et mélangez bien. Versez le jus de citron avec 25 cl d'eau et laissez cuire 10 minutes en remuant sans arrêt.

Préchauffez le four à 240 °C (th. 8). Entourez chaque endive d'une tranche de fromage puis d'une tranche de jambon et disposez les rouleaux ainsi formés dans un plat beurré.

Préparez la béchamel : mélangez le beurre ramolli avec la farine puis ajoutez le lait en mélangeant bien pour que la sauce soit homogène. Ajoutez la noix de muscade.

Versez la béchamel sur les rouleaux et parsemez de gruyère. Enfournez 30 minutes : le fromage doit être bien gratiné.

Escalopes à la romaine

Préparation : 10 minutes ■ Cuisson : 15 minutes ■ Budget : ★ ★ Difficulté : ★

Pour 4 personnes

- 4 escalopes de veau
- 4 tranches de jambon cru
- 2 boules de mozzarella
- Sel et poivre

Préchauffez le gril du four.

Faites précuire les escalopes dans une poêle avec un peu d'huile et assaisonnez-les.

Coupez la mozzarella en tranches épaisses.

Hors du feu, déposez sur chaque escalope une tranche de jambon et deux rondelles de mozzarella.

Déposez les escalopes garnies dans un plat à gratin et enfournez pour 10 minutes, le temps que le fromage fonde et se colore un peu. Servez aussitôt.

Escalopes de dinde au curry

Préparation : 10 minutes ■ Cuisson : 12 minutes ■ Budget : ★ ★ Difficulté : ★

Pour 4 personnes

- 4 escalopes de dinde
- 50 g de beurre
- 20 cl de crème liquide
- 1 cuil. à soupe de curry doux
- Sel

Faites chauffer le beurre dans une poêle et faites-y cuire les escalopes, 5 minutes de chaque côté.

Réservez au chaud.

Déglacez la poêle avec la crème, ajoutez le curry, salez et laissez chauffer 2 minutes.
Servez les escalopes nappées de sauce.

Escalopes de dinde aux échalotes

Préparation : 35 minutes ■ Cuisson : 55 minutes ■ Budget : ★ Difficulté : ★

Pour 4 personnes

- 4 escalopes de dinde
- 60 g de farine
- 25 cl de bouillon de poule
- Huile d'olive
- 5 échalotes
- Beurre
- Persil
- Sel et poivre

Faites dorer les escalopes dans une poêle avec un filet d'huile d'olive. Réservez.

Lavez et hachez les échalotes, puis faites-les revenir dans du beurre.

Une fois qu'elles sont bien dorées, ajoutez la farine en pluie et le bouillon de poule et mélangez bien. Salez et poivrez selon vos goûts.

Versez cette sauce sur les escalopes, couvrez et laissez mijoter à feu très doux pendant 45 minutes. Saupoudrez de persil finement ciselé.

Escalopes de veau façon milanaise

Préparation : 20 minutes ■ Cuisson : 10 minutes ■ Budget : ★ Difficulté : ★ ★

Pour 4 personnes

- 4 escalopes de veau
- 300 g de chapelure
- 100 g de parmesan râpé
- 50 g de farine
- 50 g de beurre
- 3 œufs
- Sel et poivre

Dans une assiette creuse, mélangez soigneusement la chapelure et le parmesan.

Dans une deuxième assiette creuse, battez fermement les œufs en omelette. Salez et poivrez selon vos goûts.

Préparez une autre assiette avec les 50 g de farine.

Faites fondre le beurre dans une poêle jusqu'à ce qu'il devienne mousseux. Farinez les escalopes, puis trempez-les dans les œufs battus et enfin dans le mélange chapelure/parmesan.

Faites cuire les escalopes à feu vif, 5 minutes de chaque côté. Retournez-les délicatement avec une spatule pour ne pas abîmer la chapelure.

Escalopes gratinées

Préparation : 15 minutes ■ Cuisson : 25 minutes ■ Budget : ★★ Difficulté : ★

Pour 4 personnes

- 4 escalopes de dinde
- 20 cl de crème liquide
- 20 cl de vin blanc
- 250 g de comté
- Quelques feuilles de thym
- 1 bouillon cube de volaille
- 1 filet d'huile
- Sel et poivre

Préchauffez le four à 240 °C (th. 8).

Faites revenir les escalopes dans l'huile, 5 minutes de chaque côté. Assaisonnez.

Dans une casserole, faites chauffer le vin blanc avec le bouillon cube et le thym. Faites réduire 15 minutes. Incorporez la crème et portez à ébullition quelques secondes.

Placez les escalopes dans un plat à gratin et nappez-les de sauce.

Coupez le comté en tranches et recouvrez-en les escalopes. Enfournez 7 minutes. Servez aussitôt.

Escalopes normandes

Préparation : 5 minutes ■ Cuisson : 8 minutes ■ Budget : ★★ Difficulté : ★

Pour 4 personnes

- 4 escalopes de veau
- 2 cuil. à soupe d'huile de tournesol
- 10 cl de crème fraîche épaisse
- Sel et poivre

Faites cuire la viande dans une poêle avec l'huile.

Assaisonnez.

Dressez les escalopes dans les assiettes.

Ajoutez dans la poêle la crème et faites chauffer 2 minutes.

Nappez les escalopes et servez aussitôt.

Fajitas de bœuf

Préparation : 15 minutes ■ Marinade : 1 heure ■ Cuisson : 20 minutes ■ Budget : ★ ★
Difficulté : ★

Pour 4 personnes

- 500 g de bœuf
- 8 tortillas
- 2 poivrons
- 2 oignons
- 1 sachet d'épices pour fajitas
- 25 cl de bière blonde
- Le jus de 1 citron
- 200 g de fromage râpé

Dans un bol, délayez le contenu du sachet d'épices dans la bière et le jus de citron.

Coupez le bœuf en cubes et faites-le mariner 1 heure. Ce temps écoulé, égouttez.

Émincez les poivrons et les oignons puis faites-les revenir dans un peu d'huile d'olive une dizaine de minutes.

Ajoutez la viande et faites-la revenir 5 minutes.
Faites chauffer les tortillas 1 minute au four à micro-ondes et garnissez-les de la préparation.

Saupoudrez de fromage et enfournez pour 5 minutes. Servez aussitôt.

Feuilletés au saumon

Préparation : 25 minutes ■ Cuisson : 35 minutes ■ Budget : ★ Difficulté : ★ ★

Pour 4 personnes

- 2 pâtes feuilletées
- 4 pavés de saumon
- 100 g d'épinards hachés surgelés
- 1 jaune d'œuf

Pour la béchamel

- 60 g de farine
- 20 g de beurre
- 50 cl de lait
- Muscade
- Sel et poivre

Dans une petite casserole, faites décongeler les épinards avec un peu d'eau, à feu doux, puis égouttez-les.

Préparez la béchamel : faites fondre le beurre. Ajoutez la farine et mélangez bien pour obtenir une pâte épaisse mais homogène. Ajoutez le lait tout en remuant. La béchamel doit être épaisse. Salez et poivrez. Ajoutez la muscade râpée.

Préchauffez le four à 180 °C (th. 6). Étalez les pâtes feuilletées et découpez-en huit disques de même diamètre. Placez au centre de quatre disques un pavé de saumon, tartinez avec les épinards hachés et nappez de béchamel.

Fermez les quatre feuilletés avec les quatre disques restants et rabattez bien les bords en les écrasant avec une fourchette. Dorez-les avec le jaune d'œuf battu. Placez les feuilletés au four, sur une plaque, et laissez cuire 35 minutes.

Feuilleté aux asperges

Préparation : 30 minutes ■ Cuisson : 1 heure ■ Budget : ★ Difficulté : ★ ★

Pour 2 personnes

- 1 pâte feuilletée
- 500 g d'asperges vertes
- 100 g de champignons de Paris
- 40 g de crème fraîche épaisse
- 15 g de beurre
- 2 oignons blancs
- 1 œuf
- 5 cl de muscat
- Sel et poivre

Préchauffez le four à 210 °C (th. 7). Disposez la pâte feuilletée dans un moule à tarte. Piquez-la, recouvrez-la de haricots secs et faites-la cuire 20 minutes au four. Réservez au chaud.

Coupez la base des asperges et pelez-les soigneusement. Émincez-les en fines lamelles. Pelez les oignons et émincez-les également. Coupez les champignons en fines lamelles.

Dans une sauteuse, faites fondre le beurre et faites-y revenir à couvert les asperges, les oignons et les champignons. Laissez cuire 10 minutes à feu doux. Ajoutez ensuite le muscat. Augmentez à feu moyen et laissez réduire, sans couvercle. Salez et poivrez selon vos goûts. Mélangez bien puis retirez du feu. Ajoutez la crème fraîche et l'œuf battu mélangez.

Disposez la préparation sur le fond de tarte, passez au four 5 minutes avant de servir.

Feuilletés jambon-fromage

Préparation : 15 minutes ■ Cuisson : 20 minutes ■ Budget : ★ Difficulté : ★

Pour 6 personnes

- 1 pâte feuilletée
- 4 portions de fromage fondu
- 2 tranches de jambon blanc
- 60 g de gruyère râpé

Préchauffez le four à 200 °C (th. 6-7).

Coupez les tranches de jambon en deux.

Coupez la pâte feuilletée en quatre parties.

Au milieu de chacune d'elle, mettez la moitié d'une tranche de jambon et étalez le fromage fondu.

Formez un petit ballotin avec la pâte feuilletée et soudez les bords avec un peu d'eau.

Posez les feuilletés sur une plaque de cuisson, recouverte de papier sulfurisé et enfournez 20 minutes. Servez aussitôt.

Feuilletés poire et roquefort

Préparation : 10 minutes ■ Cuisson : 25 minutes ■ Budget : ★ Difficulté : ★

Pour 4 personnes

- 1 pâte feuilletée
- 4 poires bien mûres
- 150 g de roquefort
- 25 g de beurre
- 30 g de cerneaux de noix
- 1,5 cl de cognac
- 1 jaune d'œuf
- Poivre

Préchauffez le four à 210 °C (th. 7).

Étalez la pâte très finement et découpez-la en deux disques de taille égale.

Lavez et essuyez les poires, découpez-les en fines lamelles. Mélangez le roquefort, les noix concassées et le beurre ramolli. Poivrez selon vos goûts. Ajoutez le cognac. Mélangez bien.

Répartissez les lamelles de poires sur la moitié de chaque disque de pâte et badigeonnez avec la préparation. Pliez-les en deux pour former des chaussons et soudez les bords avec un peu de jaune d'œuf en appuyant bien avec une fourchette.

Badigeonnez le dessus de chaque chausson avec le reste du jaune d'œuf battu et placez au four. Laissez cuire 25 minutes, jusqu'à ce que la pâte soit bien dorée.

Filet de cabillaud à la moutarde

Préparation : 5 minutes ■ Cuisson : 20 minutes ■ Budget : ★ Difficulté : ★

Pour 1 personne

- 1 filet de cabillaud
- 15 g de moutarde forte
- 1 cuil. à café de crème fraîche
- 15 g de cornichons
- 10 g de beurre
- Sel et poivre

Préchauffez le four à 210 °C (th. 7).

Disposez le filet de cabillaud dans un plat beurré. Salez et poivrez selon vos goûts.

Placez au four et laissez cuire 10 minutes. Videz l'eau rendue.

Dans un bol, mélangez la crème fraîche, la moutarde et les cornichons hachés.

Nappez le filet avec cette préparation et remettez à cuire 10 minutes.

Filets de perche en papillotes

Préparation : 15 minutes ■ Cuisson : 40 minutes ■ Budget : ★ ★Difficulté : ★ ★

Pour 4 personnes

- 4 filets de perche
- 8 carottes
- 5 tomates
- 12 cl de crème fraîche liquide
- Le jus de 1 citron
- Huile d'olive
- Estragon
- Sel et poivre

Préchauffez le four à 180 °C (th. 6).

Salez et poivrez les filets sur leurs deux faces et déposez-les chacun sur une feuille de papier aluminium. Parsemez avec l'estragon ciselé.

Pelez et râpez les carottes. Lavez et coupez les tomates en rondelles. Disposez les rondelles de tomates sur les filets et ajoutez les carottes râpées.

Versez la crème fraîche liquide et le jus de citron par-dessus. Ajoutez-y un filet d'huile d'olive. Refermez soigneusement les papillotes et placez au four. Laissez cuire 40 minutes.

Filet de saumon à l'échalote

Préparation : 20 minutes ■ Cuisson : 15 minutes ■ Budget : ★ Difficulté : ★ ★

Pour 1 personne

- 1 filet de saumon
- 25 g d'échalotes
- 35 cl de bouillon de volaille
- 1 tomate
- 1 bouquet garni
- 50 cl de vin blanc
- Sel et poivre

Lavez et émincez les échalotes. Lavez et pelez la tomate puis coupez-la en petits cubes.

Dans une casserole, versez le vin, ajoutez les échalotes émincées et laissez réduire de moitié. Puis ajoutez la tomate en cubes, le bouillon de volaille et le bouquet garni.

Salez et poivrez selon vos goûts. Sans couvrir, faites cuire encore 5 minutes après le premier bouillon. Pochez le poisson en le plongeant 5 minutes dans le bouillon.

Sortez le poisson et le bouquet garni et mixez la sauce.

Salez et poivrez à nouveau si nécessaire.

Filet mignon au roquefort

Préparation : 15 minutes ■ Cuisson : 1 heure ■ Budget : ★★★ Difficulté : ★

Pour 4 personnes

- 2 filets mignons (environ 800 g)
- 2 échalotes
- 30 g de beurre
- 200 g de champignons émincés
- 150 g de roquefort
- 3 cuil. à café de cognac
- 20 cl de crème fraîche épaisse
- Sel et poivre

Coupez les filets mignons en 4 tronçons.
Avec un petit couteau pointu, pratiquez une ouverture dans le filet mignon au centre dans la longueur.

Travaillez le roquefort avec le cognac et assaisonnez.

Remplissez les filets mignons avec cette préparation et recousez l'ouverture afin que le fromage ne s'échappe pas au cours de la cuisson.
Faites fondre le beurre dans une cocotte et ajoutez les échalotes finement hachées.

Faites-y dorer les filets mignons sur chaque côté, ajoutez un petit verre d'eau, assaisonnez et laissez mijoter environ 45 minutes.

Ajoutez ensuite les champignons puis, avant de servir, ajoutez la crème fraîche et laissez chauffer 2 minutes.

Filet mignon aux champignons

Préparation : 25 minutes ■ Repos : 1 heure ■ Cuisson : 1 heure ■ Budget : ★ Difficulté : ★ ★

Pour 2 personnes

- 1 filet mignon de porc
- 150 g de champignons de Paris
- 75 g de crème fraîche
- 20 cl de vin blanc
- Beurre
- 1 jaune d'œuf
- 3 échalotes
- 1 pomme
- Le jus de 1 citron
- 2 cuil. à soupe d'huile d'olive
- Sauge
- Estragon
- Sel et poivre

Faites mariner le filet mignon dans l'huile d'olive et le jus de citron pendant 1 heure. Découpez les champignons et faites-les revenir avec un peu de beurre. Salez et poivrez. Laissez cuire à feu très doux 25 minutes. Émincez les échalotes et faites-les suer dans du beurre 5 minutes, puis ajoutez le verre de vin blanc. Laissez réduire 5 minutes.

Dans une cocotte, faites dorer le filet mignon dans un fond d'huile d'olive. Ajoutez la sauge et l'estragon ciselés. Laissez cuire à feu moyen 20 minutes. Salez et poivrez.

Pendant ce temps, faites cuire la pomme coupée en quatre dans du beurre 5 minutes. Retirez la viande du feu et réservez. Déglacez avec la fondue d'échalotes, ajoutez la crème fraîche et le jaune d'œuf. Au moment de servir, coupez la viande et garnissez avec la pomme et les champignons. Nappez de sauce.

Filets de poisson pochés

Préparation : 5 minutes ■ Cuisson : 10 minutes ■ Budget : ★ ★Difficulté : ★

Pour 4 personnes

- 4 filets de poisson blanc
- 1 feuille de thym
- 2 cuil. à soupe d'herbes de Provence
- Sel

Portez à ébullition 1 l d'eau additionné de sel et d'aromates.

Plongez-y les filets de poisson et laissez cuire 10 minutes dans une eau frémissante.

Égouttez et servez aussitôt.

Filets de colin à l'estragon

Préparation : 20 minutes ■ Cuisson : 15 minutes ■ Budget : ★ Difficulté : ★

Pour 4 personnes

- 4 tranches de colin
- 50 cl de lait
- 90 g de farine
- 60 g de beurre
- 2 jaunes d'œufs
- Le jus de 1 citron
- 4 cuil. à soupe d'huile d'olive
- Persil plat
- Estragon
- Sel et poivre

Nettoyez le persil et l'estragon et hachez-les finement.

Essuyez et farinez les tranches de colin. Dans une poêle, à feu vif, faites dorer les deux faces du colin dans l'huile d'olive. Salez, poivrez selon vos goûts.

Dans une casserole, préparez une béchamel avec la farine, le beurre et le lait. Mélangez doucement. Hors du feu, ajoutez les 2 jaunes d'œufs, le persil et l'estragon (gardez-en un peu de côté) hachés, ainsi que le jus de citron. Laissez mijoter 5 minutes.

Dans un plat, posez les tranches de colin et nappez avec la sauce. Décorez avec un peu d'estragon haché.

Filets de dinde aux lardons

Préparation : 5 minutes ■ Cuisson : 20 minutes ■ Budget : ★ Difficulté : ★

Pour 4 personnes

- 4 escalopes de dinde
- 200 g de champignons de Paris
- 200 g de lardons fumés
- 2 cuil. à soupe de crème fraîche
- 15 g de beurre
- 2 cuil. à soupe de fond de veau
- Sel et poivre

Lavez et essuyez les champignons puis coupez-les en petites lamelles.

Tranchez les escalopes de dinde en petits morceaux et faites-les dorer dans une casserole, avec le beurre. Ajoutez les lardons, puis la crème fraîche et le fond de veau.

Mélangez bien puis ajoutez enfin les lamelles de champignons. Salez, poivrez.

Laissez cuire 15 minutes à feu doux, à couvert.

Filets de dinde aux olives

Préparation : 15 minutes ■ Cuisson : 10 minutes ■ Budget : ★ Difficulté : ★

Pour 4 personnes

- 500 g de filets de dinde
- 150 g d'olives vertes dénoyautées
- 20 cl de crème fraîche liquide
- 2 oignons
- 6 tomates
- Huile d'olive
- Persil
- Sel et poivre

Découpez les oignons en morceaux et faites-les suer dans une casserole avec un peu d'huile d'olive.

Coupez les filets de dinde en lanières et ajoutez-les aux oignons.

Ajoutez les tomates tranchées en dés et les olives mixées. Laissez évaporer l'eau de cuisson, puis ajoutez la crème fraîche et le persil haché. Salez et poivrez.

Laissez cuire 10 minutes, jusqu'à ce que la sauce épaississe.

Filets de grenadier rôtis

Préparation : 10 minutes ■ Cuisson : 15 minutes ■ Budget : ★ Difficulté : ★ ★

Pour 4 personnes

- 4 filets de grenadier
- 4 cuil. à soupe d'huile d'olive
- 1 citron
- 2 gousses d'ail
- Romarin
- Sel et poivre

Préchauffez le four à 210 °C (th. 7).

Ôtez la peau du citron et découpez-le en quatre quartiers.

Enroulez les filets de grenadier autour de ces quartiers et attachez-les avec de la ficelle alimentaire.

Piquez-les avec les gousses d'ail et le romarin. Salez et poivrez selon vos goûts.

Placez les filets dans un plat, badigeonnez-les d'huile d'olive et laissez cuire 15 minutes.

Filets de maquereau marinés

Préparation : 30 minutes ■ Repos : 8 heures ■ Budget : ★ Difficulté : ★

Pour 4 personnes

- 8 filets de maquereau
- 4 cuil. à soupe de vinaigre de cidre
- 40 cl de vin blanc sec
- 2 oignons
- 2 échalotes
- 1 carotte
- 1 branche de céleri
- Gros sel
- Poivre en grains

Lavez et émincez très finement les oignons, les échalotes, la carotte et le céleri. Réservez.

Dans une casserole, versez le vin blanc et faites-le bouillir à grand feu. Ôtez la casserole du feu et faites flamber le vin.

Versez les oignons, les échalotes, la carotte et le céleri émincés dans la casserole, salez et poivrez. Remuez bien et remettez sur feu vif. Laissez bouillir 5 minutes. Ajoutez le vinaigre de cidre et laissez refroidir.

Placez les filets de maquereau dans un plat et recouvrez-les entièrement avec cette préparation. Couvrez et laissez mariner 8 heures au réfrigérateur.

Filets de sole à la crème de laitue

Préparation : 20 minutes ■ Cuisson : 15 minutes ■ Budget : ★ ★ Difficulté : ★

Pour 4 personnes

- 12 petits filets de sole
- 150 g de champignons de Paris
- Le jus de ½ citron
- 15 cl de crème fraîche
- 15 g de beurre
- Huile d'olive
- 2 brins d'estragon
- 1 laitue
- Sel et poivre

réchauffez le four à 210 °C (th. 7). Nettoyez les champignons. Coupez-les en dés et arrosez-les de jus de citron. Poêlez-les 5 minutes environ dans l'huile d'olive jusqu'à ce qu'ils colorent. Salez, poivrez et réservez.
Rincez et essuyez les filets de sole. Salez et poivrez-les. Répartissez dessus les champignons tiédis. Roulez et déposez-les dans un plat beurré. Faites cuire au four 8 minutes.
Rincez et essorez les feuilles de laitue. Ciselez-les grossièrement. Faites-les étuver 4 minutes à couvert dans une casserole avec 15 g de beurre. Mixez avec la crème, salez et poivrez. Faites bouillir puis réduire la sauce 3 à 4 minutes sans couvrir.
Versez la sauce dans chaque assiette et disposez trois filets de sole. Servez aussitôt et parsemez d'estragon ciselé.

Flans de carottes à l'aneth

Préparation : 20 minutes ■ Cuisson : 35 minutes ■ Budget : ★ Difficulté : ★

Pour 4 personnes

- 600 g de carottes
- ½ bouquet d'aneth
- 20 cl de crème liquide
- 3 œufs
- Beurre
- 1 cuil. à café de Maïzena
- Sel et poivre

Pelez et coupez les carottes en morceaux et faites-les cuire 15 minutes à la vapeur.

Passez-les au moulin à légumes, grille fine.

Préchauffez le four à 180 °C (th. 6). Mélangez la purée de carotte avec les œufs battus, la crème fraîche, la Maïzena et l'aneth haché. Salez et poivrez.

Répartissez la préparation dans quatre moules beurrés. Enfournez pour environ 20 minutes.

Démoulez les flans sur des assiettes. Décorez de pluches d'aneth. Servez chaud ou froid.

Flammeküeche

Préparation : 20 minutes ■ Cuisson : 30 minutes ■ Budget : ★ Difficulté : ★

Pour 6 personnes

- 300 g de pâte à pain ou à pizza
- 2 oignons
- 200 g de lardons fumés
- 150 g de fromage blanc
- 50 g de crème fraîche épaisse
- 20 dl de vin blanc
- Sel et poivre

Préchauffez le four à 210 °C (th. 7).

Pelez et émincez finement les oignons.

Faites-les mariner 15 minutes dans le vin blanc.

Mélangez le fromage blanc à la crème. Salez et poivrez.

Étalez la pâte le plus finement possible. Recouvrez-la du mélange crémeux, des lardons et des oignons égouttés.

Mettre au four pendant 30 minutes et dégustez chaud.

Flan de poireaux au basilic

Préparation : 20 minutes ■ Cuisson : 20 minutes ■ Budget : ★ Difficulté : ★

Pour 4 personnes

- 1,5 kg de poireaux
- 25 g de margarine
- 3 œufs
- 125 g de crème fraîche épaisse
- 75 g de fromage râpé
- Une dizaine de feuilles de basilic
- Sel et poivre

Préchauffez le four à 200 °C (th. 6-7).

Coupez les poireaux en tronçons de 1 cm. Faites-les cuire à la poêle dans la margarine, à feu doux, durant 10 minutes. Assaisonnez.

Pendant ce temps, hachez le basilic.

Dans un bol, battez les œufs puis ajoutez la crème, le basilic, le sel, le poivre et le fromage râpé.

Égouttez les poireaux et déposez-les dans un plat à gratin.

Versez la préparation à base d'œufs par-dessus et enfournez pour 20 minutes. Vérifiez la cuisson avec un couteau et servez aussitôt.

Flan de potiron

Préparation : 15 minutes ■ Cuisson : 35 minutes ■ Budget : ★ Difficulté : ★

Pour 4 personnes

- 1,5 kg de potiron
- 100 g de gruyère râpé
- 100 g de mozzarella
- 50 cl de crème fraîche liquide
- Beurre
- 5 œufs
- Noix de muscade
- Sel et poivre

Pelez le potiron et coupez-le en morceaux. Faites-les cuire 15 minutes dans une casserole d'eau salée, à feu vif (la chair doit être tendre).

Pendant ce temps, dans un saladier, battez les œufs avec le gruyère râpé. Ajoutez-y la mozzarella coupée en petits dés ainsi que la crème fraîche. Mélangez bien. Ajoutez la noix de muscade, salez et poivrez selon vos goûts.

Préchauffez le four à 240 °C (th. 8).

Écrasez les morceaux de potiron avec un presse-purée et ajoutez-les dans le saladier. Mélangez cette préparation pour qu'elle soit parfaitement homogène.

Beurrez quatre petits ramequins et versez-y la préparation. Placez au four et laissez cuire 20 minutes.

Flan de thon

Préparation : 20 minutes ■ Cuisson : 1 heure ■ Budget : ★ Difficulté : ★

Pour 4 personnes

- 250 g de thon au naturel
- 5 œufs
- 2 tomates
- 2 oignons
- Beurre
- Huile d'olive
- 2 gousses d'ail
- Thym
- Sel et poivre

Lavez, séchez et pelez les tomates. Découpez-les en dés. Épluchez les oignons, hachez-les finement et faites-les fondre doucement dans une poêle avec un filet d'huile d'olive. Ajoutez-y les dés de tomates, l'ail haché et le thym.

Laissez cuire à feu très doux 15 minutes.

Préchauffez le four à 220 °C (th. 7-8)

Égouttez le thon et émiettez-le. Battez les œufs fermement, ajoutez-y les miettes de thon et la préparation à la tomate. Salez et poivrez selon votre goût. Mélangez bien pour rendre la préparation homogène.

Versez dans un moule à cake beurré et placez au four 45 minutes.

Fondue de poireaux

Préparation : 30 minutes ■ Cuisson : 30 minutes ■ Budget : ★ Difficulté : ★

Pour 4 personnes

- 1 kg de poireaux
- 3 cuil. à soupe d'huile d'olive
- 20 cl de crème fraîche épaisse
- Sel et poivre

Nettoyez les poireaux et ôtez les parties vertes. Coupez les blancs ainsi isolés en tronçons. Lavez-les et essuyez-les bien.

Dans une sauteuse, faites chauffer l'huile d'olive.

Ajoutez les poireaux. Salez et poivrez selon vos goûts. Remuez, couvrez et laissez cuire à tout petit feu pendant 25 minutes. Remuez régulièrement pour que cela n'attache pas.

Ajoutez la crème fraîche et laissez chauffer 5 minutes de plus avant de servir.

Friands à la saucisse

Préparation : 10 minutes ■ Cuisson : 15 minutes ■ Budget : ★ ★ Difficulté : ★ ★

Pour 4 personnes

- 2 pâtes feuilletées
- 250 g de chair à saucisse
- 1 œuf
- Sel
- Poivre

Préchauffez le four à 210 °C (th. 7).

Mélangez la chair à saucisse avec l'œuf puis salez et poivrez.

Coupez les pâtes feuilletées en rectangles égaux.

Disposez de la chair à saucisse sur la moitié des rectangles et recouvrez-les d'un second rectangle de pâte.

Soudez les bords à la fourchette puis enfournez pour 15 minutes environ. Le friand doit être doré. Servez aussitôt.

Frisée aux lardons

Préparation : 10 minutes ■ Cuisson : 7 minutes ■ Budget : ★ Difficulté : ★

Pour 4 personnes

- 1 frisée
- 200 g de lardons
- 100 g de croûtons
- 2 cuil. à soupe d'huile de tournesol
- 1 cuil. à soupe de vinaigre de vin blanc
- Sel et poivre

Faites cuire les lardons dans une poêle sans matières grasses.

Coupez la frisée dans un saladier puis ajoutez les lardons et les croûtons.

Mélangez l'huile au vinaigre, salez et poivrez.

Versez la vinaigrette dans le saladier et mélangez bien.

Servez aussitôt.

Fusillis à la ricotta

Préparation : 30 minutes ■ Cuisson : 30 minutes ■ Budget : ★ Difficulté : ★ ★

Pour 4 personnes

- 500 g de fusillis
- 200 g de ricotta
- 3 cuil. à soupe de crème fraîche épaisse
- 120 g de parmesan râpé
- Sel et poivre

Faites cuire les pâtes 2 minutes de moins que le temps indiqué.

Pendant ce temps, faites fondre la ricotta dans une casserole, ajoutez la crème fraîche puis la moitié du parmesan. Salez et poivrez.

Préchauffez le four à 180 °C (th. 6).

Égouttez les pâtes puis mélangez-les à la préparation à base de ricotta.

Mettez le tout dans un plat à gratin, saupoudrez du reste de parmesan et enfournez 25 minutes, jusqu'à ce que ce soit gratiné.

Fusillis au roquefort

Préparation : 20 minutes ■ Cuisson : 10 minutes ■ Budget : ★ ★ Difficulté : ★

Pour 4 personnes

- 500 g de fusillis
- 200 g de roquefort
- 25 cl de crème liquide
- 2 cuil. à soupe d'huile d'olive
- Sel et poivre

Faites cuire les pâtes.

Émiettez le roquefort et faites-le revenir à la poêle durant 5 minutes avec l'huile d'olive.

Rajoutez la crème, salez et poivrez.

Égouttez les pâtes et plongez-les dans la poêle. Mélangez et servez aussitôt.

Fusillis aux chipolatas

Préparation : 20 minutes ■ Cuisson : 15 minutes ■ Budget : ★ Difficulté : ★ ★

Pour 4 personnes

- 500 g de fusillis
- 150 g de poireaux émincés surgelés
- 4 chipolatas
- 1 poivron jaune
- 10 cl de crème liquide
- 1 oignon
- 1 cube de bouillon de légumes
- 1 cuil. à soupe d'huile d'olive
- 100 g de parmesan râpé
- Sel et poivre

Faites cuire les poireaux avec le bouillon de légumes. Égouttez-les.Coupez le poivron en dés. Pelez et émincez l'oignon.

Piquez les chipolatas avec une fourchette. Faites-les griller dans une poêle sans ajout de matières grasses.

Coupez-les en petits morceaux.

Faites revenir le poivron et l'oignon 5 minutes dans l'huile d'olive. Ajoutez les chipolatas, les poireaux et la crème

Assaisonnez et laissez chauffer 5 minutes.

Pendant ce temps, faites cuire les pâtes. Égouttez-les et jetez-les dans la poêle. Mélangez, parsemez de parmesan et servez aussitôt.

Galette de carottes et pommes de terre

Préparation : 20 minutes ■ Cuisson : 30 minutes ■ Budget : ★ Difficulté : ★

Pour 4 personnes

- 300 g de carottes
- 300 g de pommes de terre
- 1 oignon émincé
- 50 g de beurre
- 150 ml de lait
- 2 œufs
- 50 g de gruyère râpé
- Sel et poivre

Épluchez les carottes et les pommes de terre.

Lavez-les, séchez-les et râpez-les.

Dans une poêle, faites chauffer le beurre et versez les légumes et l'oignon émincé. Assaisonnez.

Faites cuire à feu doux durant 15 minutes, en remuant de temps en temps.

Dans un bol, battez les œufs et incorporez le lait et le gruyère râpé.

Versez sur les légumes et laissez cuire à feu doux 15 minutes environ. Servez bien chaud.

Gésiers de volaille

Préparation : 10 minutes ■ Repos : 12 heures ■ Cuisson : 1 h 30 ■ Budget : ★ Difficulté : ★

Pour 4 personnes

- 500 g de gésiers de volaille
- 500 g de graisse de canard
- 1 poignée de gros sel
- Thym
- 3 gousses d'ail
- 3 feuilles de laurier

Placez les gésiers dans un plat, salez-les au gros sel et laissez-les mariner pendant 12 heures au réfrigérateur.

Rincez abondamment les gésiers à l'eau froide et égouttez-les.

Dans une casserole, faites chauffer la graisse de canard et ajoutez-y les gésiers.

Placez-y aussi les gousses d'ail avec leur peau, le thym et le laurier.

Laissez cuire pendant 1 h 30, puis laissez refroidir.

Gigot d'agneau de 8 heures

Préparation : 15 minutes ■ Cuisson : 8 heures ■ Budget : ★ Difficulté : ★ ★ ★

Pour 4 personnes

- 1 gigot d'agneau
- 2 cuil. à soupe de miel
- 20 cl de vin blanc sec
- 10 cl d'huile d'olive
- 3 oignons
- 1 tête d'ail
- 1 branche de romarin
- 1 branche de thym
- Fleur de sel
- Piment d'Espelette

Frottez toutes les faces du gigot avec la fleur de sel et le piment d'Espelette. Lavez, épluchez et coupez les oignons en quatre gros morceaux.Dans une cocotte en fonte, versez l'huile d'olive et faites dorer le gigot sur toutes les faces à feu vif. Préchauffez le four à 120 °C (th. 4).

Une fois que le gigot est bien saisi, ajoutez les morceaux d'oignons et laissez suer pendant 5 minutes de plus. Mouillez avec le vin blanc sec et ajoutez l'ail (sans enlever la peau), le romarin et le thym ciselés.

Couvrez et placez au four. Laissez mijoter pendant 8 heures en arrosant le gigot avec son jus toutes les demi-heures. Au bout de 7 heures de cuisson, ajoutez 2 cuil. à soupe de miel dans le jus, pour caraméliser légèrement. Avant de servir, laissez reposer la viande 30 minutes.

Gnocchis à la milanaise

Préparation : 10 minutes ■ Cuisson : 25 minutes ■ Budget : ★ Difficulté : ★

Pour 4 personnes

- 400 g de gnocchis
- 500 g de tomates fraîches
- 2 gousses d'ail
- Les feuilles d'une branche de basilic
- 2 cuil. à soupe d'huile d'olive
- Sel et poivre

Épluchez les tomates et coupez-les en petits dés.

Pelez et hachez l'ail. Faites-le revenir à feu doux dans l'huile d'olive.

Ajoutez les tomates, assaisonnez, et laissez mijoter à feu doux 20 minutes.

Faites cuire les gnocchis comme indiqué sur le paquet.

Égouttez-les.

Recouvrez les gnocchis de la sauce tomate, dans laquelle vous aurez incorporé juste avant le basilic ciselé. Servez aussitôt.

Gougères

Préparation : 20 minutes ■ Cuisson : 25 minutes ■ Budget : ★ Difficulté : ★

Pour 4 personnes

- 75 g de gruyère râpé
- 75 g de beurre
- 150 g de farine
- 4 œufs
- 1 pincée de sel

Préchauffez le four à 210 °C (th. 7). Préparez une pâte à choux en faisant fondre le beurre dans une casserole.

Puis ajoutez 25 cl d'eau, le sel et portez à ébullition. Hors du feu, incorporez la farine en mélangeant vivement.

Replacez la casserole sur le feu et continuez à mélanger pour dessécher la pâte, jusqu'à ce qu'elle se détache de la casserole. Laissez tiédir hors du feu.

Incorporez les œufs, un à un, en mélangeant bien avec une spatule.

Ajoutez le gruyère râpé et mélangez.

Disposez de petites boules sur une plaque recouverte de papier sulfurisé. Enfournez 25 minutes, puis dégustez tiède.

Gratin dauphinois

Préparation : 15 minutes ■ Cuisson : 45 minutes ■ Budget : ★ Difficulté : ★

Pour 6 personnes

- 1,5 kg de pommes de terre
- 1 l de crème liquide
- 1 gousse d'ail
- 3 pincées de muscade
- Sel et poivre

Préchauffez le four à 160 °C (th. 5-6).

Pelez et coupez les pommes de terre en rondelles.

Frottez un plat à gratin avec l'ail.

Disposez-y une couche de crème puis, en alternance, les rondelles de pommes de terre, du sel, du poivre, la muscade puis la crème.

Terminez en nappant de crème.

Enfournez pour 45 minutes. Servez aussitôt.

Gratin de brocolis

Préparation : 25 minutes ■ Cuisson : 35 minutes ■ Budget : ★ Difficulté : ★

Pour 2 personnes

- 1 kg de brocolis surgelés
- 40 g de beurre + 15 g pour le plat
- 40 g de farine
- 50 cl de lait
- 1 cuil. à soupe de coulis de tomate
- 3 œufs
- 1 cuil. à soupe d'ail en poudre
- 10 cl de crème liquide
- 30 g de chapelure
- Sel et poivre

Faites cuire les brocolis comme indiqué sur le paquet. Préchauffez le four à 230 °C (th 7-8).

Faites fondre le beurre dans une casserole et incorporez-y la farine. Mélangez bien. Ajoutez le lait sans cesser de remuer le temps que la béchamel épaississe.

Assaisonnez.

Hors du feu, incorporez les œufs entiers, le coulis de tomate, la crème et l'ail.

Après avoir beurré un plat à gratin, disposez les brocolis et nappez-les de sauce.

Saupoudrez de chapelure et enfournez 20 minutes. Servez aussitôt.

Gratin de céleri et d'oignons

Préparation : 1 heure ■ Cuisson : 1 heure ■ Budget : ★ Difficulté : ★

Pour 4 personnes

- 120 g de beurre
- 12 cl de crème fraîche
- 100 g de gruyère râpé
- 60 g de fécule de maïs
- 50 cl de bouillon de poulet
- 3 oignons
- 1 pied de céleri
- Thym
- Persil
- Sel et poivre

Lavez et coupez le pied de céleri en petits dés. Dans une poêle, faites fondre le beurre et faites rissoler les cubes de céleri pendant 3 minutes en remuant régulièrement.
Dans un bol, mélangez fécule de maïs et bouillon de poulet. Versez ce mélange sur le céleri. Portez à ébullition puis ramenez à feu doux et laissez mijoter 5 minutes, toujours en remuant.
Ajoutez le thym et le persil ciselés. Salez et poivrez selon votre goût.
Préchauffez le four à 180 °C (th. 6).
Épluchez les oignons et coupez-les en rondelles fines. Dans une cocotte beurrée, déposez les oignons, puis le céleri.
Dans un bol, mélangez la crème fraîche et le gruyère râpé, battez bien. Versez cette préparation sur le céleri et couvrez.
Placez au four et laissez cuire 1 heure.

Gratin de champignons

Préparation : 10 minutes ■ Cuisson : 30 minutes ■ Budget : ★ Difficulté : ★

Pour 4 personnes

- 400 g de champignons de Paris
- 3 cuil. à soupe de crème
- 50 g de gruyère râpé
- 10 g de beurre
- 2 œufs
- 2 gousses d'ail
- Persil
- Sel et poivre

Coupez les champignons en fines lamelles. Dans une sauteuse, faites chauffer le beurre sur feu doux puis ajoutez les lamelles de champignons.

Émincez le persil et hachez l'ail. Ajoutez-les dans la sauteuse. Salez et poivrez selon vos goûts. Laissez cuire 10 minutes en remuant souvent, jusqu'à ce que les champignons soient bien dorés.

Préchauffez le four à 210 °C (th. 7).

Séparez les bancs d'œufs des jaunes. Battez les blancs d'œufs en neige bien ferme avec une pincée de sel. Mélangez les jaunes d'œufs avec la crème fraîche et la moitié du gruyère râpé. Ajoutez-y les champignons et incorporez délicatement les blancs d'œufs battus en neige. Versez la préparation dans un plat, recouvrez de gruyère râpé et faites gratiner 10 minutes au four, sous le gril.

Gratin de chou-fleur

Préparation : 25 minutes ■ Cuisson : 20 minutes ■ Budget : ★ Difficulté : ★

Pour 4 personnes

- 1 kg de chou-fleur
- 150 g de gruyère râpé
- 80 g de beurre
- 50 g de farine
- 50 cl de lait
- Noix de muscade
- Sel et poivre

Nettoyez le chou-fleur et séparez-le en bouquets. Faites cuire les bouquets de chou-fleur dans une casserole d'eau bouillante pendant 15 minutes. Une fois la cuisson finie, sortez-les et égouttez-les bien.

Préparez la béchamel : dans une poêle, faites fondre le beurre à feu doux. Ajoutez la farine et mélangez jusqu'à ce que le mélange soit homogène. Ajoutez le lait tout en mélangeant. Laissez épaissir sur feu moyen pendant environ 10 minutes.

Continuez à mélanger. Salez et poivrez et ajoutez la noix de muscade râpée. Retirez du feu et ajoutez 100 g de gruyère râpé. Mélangez jusqu'à ce que la sauce soit homogène.

Préchauffez le gril du four. Dans un plat, déposez les bouquets de chou-fleur et versez la béchamel dessus, en nappant bien. Parsemez avec le reste du gruyère râpé et des noix de beurre. Passez au gril 10 minutes.

Gratin de citrouille

Préparation : 20 minutes ■ Cuisson : 35 minutes ■ Budget : ★ Difficulté : ★

Pour 4 personnes

- 1 kg de citrouille
- 100 g de gruyère râpé
- 60 g de beurre
- 50 g de farine
- 50 cl de lait
- 3 oignons
- 2 gousses d'ail
- 5 cl d'huile d'olive
- Thym
- Noix de muscade
- Sel et poivre

Épluchez et videz la citrouille, découpez-la en gros cubes. Émincez les oignons, hachez l'ail. Dans une cocotte, versez l'huile d'olive et ajoutez les morceaux de citrouille, les oignons, l'ail et le thym. Salez et poivrez. Mélangez bien et laissez cuire 15 minutes à feu doux avec un couvercle. En fin de cuisson, ôtez le couvercle et augmentez la cuisson à feu vif, pour permettre au liquide de s'évaporer. Réservez. Préchauffez le four à 200 °C (th. 6-7).

Dans une casserole, préparez la sauce : faites fondre le beurre coupé en morceaux, ajoutez la farine. Mélangez bien pour que la préparation soit mousseuse. Ajoutez le lait et mélangez à feu vif pendant 3 minutes. Ajoutez la noix de muscade râpée. Salez et poivrez selon vos goûts.

Dans un plat, versez la citrouille. Nappez de sauce et parsemez de gruyère râpé. Laissez cuire 10 minutes et finissez par 3 minutes sous le gril, pour bien gratiner le fromage.

Gratin de courgettes

Préparation : 15 minutes ■ Cuisson : 25 minutes ■ Budget : ★ Difficulté : ★

Pour 4 personnes

- 400 g de courgettes
- 60 g de chapelure
- 5 tomates
- 3 gousses d'ail
- Persil
- Huile d'olive
- Sel et poivre

Épluchez les courgettes et découpez-les en fines rondelles.

Dans une poêle, faites chauffer 2 cuil. à soupe d'huile d'olive et faites-y revenir les tranches de courgettes en les retournant régulièrement, de façon à bien dorer toutes les faces. Égouttez-les sur un papier absorbant et disposez-les dans un plat beurré.

Préchauffez le four à 180 °C (th. 6).

Coupez les tomates en rondelles épaisses et déposez-les sur les courgettes. Hachez finement l'ail et le persil.

Saupoudrez la chapelure, l'ail et le persil sur les tomates. Salez, poivrez. Mettez au four et laissez cuire 25 minutes.

Gratin de jambon

Préparation : 20 minutes ■ Cuisson : 20 minutes ■ Budget : ★ Difficulté : ★ ★

Pour 4 personnes

- 8 tranches de jambon blanc
- 3 tomates
- 300 g de champignons de Paris
- 150 g de gruyère râpé
- 200 g de crème fraîche
- 15 g de beurre
- 2 oignons
- Sel et poivre

Préchauffez le four en position gril. Lavez les champignons, égouttez-les et émincez-les finement. Réservez.

Dans un plat, étalez de fines lamelles de beurre. Ajoutez-y vos oignons hachés finement.

Faites cuire les tomates 10 minutes dans une casserole d'eau bouillante, pelez-les puis écrasez-les à la fourchette. Étalez cette pulpe grossière dans le plat. Salez et poivrez selon vos goûts.

Roulez les tranches de jambon et placez-les dans le plat. Ajoutez-y les lamelles de champignons et saupoudrez avec le gruyère râpé. Répartissez la crème fraîche entre les tranches de jambon.

Placez 20 minutes au four, sous le gril, jusqu'à ce que les tranches de jambon soient bien gratinées.

Gratin de la mer

Préparation : 15 minutes ■ Cuisson : 30 minutes ■ Budget : ★ Difficulté : ★

Pour 4 personnes

- 400 g de crevettes grises
- 40 g de beurre
- 2 jaunes d'œufs
- 50 cl de crème fraîche
- 8 endives
- Le jus de 1 citron
- Noix de muscade
- Sel et poivre

Nettoyez les endives et coupez la base pour éviter l'amertume. Émincez-les finement.

Dans une casserole, faites fondre le beurre et ajoutez les endives. Arrosez avec le jus de citron et faites cuire à feu vif jusqu'à ce que toute l'eau soit évaporée. Ajoutez alors la crème fraîche et la noix de muscade. Salez et poivrez selon vos goûts. Mélangez et laissez chauffer 5 minutes.

Préchauffez le four sur la position gril.

Décortiquez les crevettes et coupez-les en petits morceaux. Ajoutez-les dans la casserole et retirez du feu. Incorporez les jaunes d'œufs en mélangeant rapidement (ils doivent rester liquides). Transvasez le tout dans un plat et placez-le 10 minutes sous le gril jusqu'à ce que la surface soit bien dorée.

Gratin de pâtes

Préparation : 15 minutes ■ Cuisson : 25 minutes ■ Budget : ★ Difficulté : ★

Pour 4 personnes

- 500 g de pâtes de votre choix
- 250 g de jambon blanc
- 200 g de fromage râpé
- 40 g de beurre
- 40 g de farine
- 50 cl de lait
- ½ cuil. à café de noix de muscade
- Sel et poivre

Préchauffez le four à 210 °C (th. 7).

Faites cuire les pâtes 3 minutes.

Pendant ce temps, préparez la sauce béchamel. Faites fondre le beurre dans une casserole, ajoutez-y la farine et mélangez vivement. Ajoutez un peu de lait, délayez et versez le reste. Faites cuire à feu doux 5 minutes en remuant constamment.
Salez, poivrez et retirez du feu.

Égouttez-les pâtes, versez-les dans un plat à gratin et mélangez-les avec la sauce, le jambon coupé en dés et la moitié du fromage. Versez l'autre moitié au-dessus et faites dorer au four 15 minutes.

Gratin de tomates

Préparation : 30 minutes ■ Cuisson : 45 minutes ■ Budget : ★ Difficulté : ★

Pour 4 personnes

- 8 tomates
- 2 poivrons rouges
- 2 aubergines
- 2 bûches de chèvre
- Beurre
- Huile d'olive
- Thym
- Sel et poivre

Plongez les tomates 2 minutes dans l'eau bouillante et pelez-les. Coupez-les ensuite en rondelles.

Coupez les poivrons en gros quartiers et épépinez-les. Faites-les cuire dans une poêle à feu très doux pendant 10 minutes.

Lavez les aubergines et coupez-les en rondelles (conservez-les dans un saladier plein d'eau pour éviter qu'elles ne noircissent). Coupez les bûches de chèvre en rondelles. Préchauffez le four à 180 °C (th. 6).

Dans un plat beurré, alternez les rondelles de tomates, de poivrons, d'aubergines et de chèvre. Salez et poivrez selon vos goûts. Parsemez de thym et arrosez de 2 cuil. à soupe d'huile d'olive. Placez au four et laissez cuire pendant 45 minutes.

Guacamole

Préparation : 10 minutes ■ Budget : ★ Difficulté : ★

Pour 6 personnes

- 2 beaux avocats bien mûrs
- Le jus de 1 citron vert
- 1 petit oignon
- De la coriandre
- 1 trait de Tabasco
- Sel

Pelez et hachez l'oignon.

Écrasez les avocats puis ajoutez l'oignon, la coriandre, le jus de citron, le Tabasco et le sel. Mélangez bien.

Hachis de courgettes

Préparation : 15 minutes ■ Cuisson : 1 h 20 ■ Budget : ★ Difficulté : ★

Pour 4 personnes

- 1 kg de courgettes
- 4 cl d'huile d'olive
- 2 gousses d'ail
- 2 oignons
- Origan
- Sel et poivre

Pelez et découpez les courgettes en fines lamelles.

Dans une cocotte, faites revenir les oignons émincés à feu très doux, dans l'huile d'olive. Ajoutez l'ail haché puis les courgettes. Salez, poivrez.

Remuez doucement, puis couvrez et laissez mijoter à feu doux pendant 30 minutes.

Ajoutez l'origan, mélangez bien en écrasant les courgettes et couvrez à nouveau.

Laissez cuire 30 minutes de plus.

10 minutes avant la fin de la cuisson, retirez le couvercle pour laisser le liquide s'évaporer.

Hachis parmentier

Préparation : 20 minutes ■ Cuisson : 30 minutes ■ Budget : ★ Difficulté : ★

Pour 4 personnes

- 600 g de viande hachée de bœuf
- 1 kg de pommes de terre à chair farineuse (type bintje)
- 150 g de fromage râpé
- 1 œuf
- 10 cl de crème fraîche épaisse
- Beurre
- 1 pincée de muscade
- Sel et poivre

Préparez une purée en faisant cuire les pommes de terre à l'eau puis en les écrasant.

Incorporez l'œuf, la crème fraîche, quelques noisettes de beurre et la muscade. Salez et poivrez.

Réservez la purée au chaud.

Faites cuire la viande dans un peu d'huile. Assaisonnez. Préchauffez le gril du four.

Dans un plat à gratin, étalez la viande et recouvrez de purée.

Couvrez de fromage râpé et enfournez sous le gril pour 10 minutes. Servez aussitôt.

Houmous

Préparation : 10 minutes ■ Cuisson : 1 h 20 ■ Budget : ★ Difficulté : ★

Pour 4 personnes

- 350 g de pois chiches
- 75 cl de bouillon de volaille
- 3 gousses d'ail hachées
- 1 oignon haché
- 6 grains de poivre noir
- ½ cuil. à café de cumin
- 2 feuilles de menthe
- 1 cuil. à soupe de graines de sésame
- Le jus de 1 citron
- Huile d'olive
- Sel et poivre

Faites chauffer un filet d'huile d'olive dans une casserole à feu moyen. Ajoutez l'ail et l'oignon et laissez fondre sans colorer pendant 4 minutes. Mettez les pois chiches et couvrez avec le bouillon de volaille. Ajoutez les grains de poivre et portez à ébullition.

Réduisez le feu et laissez cuire pendant 1 h 15 à tout petits bouillons.

Égouttez les pois chiches. Placez-les dans un mixeur avec le jus de citron. Mixez finement. Ajoutez 1 à 2 cuil. à soupe de d'huile d'olive et le cumin.

Mélangez et rectifiez l'assaisonnement.

Servez dans un plat en décorant avec des graines de sésame et des feuilles de menthe.

Jambon au cidre

Préparation : 10 minutes ■ Cuisson : 30 minutes ■ Budget : ★ Difficulté : ★ ★

Pour 4 personnes

- 4 tranches de jambon fumé
- 4 échalotes
- 90 g de crème fraîche
- ¼ l de cidre brut
- Huile d'olive
- Ciboulette

Dans une poêle, faites dorer les tranches de jambon fumé dans 1 cuil. à soupe d'huile d'olive. Réservez le jambon à part.

Faites blondir les échalotes dans 1 cuil. à soupe d'huile d'olive et ajoutez-y le cidre. Laissez réduire 5 minutes à feu doux.

Déposez les tranches de jambon et laissez mijoter 10 minutes. Ajoutez la crème fraîche et laissez mijoter 3 minutes de plus à couvert.

Jardinière de légumes

Préparation : 15 minutes ■ Cuisson : 20 minutes ■ Budget : ★ Difficulté : ★

Pour 4 personnes

- 2 pommes de terre
- 100 g de petits pois
- 100 g de haricots verts
- 4 carottes
- 6 champignons de Paris
- 2 navets
- 2 oignons
- Persil
- Beurre
- Gros sel

Lavez les légumes, égouttez-les et coupez-les en petits morceaux (excepté les petits pois). Dans une casserole, placez tous les dés de légumes et recouvrez totalement d'eau. Ajoutez une pincée de gros sel.

Après le premier bouillon, laissez cuire à feu doux et à couvert pendant 20 minutes. Égouttez.

Lavez les champignons et émincez-les. Hachez les oignons. Faites revenir le tout à vif.

Ajoutez à la préparation puis parsemez de persil ciselé et d'une noisette de beurre avant de servir.

Lapin à la bière

Préparation : 20 minutes ■ Cuisson : 55 minutes ■ Budget : ★ ★ Difficulté : ★ ★

Pour 4 personnes

- 1 lapin découpé en morceaux
- 250 g de champignons de Paris
- 20 cl de bière blonde
- 1 cuil. à soupe de crème fraîche épaisse
- 10 g de beurre
- Cannelle en poudre
- 1 cube de bouillon de volaille
- 3 échalotes
- Sel et poivre

Faites fondre le beurre dans la cocotte et mettez-y les morceaux de lapin. Retournez-les jusqu'à ce que toutes les faces soient bien dorées. Réservez à part sur une assiette.

Pelez et ciselez les échalotes. Lavez et émincez les champignons en lamelles. Dans la cocotte, faites revenir les échalotes et ajoutez les champignons. Faites-les revenir 5 minutes au maximum pour leur faire perdre leur eau.

Ajoutez les morceaux de lapin, émiettez le cube de bouillon de volaille, saupoudrez de cannelle. Salez et poivrez selon vos goûts. Arrosez bien avec la bière et remuez pour que le lapin soit bien imprégné.

Laissez cuire à couvert à feu doux pendant 40 minutes.

Ajoutez enfin la crème, mélangez et laissez cuire encore 10 minutes.

Lapin à la moutarde

Préparation : 30 minutes ■ Cuisson : 45 minutes ■ Budget : ★ ★ Difficulté : ★ ★

Pour 2 personnes

- ½ lapin (faites-le désosser par votre boucher)
- 2 foies de lapin
- 2 tranches de pain de mie
- 90 g de moutarde
- 75 g de beurre
- 2 bonnes cuil. à soupe de crème fraîche
- 25 cl de lait
- 1 jaune d'œuf
- 3 échalotes
- Thym
- Laurier
- Sel et poivre

Faites tremper les tranches de pain de mie dans le bol de lait pendant 10 minutes.

Faites revenir les foies de lapin et les échalotes coupées en dés dans la moitié du beurre puis hachez le tout.

Salez et poivrez ce mélange selon vos goûts et ajoutez le jaune d'œuf pour lier. Farcissez le lapin avec cette préparation puis ficelez-le et tartinez-le de moutarde au pinceau.

Faites fondre le reste du beurre dans une cocotte. Posez-y le lapin et ajoutez le thym et le laurier ciselés.

Fermez la cocotte et laissez cuire 45 minutes (à partir de la première rotation de la soupape). Avant de servir, liez la sauce avec la crème fraîche.

Lapin aux tomates confites

Préparation : 15 minutes ■ Cuisson : 45 minutes ■ Budget : ★ ★ Difficulté : ★ ★

Pour 4 personnes

- 1 lapin découpé en morceaux
- 10 petites tomates (type tomate grappe)
- 3 oignons rouges
- 15 g de sucre en poudre
- 10 cl d'huile d'olive
- 6 gousses d'ail
- Herbes de Provence
- Sel et poivre

Préchauffez le four à 150 °C (th. 5).

Lavez les tomates et coupez-les en dés. Pelez les oignons et tranchez-les en petits cubes.
Dans un plat, déposez les morceaux de tomate et d'oignon. Ajoutez-y les gousses d'ail entières (sans les peler) et saupoudrez le tout de sucre en poudre.

Salez et poivrez les morceaux de lapin selon vos goûts. Déposez-les sur le lit de tomate et d'oignon. Saupoudrez d'herbes de Provence et arrosez d'huile d'olive.

Mettez au four et laissez cuire pendant environ 45 minutes, en retournant les morceaux de lapin plusieurs fois au cours de la cuisson.

Lasagnes aux courgettes et au chèvre

Préparation : 15 minutes ■ Cuisson : 35 minutes ■ Budget : ★ Difficulté : ★ ★

Pour 4 personnes

- 2 grosses courgettes (ou 3 petites)
- 300 g de fromage de chèvre frais
- 2 cuil. à soupe d'huile d'olive
- 25 cl de lait
- 1 cuil. à soupe de Maïzena
- 10 feuilles de lasagnes
- 100 g de gruyère râpé
- Sel et poivre

Préchauffez le four à 180 °C (th. 6).

Coupez les courgettes en fines tranches et faites-les revenir 10 minutes dans une poêle huilée.

Portez à ébullition le lait et ajoutez la Maïzena. Assaisonnez et laissez épaissir la sauce 5 minutes à feu doux.

Dans un plat à gratin, mettez un peu de sauce puis une rangée de lasagnes. Placez dessus des courgettes, du chèvre émietté puis de la sauce.

Recommencez l'opération jusqu'à épuisement des ingrédients et parsemez de gruyère.

Enfournez pour 25 minutes.

Légumes sautés

Préparation : 10 minutes ■ Cuisson : 20 minutes ■ Budget : ★ Difficulté : ★

Pour 3 personnes

- 2 poivrons rouges
- 1 poivron vert
- 2 tomates
- 1 petit oignon
- 1 poignée de pousses fraîches de soja
- 3 cuil. à soupe de sauce soja
- 1 cuil. à soupe de graines de sésame
- ½ cuil. à café d'ail en poudre
- ½ cuil. à café de coriandre en poudre
- 1 pincée de piment en poudre

Faites revenir l'oignon, les graines de sésame, l'ail et la coriandre dans la sauce soja.

Ajoutez les poivrons coupés en lamelles puis les tomates concassées. Mélangez.

Laissez cuire 10 minutes puis ajoutez le piment.

Hors du feu, ajoutez les pousses de soja. Servez aussitôt.

Lieu braisé aux herbes

Préparation : 15 minutes ■ Cuisson : 30 minutes ■ Budget : ★ Difficulté : ★ ★

Pour 4 personnes

- 800 g de lieu
- 3 cuil. à soupe de crème fraîche
- 15 g de beurre
- Le jus de 1 citron
- Oseille
- Persil
- Menthe fraîche
- Thym
- Sel et poivre

Ficelez le morceau de lieu comme un rôti.

Lavez, égouttez et préparez les herbes : la menthe, l'oseille, le persil et le thym. Réservez-en la moitié pour la sauce. Dans une cocotte, faites revenir l'oseille avec le beurre pendant 5 minutes. Placez ensuite le lieu sur le lit d'oseille et recouvrez-le avec le persil, les feuilles de menthe et le thym. Versez dessus le jus de citron et 20 cl d'eau. Salez et poivrez selon vos goûts. Couvrez la cocotte et laissez cuire à petit feu pendant 25 minutes.

Une fois la cuisson terminée, retirez le lieu de la cocotte. Déficelez-le, ôtez la peau et disposez-le sur un plat.

Mixez le jus de cuisson avec les herbes restantes. Ajoutez la crème fraîche et laissez chauffer à feu très doux pour lier la sauce.

Lotte au miel et au vinaigre

Préparation : 15 minutes ■ Cuisson : 20 minutes ■ Budget : ★ ★ Difficulté : ★ ★

Pour 2 personnes

- 2 filets de lotte
- 1,5 cuil. à soupe de crème fraîche
- 30 g de miel
- Beurre
- 1,5 cl de vinaigre de cidre
- 2 échalotes
- Sel et poivre

Dans une poêle, faites dorer les lottes dans du beurre, 3 minutes de chaque côté. Salez et poivrez selon vos goûts. Réservez au chaud.

Émincez finement les échalotes. Faites-les cuire à feu doux dans la poêle, en ajoutant le vinaigre, jusqu'à complète évaporation. Ajoutez la crème fraîche et le miel. Mélangez bien et laissez réduire une minute.

Servez les filets de lotte sur des assiettes chaudes et nappez avec la sauce.

Lotte au safran

Préparation : 10 minutes ■ Cuisson : 10 minutes ■ Budget : ★ ★ Difficulté : ★ ★ ★

Pour 2 personnes

- 400 g de queue de lotte
- 200 g de tomates
- 20 cl de vin blanc
- 2 échalotes
- Le jus de 1 citron vert
- 1 cuil. à soupe d'huile d'olive
- 1 pincée de safran
- Sel et poivre

Lavez et émincez finement les échalotes. Dans une poêle, faites-les blondir dans l'huile d'olive.

Ajoutez le jus de citron vert, 20 cl de vin blanc et une pincée de safran. Mélangez bien et laissez chauffer à feu doux.

Lavez les tomates et pelez-les (après les avoir trempées 2 minutes dans l'eau bouillante). Coupez-les en petits dés.

Découpez également la queue de lotte en petits morceaux.

Faites cuire dans la poêle les tomates et la lotte 10 minutes à feu moyen en remuant bien. Salez et poivrez selon vos goûts.

Macaronis à la crème fromagère

Préparation : 10 minutes ■ Cuisson : 10 minutes ■ Budget : ★ Difficulté : ★ ★

Pour 4 personnes

- 500 g de macaronis
- 200 g de fromage cottage
- 100 g de parmesan
- 40 cl de crème liquide
- 2 jaunes d'œufs
- Sel et poivre

Faites cuire les pâtes.

Mélangez le fromage cottage et le parmesan. Ajoutez les jaunes d'œufs battus, du sel, du poivre et les macaronis égouttés.

Faites chauffer la crème dans une casserole, à feu doux.

À l'ébullition, incorporez les pâtes, mélangez. Réajustez l'assaisonnement et servez.

Macaronis bacon et poireaux

Préparation : 20 minutes ■ Cuisson : 30 minutes ■ Budget : ★ Difficulté : ★

Pour 4 personnes

- 500 g de macaronis
- 1 blanc de poireau émincé
- 8 tranches de bacon
- 20 g + 3 noix de beurre
- 20 g de farine
- 60 cl de lait
- 2 cuil. à soupe de chapelure
- 50 g de gruyère
- Sel et poivre

Faites cuire les pâtes 3 minutes. Égouttez-les et déposez-les dans un plat à gratin. Préchauffez le four à 210 °C (th. 7).

Faites griller les tranches de bacon. Ajoutez-les aux pâtes.

Faites suer le poireau émincé jusqu'à ce qu'il soit tendre. Ajoutez-le aux pâtes.

Dans une casserole, faites fondre le beurre et ajoutez la farine. Mélangez énergiquement et incorporez petit à petit le lait en remuant sans arrêt. Laissez cuire 5 minutes. Ajoutez le fromage et assaisonnez. Versez la sauce sur les pâtes et mélangez bien. Saupoudrez de parmesan, de chapelure et de noix de beurre. Enfournez 20 minutes puis servez aussitôt.

Macaronis aubergines et mozzarella

Préparation : 20 minutes ■ Cuisson : 30 minutes ■ Repos : 30 minutes ■ Budget : ★
Difficulté : ★

Pour 4 personnes

- 500 g de macaronis
- 2 petites aubergines
- 500 g de coulis de tomate
- 2 boules de mozzarella
- Une dizaine de feuilles de basilic
- 1 gousse d'ail
- 1 oignon
- 3 cuil. à soupe d'huile d'olive
- Sel et poivre

Coupez les aubergines en fines rondelles et recoupez chaque rondelle en deux. Faites-les dégorger 30 minutes dans du gros sel. Essuyez-les.

Faites revenir les aubergines jusqu'à ce qu'elles soient dorées. Réservez-les.

Faites revenir l'oignon et l'ail émincé dans une casserole avec l'huile d'olive. Versez-y le coulis de tomate. Assaisonnez et laissez mijoter 20 minutes.

Coupez la mozzarella en tranches de 1 cm et coupez chaque tranche en deux.

Faites cuire les macaronis. Égouttez-les et plongez-les dans la casserole de sauce. Ajoutez-y les aubergines, la mozzarella et le basilic. Mélangez et servez aussitôt.

Méli-mélo d'endives et de poulet

Préparation : 15 minutes ■ Cuisson : 15 minutes ■ Budget : ★ Difficulté : ★

Pour 4 personnes

- 2 blancs de poulet
- 50 g de beurre
- 30 g de sucre en poudre
- 6 endives
- 4 carottes
- 4 tranches de bacon
- 2 gousses d'ail
- 2 cuil. à café d'huile d'olive
- Sel et poivre

Pelez les carottes et râpez-les grossièrement. Découpez les blancs de poulet et le bacon en lamelles. Épluchez les gousses d'ail et hachez-les finement.

Dans une poêle, faites revenir l'ail écrasé dans l'huile d'olive. Ajoutez les carottes, le poulet et le bacon. Salez et poivrez selon vos goûts. Laissez dorer 5 minutes. Réservez au chaud.

Coupez les endives en lamelles et faites-les revenir dans la même poêle avec le beurre et le sucre en poudre. Faites cuire 10 minutes à feu doux en les retournant plusieurs fois pour qu'elles ne brûlent pas.

Présentez les endives dans un plat. Parsemez avec le mélange de poulet, bacon et carottes.

Mille-feuille de tomates en verrine

Préparation : 15 minutes ■ Cuisson : 1 h 20 ■ Repos : 4 heures ■ Budget : ★ Difficulté : ★

Pour 4 personnes

- 6 tomates
- 4 chèvres frais
- Vinaigre balsamique
- Huile d'olive
- Olives noires
- Sel et poivre

Préchauffez le four à 180 °C (th. 6).

Faites confire les tomates : coupez-les en deux, posez-les face contre la plaque du four préalablement huilée. Laissez cuire 20 minutes à 180 °C (th. 6), puis retournez-les et remettez au four pour 1 heure. Sortez la plaque et laissez-les refroidir.

Dénoyautez les olives noires.

Dans une verrine, disposez un morceau de tomate confite, puis une portion de chèvre frais, des olives noires tranchées, quelques gouttes d'huile d'olive et de vinaigre balsamique. Salez, poivrez. Recommencez l'opération et terminez par un morceau de tomate confite. Fermez avec du film alimentaire et placez au frais pendant 4 heures.

Morue à la portugaise

Préparation : 55 minutes ■ Cuisson : 30 minutes ■ Budget : ★ Difficulté : ★

Pour 4 personnes

- 1 kg de morue dessalée
- 5 pommes de terre
- 6 œufs
- 4 oignons
- 3 gousses d'ail
- 1 bouquet garni
- Persil
- 20 cl d'huile d'olive
- 20 cl de vin blanc sec
- Poivre

Dans une grande casserole d'eau, faites cuire la morue avec le bouquet garni pendant 20 minutes. Ôtez la morue, retirez la peau et les arêtes. Faites cuire les pommes de terre dans l'eau de cuisson pendant 15 minutes. Pelez-les et coupez-les en fines rondelles.

Préchauffez le four à 240 °C (th. 8). Émincez l'ail et les oignons. Dans une sauteuse, faites-les blondir dans l'huile d'olive. Ajoutez ensuite la morue émiettée et les rondelles de pommes de terre. Laissez cuire 5 minutes. Mouillez avec le vin blanc, poivrez (inutile de saler). Versez le tout dans un plat et mettez au four. Laissez gratiner 30 minutes.

Pendant ce temps, faites cuire les œufs dans une casserole d'eau bouillante pendant 10 minutes. Écaillez-les et hachez-les finement avec le persil. Parsemez le plat avec le hachis d'œufs et le persil. Servez aussitôt.

Mouclade

Préparation : 25 minutes ■ Cuisson : 10 minutes ■ Budget : ★ ★ Difficulté : ★

Pour 4 personnes

- 6 l de moules
- 50 g de farine
- 50 g de beurre salé
- 40 cl de vin blanc sec
- Le jus de 1 citron
- 1 gousse d'ail
- 1 oignon
- 1 jaune d'œuf
- Poivre

Frottez les moules avec une petite brosse et rincez-les longuement sous l'eau froide.
Égouttez-les et mettez-les dans une cocotte à fond épais avec le vin blanc, l'oignon coupé en rondelles et la gousse d'ail coupée en huit. Couvrez, portez à feu vif en secouant régulièrement, pendant environ 5 minutes. Quand toutes les moules sont ouvertes, égouttez-les et réservez-les dans un plat au chaud.

Filtrez le jus qu'elles ont rendu et ajoutez-y le beurre et la farine pour préparer une sauce blanche. Poivrez selon vos goûts.

Délayez le jaune d'œuf dans 1 cuil. à soupe de cette sauce et rajoutez dans le reste de sauce, avec le jus de citron. Laissez cuire à feu doux pendant 5 minutes. Ouvrez toutes les moules, posez-les dans un plat et arrosez-les avec la sauce avant de servir bien chaud.

Moules crues à la catalane

Préparation : 20 minutes ■ Cuisson : 20 minutes ■ Budget : ★ Difficulté : ★

Pour 4 personnes

- 24 grosses moules d'Espagne
- 5 tomates
- 1 oignon
- 1 gousse d'ail
- 3 cuil. à soupe d'huile d'olive
- 1 cuil. à café de vinaigre
- 2 morceaux de sucre
- Sel et poivre

Émincez l'ail et l'oignon. Lavez et essuyez les tomates, découpez-les en morceaux.Faites chauffer l'huile d'olive dans une casserole puis faites-y revenir l'ail et l'oignon (sans colorer). Ajoutez les cubes de tomates et le sucre. Salez et poivrez selon vos goûts.

Mélangez doucement et laissez confire pendant 15 minutes sur feu très doux, en remuant constamment, jusqu'à ce qu'il n'y ait plus d'eau.

Pendant ce temps, nettoyez soigneusement les moules à l'eau froide. Égouttez et ouvrez-les. Disposez-les dans un plat.

Une fois les tomates confites, passez-les au mixer. Ajoutez le vinaigre. Répartissez cette préparation dans les moules avec une petite cuillère.

Moussaka

Préparation : 30 minutes ■ Cuisson : 40 minutes ■ Budget : ★ Difficulté : ★

Pour 4 personnes

- 400 g de bœuf haché
- 50 g de gruyère râpé
- 4 aubergines
- 4 tomates
- 150 g de concentré de tomates
- 2 œufs
- 1 oignon
- 1 gousse d'ail
- Le jus de 1 citron
- Persil
- Cumin en poudre
- Huile d'olive
- Sel et poivre

Lavez les aubergines et coupez-les en tranches dans le sens de la longueur. Badigeonnez-les d'huile, salez et poivrez. Enfournez sous le gril jusqu'à ce qu'elles soient dorées.

Dans une cocotte, faites chauffer 2 cuil. à soupe d'huile d'olive et y revenir l'oignon émincé et l'ail haché. Hachez les tomates. Ajoutez-les avec le concentré de tomates, le persil haché et le cumin. Salez, poivrez. Laissez mijoter 20 minutes à couvert, puis 5 minutes en découvrant. Ajoutez le bœuf haché, remuez et laissez cuire 5 minutes à feu moyen.

Dans un plat, posez une couche d'aubergines, la viande, une deuxième couche d'aubergines, puis de viande. Terminez par une couche d'aubergines. Préchauffez le four à 210 °C (th. 7). Battez les œufs et ajoutez le jus de citron. Versez sur les aubergines cette préparation et parsemez de gruyère râpé. Mettez le plat au four et laissez gratiner pendant 10 minutes, jusqu'à ce que le gruyère soit bien doré.

Mousse d'avocats et crevettes

Préparation : 10 minutes ■ Repos : 2 heures ■ Budget : ★ Difficulté : ★

Pour 4 personnes

- 2 avocats bien murs
- 8 grosses crevettes roses
- 10 cl de crème fraîche liquide
- Le jus de 1 citron
- Sel et poivre blanc
- Aneth

Coupez les avocats en deux : videz-les soigneusement et conservez les coques au frais, emballées dans du film plastique.

Découpez la chair en petits cubes et mixez-les avec la crème fraîche. Décortiquez les crevettes, coupez-les en morceaux et mixez-les également. Mélangez avec la crème d'avocats. Ajoutez-y le jus de citron (pour éviter que l'avocat ne noircisse).

Salez et poivrez selon vos goûts.

Conservez au frais au moins 2 heures.

Avant de servir, remplissez les coques des avocats avec la mousse et ajoutez quelques pluches d'aneth pour décorer.

Mousse de thon

Préparation : 5 minutes Budget : ★ Difficulté : ★

Pour 6 personnes

- 200 g de thon blanc au naturel
- 4 cuil. à soupe de crème fraîche épaisse
- 1 filet d'huile d'olive
- Le jus de ½ citron
- Sel et poivre

Mixez le thon puis ajoutez la crème, l'huile d'olive et le jus de citron. Salez et poivrez.

Mousse de truite fumée

Préparation : 10 minutes ■ Repos : 2 heures ■ Budget : ★ Difficulté : ★ ★

Pour 4 personnes

- 300 g de truite fumée
- 9 cuil. à soupe de crème fraîche
- 2 jaunes d'œufs
- Le jus de 1 citron
- Ciboulette fraîche
- Sel et poivre

Découpez les tranches de truite fumée en petits morceaux puis mixez-les avec la ciboulette. Ajoutez les jaunes d'œufs, la crème fraîche et le jus d'un citron. Mélangez soigneusement pour obtenir une préparation homogène et mousseuse. Salez et poivrez selon vos goûts.

Répartissez la mousse dans quatre ramequins, recouvrez d'un film plastique et gardez au frais pendant au moins 2 heures avant de servir.

Mousseline de poisson

Préparation : 30 minutes ■ Cuisson : 20 minutes ■ Budget : ★ ★ Difficulté : ★

Pour 4 personnes

- 500 g de filets de colin
- 120 g de crème fraîche
- 2 blancs d'œufs
- Beurre
- Sel et poivre

Coupez les filets de colin en dés et mixez-les finement. Ajoutez-y les deux blancs d'œufs et continuez à mixer. Placez cette préparation dans un petit saladier et mettez au réfrigérateur pendant 30 minutes.

Incorporez doucement la crème fraîche à la préparation afin d'obtenir une consistance épaisse. Salez et poivrez selon vos goûts. Placez au frais 15 minutes de plus.

Préchauffez le four à 150 °C (th. 5).

Pendant ce temps, beurrez quatre petits ramequins et versez-y doucement la mousseline. Placez au bain-marie au four et laissez cuire 20 minutes.

Muffins au jambon et olives

Préparation : 5 minutes ■ Cuisson : 20 minutes ■ Budget : ★ Difficulté : ★

Pour 12 gros muffins

- 225 g de farine
- ½ sachet de levure
- 2 œufs
- 80 g de beurre fondu
- 1 yaourt nature
- 2 cl de lait
- 250 g de jambon
- 80 g d'olives vertes
- 1 cuil. à café de romarin
- 1 cuil. à café d'origan
- Sel

Préchauffez le four à 190 °C (th. 6-7).

Dans un saladier, mélangez la farine et la levure.

Dans un second saladier, battez les œufs puis ajoutez le beurre fondu, le yaourt et le lait. Mélangez bien.

Incorporez les herbes puis le jambon coupé en petits dés et les olives vertes coupées en rondelles. Salez et mélangez.

Ajoutez le mélange farine-levure et mélangez.

Remplissez les moules à muffins aux trois quarts et enfournez 20 minutes.

Démoulez les muffins et dégustez-les tièdes ou froids.

Nouilles « cantoche »

Préparation : 5 minutes ■ Cuisson : 12 minutes ■ Budget : ★ Difficulté : ★

Pour 4 personnes

- 500 g de nouilles
- 300 g de jambon blanc
- 150 g de gruyère râpé
- 20 cl de crème liquide
- Sel et poivre

Coupez le jambon en dés.

Faites cuire les nouilles une minute de moins que l'indication sur le paquet.

Égouttez-les et remettez-les dans la casserole.

Ajoutez le jambon, la crème et le fromage. Mélangez.

Laissez chauffer une petite minute, assaisonnez et servez aussitôt.

Nouilles sautées aux légumes

Préparation : 45 minutes ■ Cuisson : 10 minutes ■ Budget : ★ Difficulté : ★

Pour 4 personnes

- 2 blancs de poireaux
- 200 g de champignons de Paris
- 2 carottes
- 1 petite courgette
- Une poignée de germes de soja frais
- 1 poivron rouge
- 200 g de nouilles
- 2 cuil. à soupe de sauce soja
- Huile d'olive

Émincez tous les légumes.

Faites cuire les nouilles comme indiqué sur le paquet.

Une fois que toute l'eau est évaporée, ajoutez la sauce soja et les légumes.

Faites cuire 10 minutes à feu vif, en mélangeant. Servez aussitôt, arrosé d'un filet d'huile d'olive.

Œufs à l'oseille

Préparation : 10 minutes ■ Cuisson : 15 minutes ■ Budget : ★ Difficulté : ★

Pour 4 personnes

- 8 œufs
- 400 g d'oseille surgelée
- 2 noisettes de beurre
- 20 cl de crème liquide
- Sel et poivre

Faites des œufs durs.

Pendant ce temps, faites cuire l'oseille dans un grand volume d'eau salée.

Écalez les œufs et coupez-les en deux dans le sens de la hauteur.

Dans une grande poêle, faites fondre le beurre et ajoutez-y l'oseille égouttée, la crème, le sel et le poivre. Faites chauffer 3 minutes.

Ajoutez les œufs, recouvrez-les délicatement de sauce et laissez chauffer à nouveau 5 minutes. Servez aussitôt.

Œufs à la moutarde

Préparation : 10 minutes ■ Cuisson : 10 minutes ■ Budget : ★ Difficulté : ★

Pour 4 personnes

- 12 cl de crème fraîche
- 30 g de moutarde
- 4 œufs
- 4 petits-suisses
- Persil
- 1 citron
- Sel et poivre

Plongez les œufs dans une casserole d'eau bouillante et laissez-les cuire 10 minutes. Refroidissez les œufs sous l'eau froide et écaillez-les. Coupez les œufs en deux et retirez les jaunes.

Dans un bol, mélangez les petits-suisses, les jaunes d'œufs écrasés, le persil haché et 1 cuil. à soupe de moutarde. Salez et poivrez. Mélangez bien pour obtenir une pâte homogène.

Déposez les demi-blancs d'œufs sur un plat et garnissez-les de la préparation.

Battez la crème fraîche, 1 cuil. à café de moutarde et quelques gouttes de jus d'un citron. Nappez les œufs avec cette sauce.

Œufs brouillés

Préparation : 15 minutes ■ Cuisson : 10 minutes ■ Budget : ★ Difficulté : ★

Pour 6 personnes

- 8 œufs
- 2 noisettes de beurre
- 2 cuil. à soupe de crème fraîche liquide
- Sel et poivre

Battez les œufs et incorporez-y le sel et le poivre.

Faites fondre le beurre dans une casserole, ajoutez les œufs et cuisez à feu doux en remuant sans cesse.

Lorsque les œufs commencent à durcir, versez la crème et continuez 2 minutes la cuisson, en mélangeant sans cesse. Servez aussitôt.

Œufs cocotte au cantal

Préparation : 10 minutes ■ Cuisson : 10 minutes ■ Budget : ★ Difficulté : ★

Pour 4 personnes

- 4 gros œufs
- 100 g de cantal
- 20 cl de crème liquide
- Sel et poivre

Préchauffez le four à 240 °C (th. 8).

Beurrez 4 ramequins.

Découpez le fromage en petits dés.

Répartissez la crème dans chaque ramequin et placez-y un œuf. Poivrez puis répartissez le fromage.

Enfournez pour 10 minutes. Servez aussitôt.

Œufs cocotte au fromage

Préparation : 5 minutes ■ Cuisson : 15 minutes ■ Budget : ★ Difficulté : ★

Pour 4 personnes

- 4 œufs
- 4 cuil. à soupe de crème fraîche
- 100 g de gruyère râpé
- 100 g de parmesan
- Beurre
- Noix de muscade
- Sel et poivre

Préchauffez le four à 180 °C (th. 6)

Beurrez quatre ramequins.

Dans chaque ramequin, versez 1 cuil. à soupe de crème fraîche. Cassez un œuf par-dessus, salez et poivrez selon vos goûts. Recouvrez avec le gruyère râpé et le parmesan et ajoutez un peu de noix de muscade.

Faites cuire 10 minutes au four.

Œufs durs farcis au roquefort

Préparation : 10 minutes ■ Cuisson : 10 minutes ■ Repos : 2 heures ■ Budget : ★ Difficulté : ★

Pour 1 personne

- 2 œufs
- 40 g de roquefort
- 1 petite cuil. à café de crème fraîche
- 15 g de concentré de tomates
- Paprika
- Sel et poivre

Plongez les œufs dans une casserole d'eau bouillante et laissez cuire 10 minutes. Sortez-les et mettez-les à rafraîchir dans de l'eau froide.

Écaillez doucement les œufs et coupez-les en deux. Retirez soigneusement les jaunes, sans abîmer les blancs.

Écrasez-les grossièrement à la fourchette avec le roquefort, la crème fraîche et le concentré de tomates. Ajoutez une pincée de paprika. Salez et poivrez selon vos goûts.

Répartissez cette préparation dans les demi-blancs d'œufs évidés et conservez au frais au moins 2 heures avant de servir.

Oignons farcis

Préparation : 15 minutes ■ Cuisson : 35 minutes ■ Budget : ★ Difficulté : ★

Pour 4 personnes

- 4 gros oignons
- 200 g de champignons de Paris
- 100 g de lardons allumettes
- 15 g de chapelure
- 1 cuil. à soupe de crème fraîche
- 2 pincées de mélange quatre-épices
- Persil
- Huile d'olive
- Sel et poivre

Épluchez les oignons et coupez le haut, comme un chapeau. Faites-les cuire dans une casserole d'eau bouillante salée pendant 10 minutes.

Faites revenir les lardons à feu vif pendant 2 minutes. Ajoutez les champignons coupés en lamelles et le persil finement coupé, et laissez cuire 5 minutes jusqu'à ce que l'eau des champignons soit bien évaporée. Ajoutez la crème fraîche et les pincées du mélange quatre-épices. Mélangez bien.

Préchauffez le four à 180 °C (th. 6). Quand les oignons sont cuits, égouttez-les bien et évidez-les avec une petite cuillère. Hachez finement la pulpe et ajoutez-la dans la poêle. Mélangez bien.

Farcissez les oignons. Dans un plat, posez les oignons farcis, parsemez de chapelure et versez un filet d'huile d'olive. Salez et poivrez et faites cuire 20 minutes.

Omelette aux tomates et à la roquette

Préparation : 5 minutes ■ Cuisson : 3 minutes ■ Budget : ★ Difficulté : ★

Pour 1 personne

- 2 œufs
- 15 g de parmesan
- 25 g de roquette
- 3 tomates cerise
- Huile d'olive
- Sel et poivre

Battez les œufs fermement, ajoutez-y le parmesan râpé et la roquette coupée en fines lamelles. Coupez les tomates cerise en fines tranches et ajoutez-les à la préparation. Salez et poivrez selon vos goûts. Mélangez.

Versez le mélange dans une grande poêle avec de l'huile bien chaude.

Remuez délicatement avec une fourchette jusqu'à ce que l'omelette commence à prendre. Repliez-la en deux et poursuivez la cuisson 2 minutes.

Servez bien chaud.

Omelette lorraine

Préparation : 10 minutes ■ Cuisson : 8 minutes ■ Budget : ★ Difficulté : ★

Pour 4 personnes

- 8 œufs
- 100 g de lardons fumés
- 100 g de gruyère râpé
- 1 cuil. à soupe de ciboulette émincée
- 1 cuil. à soupe de crème fraîche épaisse
- Sel et poivre

Faites cuire les lardons à la poêle, sans ajout de matières grasses.

Battez les œufs. Ajoutez le gruyère, la crème, les lardons et la ciboulette. Salez et poivrez.

Versez le tout dans une poêle chaude et faites cuire l'omelette 6 minutes environ, avec le couvercle. Servez aussitôt.

Pain d'épices au chèvre

Préparation : 10 minutes ■ Cuisson : 5 minutes ■ Budget : ★ Difficulté : ★

Pour 4 personnes

- 8 tranches de pain d'épices
- 1 bûchette de fromage de chèvre

Préchauffez le gril du four.

Découpez les tranches de pain d'épices en quatre.

Découpez le fromage de chèvre en fines lamelles.

Placez les lamelles de chèvre sur chaque tranche de pain d'épices.

Enfournez sous le gril 5 minutes. Servez chaud.

Pain de légumes

Préparation : 35 minutes ■ Cuisson : 1 heure ■ Budget : ★ Difficulté : ★

Pour 4 personnes

- 500 g de courgettes
- 250 g de carottes
- 100 g de gruyère râpé
- 60 g de semoule
- Beurre
- 15 cl de crème fraîche
- 1 poivron rouge
- 2 oignons
- 5 œufs
- Persil
- Noix de muscade
- Farine
- Sel et poivre

Rincez, séchez et coupez le poivron en petits dés. Pelez et hachez finement les oignons. Faites fondre du beurre dans une casserole, ajoutez-y le poivron et les oignons et faites cuire à feu doux 5 minutes.

Lavez les courgettes et les carottes, pelez-les et râpez-les. Versez-les dans la casserole, mélangez avec le poivron et les oignons et laissez revenir doucement en couvrant 15 minutes. Découvrez ensuite pour faire évaporer l'eau de cuisson.

Préchauffez le four à 210 °C (th. 7). Dans un saladier, cassez les œufs, battez-les fermement avec la crème fraîche et la noix de muscade. Salez et poivrez.

Versez la semoule dans les légumes cuits, ajoutez-y le persil ciselé et le gruyère râpé. Incorporez-y le mélange œufs et crème fraîche. Transvasez le tout dans un moule à cake beurré et fariné. Faites cuire 40 minutes.

Pain de thon

Préparation : 10 minutes ■ Cuisson : 20 minutes ■ Repos : 3 heures ■ Budget : ★
Difficulté : ★

Pour 4 personnes

- 480 g de thon au naturel
- 15 cl de crème fraîche
- 15 cl de concentré de tomate
- 60 g de moutarde
- 4 œufs
- 2 citrons
- 1 botte de persil plat

Égouttez soigneusement le thon puis passez-le au mixer. Dans un saladier, mélangez la purée de thon avec les œufs, la crème fraîche, le concentré de tomate et la moutarde. Ajoutez-y le persil finement ciselé et le jus de 2 citrons.

Versez cette préparation dans un moule à cake et couvrez avec une feuille de papier aluminium.

Faites cuire 20 minutes au four, au bain-marie.

Vérifiez que la cuisson est achevée avec la pointe d'un couteau : le centre doit rester tendre. Laissez refroidir à température ambiante puis mettez au frais pendant au moins 3 heures.

Pamplemousses farcis au surimi

Préparation : 10 minutes ■ Repos : 2 heure ■ Budget : ★ Difficulté : ★

Pour 4 personnes

- 200 g de surimi en miettes
- 200 g de céleri-rave
- 15 g de moutarde
- 2 pamplemousses
- Huile d'olive
- Sel et poivre

Rincez les pamplemousses et séchez-les. Coupez-les en deux et évidez-les sans abîmer les quartiers, que vous découperez en petits morceaux.

Pelez et râpez le céleri-rave dans un bol.

Mélangez les morceaux de pamplemousses avec le céleri-rave râpé, ajoutez la moutarde, l'huile d'olive et les miettes de surimi. Salez et poivrez.

Remplissez les demi-pamplemousses avec cette farce et conservez au frais au moins 2 heures avant de servir.

Papillote de bar aux petits légumes

Préparation : 10 minutes ■ Cuisson : 20 minutes ■ Budget : ★ Difficulté : ★ ★

Pour 1 personne

- 1 filet de bar
- 3 cl de vin blanc
- ½ poireau
- 1 carotte
- 1 oignon
- 5 g de beurre
- 1 citron
- Thym
- Céleri
- 1 cuil. à soupe d'huile d'olive
- Sel et poivre

Préchauffez le four à 210 °C (th. 7).

Pelez et découpez finement le poireau, la carotte, le céleri et l'oignon.

Déposez le filet de bar au centre d'un carré de papier d'aluminium. Recouvrez avec le mélange de légumes.

Dans un bol, mélangez l'huile d'olive, le vin blanc, le thym et le beurre. Nappez le filet avec ce mélange et déposez une rondelle de citron.

Salez et poivrez selon vos goûts. Fermez la papillote.

Placez au four et laissez cuire 20 minutes.

Papillote de colin à la provençale

Préparation : 25 minutes ■ Cuisson : 20 minutes ■ Budget : ★ Difficulté : ★

Pour 1 personne

- 1 filet de colin
- 1 tomate
- 1 poivron rouge
- 1 poivron vert
- 1 oignon
- 1 cuil. à soupe d'huile d'olive
- Sel et poivre

Préparez la sauce provençale : émincez finement l'oignon et les poivrons et faites-les revenir 2 minutes dans une casserole, avec un peu d'huile d'olive.

Lavez la tomate et découpez-la en petits cubes. Versez-les dans la casserole.

Salez et poivrez selon vos goûts et laissez mijoter à feu doux pendant 30 minutes en remuant de temps en temps.

Préchauffez le four à 180 °C (th. 6).

Découpez une feuille d'aluminium et versez dessus un peu de sauce provençale. Puis déposez-y le filet de poisson. Salez et poivrez selon vos goûts et versez un filet d'huile d'olive. Fermez la papillote et mettez-la au four. Laissez cuire 20 minutes.

Papillotes de gambas au gingembre

Préparation : 10 minutes ■ Cuisson : 8 minutes ■ Budget : ★ Difficulté : ★ ★ ★

Pour 4 personnes

- 20 gambas
- 150 g de crème fraîche épaisse
- 1 cuil. à soupe de gingembre en poudre
- 1 citron vert
- Sel et poivre

Préchauffez le four à 240 °C (th. 8).

Décortiquez les gambas.

Coupez 4 carrés de papier aluminium et disposez 5 gambas par carré.

Mélangez la crème fraîche au gingembre puis nappez-en les gambas.

Coupez les citrons en rondelles et disposez-les sur les gambas. Assaisonnez.

Refermez la papillote et enfournez pour 10 minutes.

Papillotes de truites

Préparation : 15 minutes ■ Cuisson : 15 minutes ■ Budget : ★ Difficulté : ★ ★

Pour 4 personnes

- 4 truites vidées
- 4 cuil. à soupe d'huile d'olive
- 4 oignons
- Basilic
- Sel et poivre

Préchauffez le four à 210 °C (th. 7).

Émincez finement les oignons. Ciselez les feuilles de basilic.

Posez chaque truite sur une feuille de papier aluminium. Farcissez-les avec l'oignon et le basilic. Salez et poivrez selon vos goûts. Ajoutez un filet d'huile d'olive avant de refermer les papillotes.

Placez les papillotes au four et laissez cuire 20 minutes.

Paupiettes d'aubergines à l'orientale

Préparation : 20 minutes ■ Cuisson : 35 minutes ■ Budget : ★ ★ Difficulté : ★

Pour 4 personnes

- 3 aubergines
- 300 g de steak haché
- 6 cuil. à soupe d'huile d'olive
- 150 g de pignons de pin
- 1 bouquet de coriandre
- Sel et poivre

Hachez les pignons et la coriandre. Incorporez ce mélange à la viande hachée et assaisonnez.

Coupez les aubergines, dans le sens de la longueur, en 4 tranches. Faites dorer les aubergines 3 minutes de chaque côté dans une poêle avec 2 cuil. à soupe d'huile.

Préchauffez le four à 210 °C (th. 7).

Quand toutes les aubergines sont dorées, disposez-les à plat sur le plan de travail, salez et poivrez puis mettez au centre une grosse cuil. à soupe de farce.Roulez les tranches d'aubergines autour de la farce et maintenez-les avec une pique en bois.

Mettez les paupiettes dans un plat à four et enfournez pour 15 minutes. Servez dès la sortie du four.

Paupiette de dinde

Préparation : 20 minutes ■ Cuisson : 30 minutes ■ Budget : ★ ★ ★ Difficulté : ★ ★

Pour 1 personne

- 1 escalope de dinde
- ½ bûche de chèvre
- 2 tranches de jambon de Parme
- Herbes de Provence
- Filet d'huile d'olive
- Sel et poivre

Découpez deux tronçons dans le chèvre et coupez-les en deux dans le sens de la longueur.

Roulez chaque tronçon dans une tranche de jambon de Parme. Placez l'ensemble au centre de l'escalope, saupoudrez généreusement d'herbes de Provence et formez un petit paquet. Ficelez soigneusement pour que la paupiette ne s'ouvre pas pendant la cuisson. Salez, poivrez.

Faites cuire la paupiette à la poêle dans un filet d'huile d'olive pendant environ 30 minutes. À mi-cuisson, couvrez.

Paupiettes de veau à la tomate

Préparation : 15 minutes ■ Cuisson : 35 minutes ■ Budget : ★ Difficulté : ★ ★

Pour 4 personnes

- 4 paupiettes de veau
- 250 g de champignons de Paris en boîte
- 4 tomates
- 2 oignons jaunes
- 2 gousses d'ail
- 10 olives vertes
- 20 cl de vin blanc
- Huile d'olive
- Herbes de Provence
- Basilic
- Sel et poivre

Épluchez les oignons et coupez-les en petits morceaux. Faites de même pour les gousses d'ail.

Faites dorer les paupiettes dans une sauteuse avec de l'huile d'olive. Salez et poivrez selon vos goûts.

Une fois que les paupiettes sont bien dorées, retirez-les de la sauteuse et faites-y suer les oignons. Ajoutez l'ail, puis les tomates et les champignons. Versez-y les herbes de Provence et le basilic.

Mettez les paupiettes dans la sauteuse et arrosez le tout avec 20 cl de vin blanc.

Jetez-y les olives et laissez mijoter à feu doux 30 minutes.

Pavés de bar en croûte d'herbes

Préparation : 10 minutes ■ Cuisson : 10 minutes ■ Repos : 1 heure ■ Budget : ★ Difficulté : ★★

Pour 4 personnes

- 4 pavés de bar
- 30 g de moutarde
- 15 g de pâte tandoori
- 15 g de pâte de curry
- 2 cuil. à soupe d'huile d'olive
- Grains de poivre concassés
- Aneth
- Coriandre
- Persil plat
- Sel

Disposez les pavés au centre de grands carrés de film alimentaire.

Dans un bol, ciselez l'aneth, la coriandre et le persil plat, mélangez-les avec la moutarde, l'huile d'olive, la pâte tandoori et le curry. Salez et poivrez selon vos goûts.

Mélangez bien pour obtenir une pâte homogène.

Recouvrez les deux faces des pavés avec cette préparation et refermez les films alimentaires. Placez au frais 1 heure.

Préchauffez le four à 180 °C (th. 6).

Ôtez les films, disposez les pavés dans un plat et placez au four. Laissez cuire 10 minutes.

Pavés de lotte aux agrumes

Préparation : 10 minutes ■ Cuisson : 10 minutes ■ Budget : ★ Difficulté : ★★★

Pour 4 personnes

- 4 pavés de lotte
- 200 g de crème fraîche
- 2 pamplemousses
- 2 oranges
- 1 cuil. à soupe d'huile d'olive
- Safran
- Sel et poivre

Préchauffez le four à 200 °C (th. 6-7).

Épluchez les pamplemousses et les oranges, coupez-les en petits quartiers.
Disposez ces morceaux sur la plaque du four et laissez cuire 5 minutes.

Dans une poêle, faites revenir les pavés de lotte dans 1 cuil. à soupe d'huile d'olive, en les retournant pendant 5 minutes.

Dans une petite casserole, faites fondre la crème fraîche à feu moyen avec une pincée de safran en fouettant pendant 2 minutes. Salez, poivrez.

Sur les assiettes, déposez les agrumes, les pavés de lotte et nappez avec la sauce. Servez bien chaud.

Pavés de saumon à la crème d'aneth

Préparation : 30 minutes ■ Cuisson : 10 minutes ■ Repos : 30 minutes ■ Budget : ★★
Difficulté : ★ ★

Pour 2 personnes

- 2 pavés de saumon
- 6 cl de crème fraîche liquide
- 30 g d'aneth haché
- 30 g de coriandre fraîche hachée
- 5 g de cassonade
- 2 gousses d'ail
- 2 cuil. à soupe d'huile d'olive
- Le jus de 1 orange
- Le jus de 1 pamplemousse rose
- Sel et poivre

Dans un saladier, mélangez le jus d'orange et le jus de pamplemousse. Ajoutez-y les gousses d'ail hachées, 1 cuil. à soupe d'huile d'olive, la cassonade et la moitié des herbes hachées (aneth et coriandre).

Salez et poivrez le saumon selon vos goûts et faites-le mariner dans cette sauce pendant 30 minutes au réfrigérateur.

Préchauffez le four à 200 °C (th. 6-7).

Sortez le saumon de la marinade et faites-le cuire 10 minutes.

Mixez la marinade avec le reste d'herbes hachées, 1 cuil. à soupe d'huile d'olive et la crème liquide jusqu'à obtenir une sauce veloutée.

Pavé de truite au safran

Préparation : 15 minutes ■ Cuisson : 12 minutes ■ Budget : ★ Difficulté : ★ ★

Pour 1 personne

- 1 pavé de truite
- 40 g de beurre
- 10 cl de crème fraîche liquide
- 1 court-bouillon en sachet (pour poisson)
- Safran
- Sel et poivre

Préparez le court-bouillon en versant un sachet de court-bouillon dans 2 l d'eau froide. Faites chauffer. Plongez le pavé de truite dans le court-bouillon et faites bouillir. Baissez le feu et laissez cuire 10 minutes.

Préparez la sauce : dans une casserole, faites fondre le beurre à feu très doux et ajoutez-y le safran. Salez et poivrez selon vos goûts. Remuez doucement et ajoutez la crème fraîche liquide. Laissez bouillir 2 minutes.

Accompagnez le pavé de truite avec cette sauce.

Pennes à la crème de basilic

Préparation : 15 minutes ■ Cuisson : 10 minutes ■ Budget : ★ Difficulté : ★

Pour 4 personnes

- 500 g de pennes
- 1 bouquet de basilic
- 1 gousse d'ail
- 150 g de crème fraîche épaisse
- 50 g de parmesan râpé
- Sel et poivre

Faites cuire les pâtes.

Pendant ce temps, ciselez le basilic, pelez et émincez l'ail.

Faites revenir l'ail, ajoutez la crème, le parmesan et le basilic. Salez et poivrez.

Égouttez les pâtes et mélangez-les à la sauce. Servez aussitôt.

Persillade de coques

Préparation : 10 minutes ■ Repos : 2 heures ■ Cuisson : 15 minutes ■ Budget : ★ Difficulté : ★

Pour 4 personnes

- 1 kg de coques
- 40 g de beurre
- 20 cl de vin blanc sec
- 2 échalotes
- 3 gousses d'ail
- Persil
- Poivre

Dans une cocotte, placez les coques dans de l'eau très salée. Laissez dégorger au minimum 2 heures, puis rincez soigneusement à grande eau.

Émincez finement les échalotes et hachez les gousses d'ail. Dans une casserole, versez le vin blanc et ajoutez les coques. Laissez chauffer à feu vif pendant 5 minutes, jusqu'à ce que les coquillages soient tous ouverts (remuez régulièrement). Retirez du feu et décortiquez les coques. Réservez.

Filtrez le jus de cuisson et ajoutez-y l'échalote et l'ail. Laissez chauffer 5 minutes et faites réduire. Ajoutez le beurre coupé en morceaux et mélangez bien. Poivrez et ajoutez le persil ciselé et les coques. Mélangez et laissez chauffer 5 minutes de plus.

Petit salé aux lentilles

Préparation : 20 minutes ■ Repos : 12 heures ■ Cuisson : 2 h 30 ■ Budget : ★ Difficulté : ★

Pour 6 personnes

- 3 jarrets de porc
- 600 g de lentilles vertes du Puy
- 2 carottes
- 200 g de lardons fumés
- 1 oignon
- 1 bouquet garni
- 5 cuil. à soupe de persil ciselé
- Sel et poivre

Dessalez les jarrets dans l'eau froide pendant 12 heures. Égouttez-les et mettez-les dans une marmite. Couvrez d'eau froide et faites cuire pendant 1 h 30 à petits bouillons. Pendant ce temps, pelez et coupez les carottes en rondelles. Pelez et émincez l'oignon.

Dans une grande casserole, mettez les lentilles, l'oignon, les carottes, les lardons et le bouquet garni. Couvrez d'eau froide et portez à ébullition. Baissez le feu et faites cuire 30 minutes. Ajustez l'assaisonnement.

Réunissez les lentilles et la viande dans une grande cocotte avec un peu du jus de cuisson des lentilles, couvrez et faites cuire 30 minutes.

Mettez le petit salé aux lentilles dans un plat, parsemez de persil et servez très chaud.

Petites tomates au pesto

Préparation : 10 minutes ■ Budget : ★ Difficulté : ★

Pour 4 personnes

- 500 g de tomates cocktail
- 100 g de parmesan
- 60 g de pignons grillés
- 5 cl d'huile d'olive
- 25 g de beurre
- 1 botte de persil
- 2 gousses d'ail
- Basilic frais
- Sel et poivre

Dans un bol, mixez le plus finement possible le persil, l'ail, les pignons et l'huile d'olive. Ajoutez le parmesan râpé, les feuilles de basilic ciselées et le beurre, salez, poivrez, puis remixez le tout jusqu'à obtenir une préparation bien homogène.

Coupez le chapeau des tomates, videz-les un peu. Intégrez la pulpe recueillie dans la farce. Remplissez chaque tomate avec cette farce.

Placez au frais au moins 2 heures avant de servir.

Petits feuilletés aux olives

Préparation : 15 minutes ■ Cuisson : 25 minutes ■ Budget : ★ Difficulté : ★

Pour 4 personnes

- 1 pâte brisée
- 20 olives vertes
- 1 crottin de Chavignol
- 2 branches de romarin
- 2 jaunes d'œufs
- Huile d'olive

Préchauffez le four à 180 °C (th. 6).

Dénoyautez les olives et hachez-les au mixer. Enlevez la croûte du crottin et râpez-le. Mélangez la pâte d'olives, le chèvre râpé et l'huile d'olive pour obtenir une purée homogène. Ajoutez le romarin ciselé.

Étalez la pâte brisée. Avec un emporte-pièce, découpez seize petits ronds. Répartissez la purée au centre de huit des ronds et recouvrez-les avec les huit ronds restants.

Pincez les bords ensemble avec un peu d'eau pour bien les fermer. Badigeonnez au pinceau chacun des feuilletés avec les jaunes d'œufs dilués avec un peu d'eau.

Mettez sur une plaque au four et laissez cuire 25 minutes, jusqu'à ce que la pâte soit bien dorée.

Poêlée de pommes de terre et épinards

Préparation : 20 minutes ■ Cuisson : 40 minutes ■ Budget : ★ Difficulté : ★

Pour 4 personnes

- 400 g de pommes de terre nouvelles
- 250 g d'épinards frais
- 12 cl d'huile d'olive
- 4 gousses d'ail
- 2 oignons
- 2 piments rouges secs
- Graines de cumin
- Gingembre frais
- Sel

Lavez les pommes de terre et coupez-les en petits morceaux. Dans une poêle, faites-les revenir dans l'huile d'olive, jusqu'à ce qu'elles soient bien dorées (20 minutes). Ôtez-les de la poêle et réservez.

Faites revenir à feu doux, dans la poêle, le gingembre râpé, l'ail haché, les oignons émincés, les piments écrasés et les graines de cumin en mélangeant bien.

Laissez dorer puis ajoutez les pommes de terre. Salez selon vos goûts. Laissez cuire à couvert jusqu'à ce que les pommes de terre soient tendres (10 minutes).

Ajoutez les épinards frais et poursuivez la cuisson à découvert jusqu'à ce que tout le liquide se soit évaporé (10 minutes).

Poivrons farcis

Préparation : 25 minutes ■ Cuisson : 40 minutes ■ Budget : ★ Difficulté : ★

Pour 4 personnes

- 1 kg de viande de bœuf hachée
- 4 poivrons
- 200 g de crème fraîche
- 100 g de gruyère râpé
- 3 échalotes
- 1 cuil. à soupe de curry en poudre
- 1 cuil. à soupe d'huile d'olive
- Sel

Ôtez le chapeau des poivrons (réservez-les) et videz-les de leur chair.

Dans une poêle, faites revenir les échalotes dans l'huile d'olive. Ajoutez la viande hachée et laissez cuire quelques minutes, en mélangeant régulièrement. Versez la crème fraîche et le curry, mélangez. Salez selon vos goûts. Laissez mijoter à feu doux 5 minutes de plus.

Préchauffez le four à 180 °C (th. 6).

Farcissez les poivrons de cette préparation, saupoudrez de gruyère râpé et replacez les chapeaux. Posez les poivrons farcis dans un plat et mettez au four. Laissez cuire 30 minutes.

Poivrons farcis à la feta

Préparation : 20 minutes ■ Cuisson : 10 minutes ■ Budget : ★ Difficulté : ★

Pour 2 personnes

- 4 poivrons longs
- 200 g de feta
- 1 œuf
- 2 cuil. à soupe d'huile d'olive
- 2 cuil. à soupe d'herbes de Provence
- Sel et poivre

Effectuez une ouverture sur les poivrons en découpant les queues. Videz-les.

Dans un bol, mélangez l'œuf à la feta. Assaisonnez et ajoutez les herbes.

Remplissez les poivrons de cette farce.

Dans une poêle, faites frire les poivrons farcis dans l'huile d'olive jusqu'à ce qu'ils soient bien dorés uniformément.

Pommes de terre au brie

Préparation : 20 minutes ■ Cuisson : 40 minutes ■ Budget : ★ Difficulté : ★

Pour 1 personne

- 2 pommes de terre
- 25 g de brie
- 15 g de beurre
- 1 jaune d'œuf
- Ciboulette
- Noix de muscade râpée
- Sel et poivre

Dans une grande casserole d'eau, faites cuire les pommes de terre 20 minutes. Sortez-les de l'eau et égouttez-les. Ôtez le dessus, comme un chapeau. Évidez doucement la chair, sans abîmer la peau.

Préchauffez le four à 200 °C (th. 6-7).

Dans un bol, réduisez cette chair en purée et ajoutez-y le beurre, le brie découpé en petits dés, le jaune d'œuf, la ciboulette et la noix de muscade. Salez et poivrez selon vos goûts. Mélangez.

Farcissez les pommes de terre avec cette préparation et disposez-les sur une plaque. Enfournez et laissez cuire 15 minutes, puis faites gratiner 5 minutes au gril.

Pommes de terre farcies au haddock

Préparation : 20 minutes ■ Repos : 2 heures ■ Cuisson : environ 1 h 40 ■ Budget : ★ Difficulté : ★

Pour 4 personnes

- 400 g de filets de haddock
- 60 g de crème fraîche liquide
- 50 g de beurre
- ½ l de lait
- 4 pommes de terre
- 1 poireau
- 4 gousses d'ail
- 4 feuilles de laurier
- Sel et poivre

Préchauffez le four 210 °C (th. 7). Placez le haddock dans un saladier et recouvrez-les de lait froid. Laissez 2 heures au frais. Lavez les pommes de terre, piquez-les et emballez-les avec une gousse d'ail et une feuille de laurier dans du papier aluminium. Mettez-les au four 1 heure.

Lavez le poireau et émincez le blanc. Faites-le revenir dans du beurre à feu très doux pendant 30 minutes. Égouttez les filets de haddock et émiettez-les. Ajoutez ces miettes au poireau. Poivrez et augmentez le feu. Mélangez. Au premier bouillon, baissez le feu et ajoutez la crème fraîche. Mélangez. Laissez cuire 5 minutes à feu doux.

Déballez les pommes de terre et évidez-les. Mixez leur chair avec la pulpe des gousses d'ail et la préparation à base de haddock. Salez et poivrez. Garnissez les pommes de terre de cette préparation et placez-les au gril 10 minutes.

Pommes sautées à la sarladaise

Préparation : 15 minutes ■ Cuisson : 20 minutes ■ Budget : ★ Difficulté : ★

Pour 4 personnes

- 800 g de pommes de terre à chair ferme
- 3 cuil. à soupe de graisse de canard
- 3 gousses d'ail
- ½ bouquet de persil
- Sel
- Poivre

Épluchez les pommes de terre et coupez-les en fines rondelles.

Faites fondre la graisse de canard dans une sauteuse à feu vif et faites-y dorer les rondelles de pommes de terre.

Couvrez-les et laissez cuire 15 minutes sur feu doux, en mélangeant de temps en temps. Assaisonnez.
Pendant ce temps, hachez le persil et l'ail.

Parsemez-en les pommes de terre et poursuivez la cuisson 2 minutes. Servez aussitôt.

Porc au caramel

Préparation : 15 minutes ■ Cuisson : 30 minutes ■ Budget : ★★ Difficulté : ★ ★

Pour 4 personnes

- 600 g de viande de porc (échine)
- 300 g de sucre en poudre
- 3 oignons
- 3 échalotes
- 3 gousses d'ail
- Huile d'olive
- Le jus de 1 citron

Découpez la viande de porc en morceaux et faites-les revenir dans un filet d'huile d'olive. Hachez finement les oignons, l'ail et les échalotes : ajoutez-les à la viande et laissez dorer.

Pendant ce temps, dans une petite casserole, placez votre sucre en poudre et versez dessus 6 cuil. à soupe d'eau, ainsi que le jus d'un citron.

À feu vif, exercez une rotation constante afin d'assurer le mélange mais sans utiliser de cuillère ou spatule. Dès que la coloration rousse apparaît, ajoutez 2 cuil. à soupe d'eau froide, toujours en remuant, puis ajoutez-en encore 2.

Versez le caramel ainsi obtenu sur la viande et laissez cuire à feu doux pendant 10 minutes. Ajoutez 10 cl d'eau et laissez réduire 10 minutes de plus.

Porc au lait de coco

Préparation : 30 minutes ■ Marinade : 30 minutes ■ Cuisson : 1 h 15 ■ Budget : ★ ★
Difficulté : ★ ★

Pour 6 personnes

- 1 kg de porc désossé (échine, filet...)
- 50 cl de lait de coco
- 1 gros oignon
- 3 gousses d'ail
- 1 petit morceau de gingembre
- 1 branche de thym
- 1 pincée de muscade râpée
- 1 cube de bouillon de pot-au-feu
- 3 cuil. à soupe de sucre
- Sel et poivre

Coupez le porc en petits cubes. Pelez l'ail, l'oignon et le gingembre. Hachez l'oignon et l'ail. Râpez le gingembre. Mettez l'ail, l'oignon et le gingembre dans un grand plat creux. Ajoutez le thym, une pincée de muscade, de sel et de poivre.

Mélangez et ajoutez les cubes de porc à macérer pendant 30 minutes, au réfrigérateur.

Faites revenir la viande dans une cocotte en remuant, jusqu'à ce qu'elle soit bien dorée sur toutes les faces. Émiettez le cube de bouillon et ajoutez le lait de coco et ainsi que les sucres.

Couvrez et laissez cuire pendant 1 heure à feu doux.
Une fois que la viande est tendre, rectifiez l'assaisonnement.

Pot-au-feu de poisson

Préparation : 30 minutes ■ Cuisson : 1 h 40 ■ Budget : ★ Difficulté : ★

Pour 4 personnes

Pour le fumet de poisson

- 3 à 4 têtes de poissons à chair blanche

Pour le pot-au-feu

- 4 filets de colin
- 800 g de pommes de terre de type ratte
- 3 carottes
- 2 poireaux
- 20 cl de vin blanc
- 3 cuil. à soupe d'huile d'olive
- Feuilles de laurier
- Coriandre
- Sel et poivre

Préparez le fumet : faites bouillir les têtes de poissons avec la moitié des feuilles de laurier, du sel et du poivre, pendant 45 minutes. Passez au chinois et réservez.

Coupez les poireaux et faites-les suer avec l'huile d'olive. Remuez. Ajoutez le vin. Salez et poivrez. Ajoutez la coriandre et le laurier restant. Poursuivez la cuisson à feu doux.

Débitez les carottes en bâtonnets et faites-les bouillir dans une casserole d'eau environ 10 minutes. Égouttez-les et réservez. Faites également bouillir les pommes de terre 15 minutes.

Ajoutez les carottes et les pommes de terre dans la cocotte et recouvrez avec le fumet de poisson. Fermez le couvercle de la cocotte et laissez cuire environ 20 minutes à feu doux. Faites cuire le colin à la poêle, 10 minutes de chaque côté, à feu doux, avec un filet d'huile d'olive. Puis mettez-les dans la cocotte.

Pot-au-feu

Préparation : 30 minutes ■ Cuisson : 2 heures ■ Budget : ★ Difficulté : ★

Pour 6 personnes

- 2 kg de viande pour pot-au-feu
- 2 os à moelle
- 6 carottes
- 6 poireaux
- 3 navets
- 6 pommes de terre
- 1 branche de céleri
- 1 branche de thym
- 1 feuille de laurier
- 1 oignon piqué de 2 clous de girofle
- Gros sel
- Poivre

Préparez le bouquet garni en ficelant ensemble le thym, le laurier, le céleri et un peu de vert de poireau. Bouchez les os à moelle avec du gros sel.

Dans 3 l d'eau bouillante, plongez la viande, les os à moelle, le bouquet garni, l'oignon piqué et une poignée de gros sel. Faites cuire 1 h 30 en écumant régulièrement.

Pendant ce temps, épluchez et coupez les navets en deux. Nettoyez les poireaux et ne gardez que le blanc avec 5 cm de vert. Épluchez les pommes de terre. Pelez les carottes et coupez-les en grosses rondelles.

À la fin de la cuisson, plongez dans la cocotte tous ces légumes et poursuivez la cuisson 30 minutes.

Égouttez les viandes et les légumes et disposez-les dans un plat. Servez aussitôt.

Poulet à la tomate

Préparation : 20 minutes ■ Cuisson : 35 minutes ■ Budget : ★ Difficulté : ★ ★

Pour 1 personne

- 1 blanc de poulet
- 100 g de champignons de Paris
- 50 g de sauce tomate
- 1 poivron vert
- 1 oignon
- Huile d'olive
- 1 bouquet garni
- Sel et poivre

Coupez le blanc de poulet en lamelles. Faites-les revenir dans une casserole avec un filet d'huile d'olive. Salez et poivrez selon vos goûts. Réservez au chaud.

Lavez le poivron, essuyez-le et coupez-le en petits morceaux, tout comme l'oignon.

Lavez et égouttez les champignons et émincez-les en fines lamelles. Versez les morceaux de poivron, d'oignon et les champignons dans la casserole. Ajoutez le bouquet garni ainsi que la sauce tomate.

Laissez cuire à feu doux pendant 35 minutes, à couvert.

Dressez l'assiette avec les lamelles de poulet et versez la sauce dessus.

Poulet au citron

Préparation : 10 minutes ■ Cuisson : 6 minutes ■ Budget : ★★ Difficulté : ★

Pour 4 personnes

- 4 blancs de poulet
- 4 citrons pressés
- 1 oignon
- Huile d'olive
- 1 cuil. à café de paprika
- Sel et poivre

Coupez les blancs de poulet en lamelles.

Saupoudrez-les de sel, de poivre et de paprika.

Placez-les dans un saladier avec le jus de citron.

Mélangez bien.

Pelez et hachez l'oignon. Faites-le revenir dans une poêle avec l'huile d'olive et ajoutez le poulet égoutté.

Laissez cuire 6 minutes et servez aussitôt.

Poulet basquaise

Préparation : 30 minutes ■ Cuisson : 1 heure ■ Budget : ★ ★ Difficulté : ★

Pour 6 personnes

- 1 poulet d'environ 2 kg
- 200 g de jambon de Bayonne
- 4 cuil. à soupe d'huile d'olive
- 4 tomates
- 2 poivrons verts
- 2 poivrons rouges
- 4 gousses d'ail
- 2 oignons
- 1 cuil. à soupe de piment d'Espelette
- Sel

Coupez le poulet en morceaux et assaisonnez-le. Faites-les revenir dans une cocotte, jusqu'à ce qu'ils soient bien dorés de chaque côté. Couvrez et laissez cuire à feu moyen 15 minutes.

Pelez et émincez l'ail. Taillez les poivrons et le jambon en lamelles. Jetez le tout dans la cocotte et laissez cuire 20 minutes.

Pelez et émincez les oignons.

Coupez les tomates en dés et faites-les fondre dans un peu d'huile, dans une poêle. Ajoutez les oignons et laissez cuire à feu moyen 20 minutes. Ajoutez le piment d'Espelette et assaisonnez. Versez ce mélange sur le poulet, mélangez bien et servez aussitôt.

Poulet boucané revisité

Préparation : 15 minutes ■ Marinade : 12 heures ■ Cuisson : 1 heure ■ Budget : ★ ★
Difficulté : ★ ★

Pour 6 personnes

- 1 poulet (coupé en morceaux)
- 6 gousses d'ail pressées
- 3 oignons émincés
- 2 échalotes émincées
- 1 piment émincé
- Le jus de 4 citrons verts
- Sel et poivre

Dans un grand saladier, mélangez le poulet avec l'ail, les oignons, les échalotes, le piment, le jus de citron, le sel et le poivre.

Laissez macérer au moins 12 heures.

Préchauffez le four à 210 °C (th. 7).

Placez la viande ainsi que la marinade dans un plat à four et enfournez pour 1 heure en arrosant régulièrement avec la marinade. Servez aussitôt.

Poulet cocotte

Préparation : 30 minutes ■ Cuisson : 1 h 15 ■ Budget : ★ Difficulté : ★ ★

Pour 4 personnes

- 1 poulet découpé en morceaux
- 1 kg de pommes de terre
- 200 g de champignons de Paris
- 150 g de lardons nature
- 150 g d'oignons
- Beurre
- 20 cl de bouillon de volaille
- 20 cl de vin blanc
- 1 bouquet garni
- Sel et poivre

Épluchez les oignons et émincez-les finement. Lavez, égouttez et tranchez les champignons en lamelles. Dans une cocotte, faites fondre 30 g de beurre. Faites-y dorer les lardons, les oignons et les champignons environ 10 minutes, en mélangeant régulièrement. Réservez-les.

Ajoutez 30 g de beurre dans la cocotte et faites-y colorer les morceaux de poulet sur toutes les faces.

Épluchez les pommes de terre et coupez-les en cubes. Déglacez le poulet avec le vin blanc. Salez et poivrez selon vos goûts. Ajoutez le bouquet garni, le bouillon et les pommes de terre, couvrez et laissez mijoter à feu doux pendant 45 minutes. Une fois ce temps écoulé, ajoutez les champignons, les lardons et les oignons dans la cocotte. Mélangez et laissez mijoter 15 minutes de plus.

Poulet rôti aux herbes

Préparation : 10 minutes ■ Cuisson : 1 h 15 ■ Budget : ★ Difficulté : ★ ★

Pour 4 personnes

- 1 poulet
- Beurre
- 1 oignon
- Huile d'olive
- Persil
- Thym
- Estragon
- Sel et poivre

Piquez l'oignon coupé en quatre dans le poulet. Salez et poivrez. Parsemez d'estragon, de thym et de persil ciselés. Arrosez le poulet avec 1 cuil. à soupe d'huile d'olive. Répartissez des noisettes de beurre sur le dessus.

Placez le plat dans le four froid, puis allumez-le à 200 °C (th. 6-7).

Laissez cuire pendant 1 h 15 en arrosant régulièrement avec le jus pour garder une viande moelleuse.

Poulet sauté à la citronnelle

Préparation : 20 minutes ■ Cuisson : 10 minutes ■ Budget : ★ Difficulté : ★

Pour 4 personnes

- 4 blancs de poulet
- 300 g de pousses de soja
- 300 g de pois gourmands
- 60 g de graines de sésame
- 4 carottes
- 2 cuil. à soupe d'huile d'olive
- 2 cuil. à soupe de sauce soja
- 3 cuil. à café de sauce nuoc-mâm
- 1 bâton de citronnelle
- Coriandre
- Menthe

Découpez les blancs de poulet en lamelles, les pois gourmands dans le sens de la longueur et les carottes en bâtonnets.

Épluchez la citronnelle en enlevant la première peau et découpez-la en petits morceaux. Ciselez quelques feuilles de coriandre et de menthe (quantité à voir selon vos goûts).

Faites chauffer l'huile d'olive dans une grande poêle et faites revenir les morceaux de poulet en remuant. Ajoutez la citronnelle, puis les pois gourmands. Ajoutez 3 cuil. à café de sauce nuoc-mâm et 2 cuil. à soupe de sauce soja. Remuez bien et ajoutez les bâtonnets de carottes, la coriandre et les graines de sésame.

Laissez cuire quelques minutes et ajoutez pour finir les pousses de soja et la menthe ciselée. Mélangez bien, laissez revenir encore 5 minutes avant de servir.

Pruneaux apéritifs

Préparation : 15 minutes ■ Cuisson : 10 minutes ■ Budget : ★★ Difficulté : ★

Pour 4 personnes

- 250 g de pruneaux
- 6 fines tranches de poitrine de porc

Préchauffez le four à 200 °C (th. 6-7).

Découpez les tranches de poitrine en carrés d'environ 4 cm et entourez-les autour des pruneaux.

Placez les pruneaux emmaillotés dans un plat allant au four puis enfournez 10 minutes. Servez chaud.

Queue de lotte rôtie aux olives

Préparation : 20 minutes ■ Cuisson : 30 minutes ■ Budget : ★ ★ Difficulté : ★ ★ ★

Pour 2 personnes

- 400 g de queue de lotte
- 30 g d'olives noires
- 15 g de fleur de thym
- 2 tomates
- 1 poivron rouge
- 2 oignons
- Huile d'olive
- Sel et poivre

Préchauffez le four à 200 °C (th. 6-7).

Dénoyautez les olives et coupez-les en deux. Émincez les oignons, coupez les tomates et le poivron. Ajoutez-y la moitié des olives et la fleur de thym. Mélangez.

Piquez la lotte avec les olives restantes et badigeonnez d'huile d'olive au pinceau. Déposez la lotte dans un plat avec la garniture. Salez et poivrez. Placez au four et laissez cuire 10 minutes en arrosant avec la garniture pour que la lotte ne sèche pas.

Réservez la lotte au chaud et poursuivez la cuisson de la garniture pendant 20 minutes en remuant régulièrement. Coupez la lotte en gros morceaux et réchauffez-les quelques instants au four avec la garniture avant de servir.

Quiche au roquefort et au poireau

Préparation : 30 minutes ■ Cuisson : 45 minutes ■ Budget : ★ Difficulté : ★

Pour 6 personnes

- 1 pâte brisée
- 1 gros poireau
- 3 œufs
- 25 cl de crème liquide
- 125 g de roquefort
- 125 g de lardons
- 2 cuil. à soupe d'huile d'olive
- Sel et poivre

Préchauffez le four à 200 °C (th. 6-7).

Émincez le poireau. Faites-le fondre dans l'huile d'olive 15 minutes.

Pendant ce temps, étalez la pâte dans un plat à tarte beurré et fariné puis piquez le fond à la fourchette.

Battez les œufs et ajoutez la crème. Émiettez le roquefort et incorporez-le aux œufs. Salez et poivrez.

Disposez les poireaux et les lardons sur le fond de tarte puis versez la crème.

Enfournez pour 30 minutes.

Quiche Boursin-courgettes

Préparation : 20 minutes ■ Cuisson : 40 minutes ■ Budget : ★ Difficulté : ★

Pour 6 personnes

- 1 pâte brisée
- 300 g de courgettes
- 150 g de Boursin
- 3 œufs
- 20 cl crème liquide
- 1 cuil. à soupe d'huile d'olive
- Sel et poivre

Préchauffez le four à 200 °C (th. 6-7).

Râpez les courgettes et faites-les revenir dans l'huile. Assaisonnez et laissez cuire 10 minutes.

Battez les œufs et ajoutez-y la crème.

Incorporez ce mélange aux courgettes et mélangez bien.

Étalez la pâte dans un plat à tarte beurré et fariné puis piquez le fond à la fourchette.

Garnissez-la de la préparation ci-dessus et recouvrez de noisettes de Boursin.

Enfournez 30 minutes et servez aussitôt.

Quiche façon provençale

Préparation : 25 minutes ■ Cuisson : 50 minutes ■ Budget : ★ Difficulté : ★

Pour 4 personnes

- 1 pâte feuilletée
- 190 g de thon nature
- 15 cl de crème fraîche
- 100 g de gruyère râpé
- 4 tomates
- 3 œufs
- 3 oignons
- 1 poivron rouge
- 15 olives vertes dénoyautées
- Herbes de Provence
- Beurre
- Farine
- Sel et poivre

Étalez la pâte feuilletée sans trop l'étirer. Placez-la dans un moule à tarte beurré et fariné. Coupez les tomates en fines tranches, disposez-les sur la pâte.

Préchauffez le four à 180 °C (th. 6).

Dans un saladier, mélangez les oignons coupés en petits dés et le poivron débité en fines lamelles. Ajoutez les miettes de thon, les œufs battus, la crème fraîche, le gruyère râpé et les olives coupées en lamelles. Salez et poivrez. Saupoudrez avec les herbes de Provence. Mélangez pour que la préparation soit bien homogène. Versez-la sur la pâte en répartissant bien.

Placez au four et laissez cuire 50 minutes.

Quiche lorraine

Préparation : 15 minutes ■ Cuisson : 35 minutes ■ Budget : ★ Difficulté : ★

Pour 6 personnes

- 1 pâte brisée
- 250 g de lardons fumés
- 4 œufs
- 50 cl de crème fraîche épaisse
- Sel et poivre

Faites revenir à la poêle, sans ajout de matières grasses, les lardons.

Préchauffez le four à 180 °C (th. 6).

Dans un saladier, battez les œufs puis incorporez la crème. Salez et poivrez.

Dans un moule à tarte, disposez la pâte brisée et répartissez dessus les lardons.

Versez le mélange crème et œufs sur l'ensemble de la surface.

Enfournez et laissez cuire 30 minutes.

Dégustez tiède, accompagné d'une salade verte.

Ratatouille express

Préparation : 25 minutes ■ Cuisson : 35 minutes ■ Budget : ★ Difficulté : ★

Pour 4 personnes

- 500 g de tomates
- 4 courgettes
- 1 poivron vert
- 1 poivron rouge
- 1 petit piment vert
- 4 cuil. à soupe d'huile d'olive
- 1 gousse d'ail
- Thym
- Laurier
- Sel et poivre

Lavez les courgettes, essuyez-les et coupez-les en rondelles.

Pelez les tomates (en les plongeant d'abord 2 minutes dans de l'eau bouillante) et coupez-les en petits dés.

Lavez et épépinez les poivrons, puis coupez-les en lamelles.

Dans une cocotte, faites chauffer l'huile d'olive et jetez-y les lamelles de poivron. Laissez chauffer 5 minutes en mélangeant régulièrement puis ajoutez les dés de tomate, les rondelles de courgette et le piment. Salez et poivrez selon vos goûts et rajoutez l'ail haché, le thym et le laurier.

Couvrez la cocotte et laissez mijoter à feu doux pendant 30 minutes, en remuant de temps en temps.

Rillettes de maquereau

Préparation : 20 minutes ■ Repos : 12 heures ■ Budget : ★ Difficulté : ★

Pour 4 personnes

- 4 filets de maquereau fumé
- 150 g de beurre
- 4 échalotes
- 1 botte de ciboulette
- Le jus de 1 citron
- Poivre

Rincez les filets et séchez-les. Retirez la peau. Mixez-les doucement et incorporez le beurre fondu. Mixez à nouveau quelques secondes. Ajoutez les échalotes coupées en cubes et la ciboulette ciselée, ainsi que le jus du citron. Poivrez selon vos goûts. Continuez à mélanger jusqu'à ce que les rillettes soient bien homogènes.

Placez le mélange dans une terrine, couvrez et placez au frais pendant 12 heures avant de servir.

Risotto de volaille

Préparation : 15 minutes ■ Cuisson : 25 minutes ■ Budget : ★ ★ Difficulté : ★

Pour 4 personnes

- 200 g de riz rond
- 400 g de blancs de poulet
- 3 cuil. à soupe d'huile d'olive
- 2 cuil. à soupe de parmesan
- 60 cl de bouillon de volaille
- 1 oignon haché
- Sel et poivre

Coupez les blancs de poulet en lamelles.

Faites chauffer l'huile dans une casserole et faites-y revenir l'oignon et le poulet.

Ajoutez le riz et mélangez bien.

Versez le bouillon petit à petit, assaisonnez et mélangez sans cesse jusqu'à ce que le bouillon ait été complètement absorbé et le riz cuit ; comptez environ 18 minutes.

Avant de servir, nappez de parmesan.

Riz à la mexicaine

Préparation : 25 minutes ■ Cuisson : 35 minutes ■ Budget : ★ Difficulté : ★

Pour 4 personnes

- 150 g de riz
- 2 gousses d'ail en poudre
- 1 carotte
- 200 g de petits pois
- 2 tomates
- 2 cuil. à soupe de concentré de tomate
- 10 cl d'huile de maïs
- Sel

Préparez le bouillon : faites revenir l'ail dans une casserole avec les tomates coupées en petits morceaux et 40 cl d'eau. Salez.

Dans une casserole d'eau salée, faites cuire le riz comme indiqué sur le paquet puis égouttez-le.

Faites ensuite frire le riz dans une poêle avec l'huile, jusqu'à ce qu'il soit bien doré.

Rajoutez la carotte coupée en petits carrés, les petits pois, le concentré de tomate, puis le bouillon.

Laissez mijoter 20 minutes.

Laissez reposer 10 minutes avant de servir.

Rôti de jambon aux poivrons

Préparation : 15 minutes ■ Cuisson : 1 heure ■ Budget : ★ Difficulté : ★

Pour 4 personnes

- 1 rôti de jambon d'environ 800 g
- 20 cl de vin blanc sec
- 20 cl de crème fraîche
- 2 poivrons rouges
- 2 gousses d'ail
- 1 oignon
- Huile d'olive
- Sel et poivre

Découpez l'oignon, les gousses d'ail et les poivrons en petits cubes. Faites-les dorer dans une poêle avec l'huile d'olive. Une fois que l'oignon et l'ail sont bien dorés, ajoutez le rôti et faites dorer chaque face dans ce mélange.

Transvasez l'ensemble dans une grande casserole et arrosez le rôti avec le vin blanc.

Portez à ébullition puis ajoutez 30 cl d'eau. Laissez cuire à feu doux, à couvert, environ 1 heure. Une fois la cuisson achevée, salez et poivrez.

Mixez le mélange poivrons, ail et oignon en conservant le jus de cuisson et ajoutez-y la crème fraîche. Versez cette sauce sur le rôti.

Rôti de porc au miel

Préparation : 15 minutes ■ Cuisson : 1 h 15 ■ Budget : ★ Difficulté : ★ ★

Pour 4 personnes

- 1 rôti de porc
- 5 pommes
- 60 g de miel
- 2 échalotes
- 2 poignées de raisins secs
- Cannelle
- Sel et poivre

Préchauffez le four à 210 °C (th. 7).

Placez le rôti dans un plat et enduisez-le de miel avec un pinceau. Salez et poivrez.

Lavez les pommes et coupez-les en gros morceaux. Déposez-les autour du rôti.

Émincez finement les échalotes et déposez-les sur le rôti, ajoutez les raisins secs et saupoudrez de cannelle (environ 1 cuil. à soupe).

Ajoutez 20 cl d'eau et enfournez pendant 1 h 15.

Rôti de porc aux champignons et lardons

Préparation : 20 minutes ■ Cuisson : 40 minutes ■ Budget : ★ ★ Difficulté : ★

Pour 4 personnes

- 1 rôti de porc de 1 kg
- 2 oignons
- 170 g de champignons de Paris
- 100 g de lardons fumés
- 800 g de pommes de terre nouvelles
- 4 cuil. à soupe de moutarde forte
- 1 filet d'huile d'olive
- 30 cl de lait
- Sel et poivre

Préchauffez le four à 180 °C (th. 6).

Enduisez le rôti de porc de moutarde. Pelez et émincez les oignons. Arrosez de lait le fond de votre plat allant au four. Déposez-y les oignons et le rôti.

Épluchez les pommes de terre et placez-les autour du rôti. Salez et poivrez.

Faites revenir dans une poêle les champignons et les lardons.

Arrosez d'un filet d'huile d'olive les pommes de terre et enfournez pour 40 minutes.

À mi-cuisson, retournez le rôti et placez les champignons et les lardons autour. Servez aussitôt.

Rôti de porc aux herbes

Préparation : 15 minutes ■ Cuisson : 3 heures ■ Budget : ★ Difficulté : ★ ★

Pour 4 personnes

- 1 rôti de porc de 1 kg (échine)
- 150 g de moutarde
- Feuilles de laurier
- Romarin
- Thym
- Basilic
- Sel et poivre

Préchauffez le four à 150 °C (th. 5).

Posez le rôti sur une feuille de papier aluminium. Avec un pinceau, badigeonnez-le de moutarde. Recouvrez de feuilles de laurier et saupoudrez-le de thym, romarin et basilic. Salez et poivrez.

Fermez le papier aluminium de façon à former une grosse papillote.

Placez au four pour au moins 3 heures.

Rôti de porc aux pruneaux

Préparation : 15 minutes ■ Cuisson : 1 heure ■ Budget : ★ ★ Difficulté : ★

Pour 4 personnes

- 1 rôti de porc d'environ 1 kg
- 20 pruneaux
- 2 gousses d'ail
- 20 cl de vin blanc
- 3 cuil. à soupe d'huile de tournesol
- 2 cuil. à café de fond de veau déshydraté
- Sel et poivre

Ouvrez le rôti en deux, dans la longueur, et farcissez-le de pruneaux. Refermez-le et ficelez-le.

Faites-le dorer sur toutes ses faces, dans une cocotte.

Ajoutez les gousses d'ail entières, le vin blanc et le fond de veau. Laissez mijoter 1 heure.

Servez aussitôt.

Rougets aux légumes poêlés

Préparation : 25 minutes ■ Cuisson : 15 minutes ■ Budget : ★ ★ Difficulté : ★★ ★

Pour 2 personnes

- 6 filets de rouget barbet
- 125 g de haricots verts
- 125 g d'asperges vertes
- 125 g de champignons de Paris
- Beurre
- Basilic
- Sel et poivre

Plongez les haricots verts et les asperges dans une casserole d'eau bouillante et laissez-les cuire 10 minutes à gros bouillons.

Lavez et émincez finement les champignons.

Dans une poêle, faites revenir dans le beurre les haricots verts, les asperges et les champignons. Ajoutez les filets et laissez cuire 5 minutes. Ajoutez le basilic haché, salez et poivrez selon vos goûts.

Dressez les assiettes en déposant trois filets de rouget par personne et les légumes poêlés.

Roulade de poivrons au fromage relevé

Préparation : 15 minutes ■ Cuisson : 10 minutes ■ Repos : 1 heure ■ Budget : ★ Difficulté : ★

Pour 4 personnes

- 2 poivrons
- 250 g de fromage de chèvre frais
- 10 brins de ciboulette ciselés
- ½ botte de persil plat ciselée
- 2 gousses d'ail hachées
- 3 cuil. à soupe de jus de citron
- Sel et poivre

Coupez les poivrons en deux dans le sens de la longueur. Épépinez-les et retirez les filaments blancs. Préchauffez le four à 240 °C (th. 8). Enfournez les poivrons, côté peau vers le haut, pendant 10 minutes. La peau des poivrons doit noircir.

Placez les poivrons dans un sac plastique, laissez-les refroidir puis pelez-les.

Placez le fromage frais dans un saladier. Ajoutez le jus de citron et mélangez. Ajoutez l'ail, le persil plat et la ciboulette. Assaisonnez.

Posez les moitiés de poivrons sur une assiette. Tartinez-les de fromage et roulez-les.

Coupez-les en morceaux de 3-4 cm de large. Placez 1 heure au réfrigérateur avant de servir.

Rouleaux au crabe

Préparation : 15 minutes ■ Cuisson : 5 minutes ■ Réfrigération : 1 heure ■ Budget : ★
Difficulté : ★★

Pour une dizaine de pièces

- 4 œufs
- 4 brins de ciboulette émincés
- 160 g de chair de crabe
- 2 cuil. à café de vinaigre de Xérès
- 3 cuil. à soupe d'huile d'arachide
- Sel et poivre

Battez les œufs dans un saladier et assaisonnez-les. Ajoutez 1 cuil. à soupe d'huile et la ciboulette. Versez les œufs dans une poêle chaude et faites-les cuire comme une omelette.

Déposez cette fine omelette sur une assiette.
Mélangez la chair de crabe avec le reste d'huile et le vinaigre, salez et poivrez.

Déposez cette préparation sur l'omelette et étalez-la sur toute la surface.

Roulez l'omelette bien serrée et enfermez-la dans un film alimentaire. Placez au frais 1 heure.

Au moment de servir, coupez le rouleau en rondelles un peu épaisses.

Rouleaux de jambon aux œufs

Préparation : 10 minutes ■ Cuisson : 10 minutes ■ Budget : ★ Difficulté : ★

Pour 4 personnes

- 4 tranches de jambon blanc fines
- 4 œufs
- 3 cuil. à soupe de crème fraîche épaisse
- Noix de muscade
- Cerfeuil
- Sel et poivre

Cassez les œufs dans une poêle, puis ajoutez-y la crème fraîche. Remuez lentement avec une spatule jusqu'à ce que les œufs aient la consistance que vous souhaitez.

Posez les tranches de jambon dans quatre assiettes, farcissez chaque tranche avec les œufs et ajoutez le sel, le poivre et la muscade. Roulez les tranches sur elles-mêmes pour en faire des rouleaux. Parsemez de cerfeuil ciselé.

Roulés au jambon

Préparation : 10 minutes ■ Repos : 2 heures ■ Budget : ★ Difficulté : ★

Pour 4 personnes

- 4 tranches de jambon cru
- 150 g de fromage frais
- Basilic
- Ciboulette
- Curry
- Noix de muscade

Lavez, essuyez et ciselez la ciboulette et le basilic.

Mélangez le fromage frais avec la ciboulette, le basilic, le curry et la noix de muscade.

Étalez les tranches de jambon, tartinez-les généreusement avec la préparation, puis roulez les tranches. Emballez-les dans du film alimentaire et placez-les au frais 2 heures.

Avant de servir, découpez-les en tronçons.

Salade aux pousses d'épinards

Préparation : 10 minutes ■ Budget : ★ Difficulté : ★

Pour 4 personnes

- 2 pamplemousses roses
- 2 avocats
- 100 g de cœurs de palmier
- 200 g de pousses d'épinards
- 16 tomates cerise
- 3 cuil. à soupe d'huile d'olive
- 1 cuil. à soupe de vinaigre balsamique
- Sel et poivre

Pelez et coupez les pamplemousses en quartiers.

Coupez les avocats en dés.

Coupez les cœurs de palmier en rondelles.

Dans un saladier, placez les quartiers de pamplemousses, les dés d'avocats, les rondelles de cœurs de palmier, les pousses d'épinards et les tomates cerise.

Préparez la vinaigrette avec l'huile, le vinaigre, du sel et du poivre.

Mélangez-la à la salade et servez aussitôt.

Salade César

Préparation : 15 minutes ■ Cuisson : 5 minutes ■ Budget : ★ Difficulté : ★

Pour 4 personnes

- 1 grosse salade romaine
- 100 g de lardons
- 150 g de croûtons
- 1 gousse d'ail
- 6 cuil. à soupe d'huile d'olive
- 2 jaunes d'œufs
- Le jus de 1 citron
- 2 cuil. à café de moutarde
- 80 g de parmesan râpé
- Sel et poivre

Lavez et essorez la salade.

Faites rissoler les lardons.

Hachez la gousse d'ail.

Mélangez les jaunes d'œufs, la moutarde, le jus de citron, l'ail, du sel, du poivre, comme pour une mayonnaise.

Ajoutez peu à peu l'huile en fouettant toujours.

Coupez la romaine en lanières. Mettez-la dans un saladier et ajoutez les croûtons, les lardons et le parmesan.

Versez la sauce et mélangez bien. Servez aussitôt.

Salade chinoise au vermicelle

Préparation : 30 minutes ■ Cuisson : 25 minutes ■ Budget : ★ Difficulté : ★

Pour 4 personnes

- 200 g de vermicelle de soja
- 80 g de champignons chinois séchés
- 75 g de mini-épis de maïs
- 75 g de germes de soja
- 4 cuil. à soupe d'huile d'olive
- 4 cuil. à soupe de sauce soja
- 1 cuil. à café de gingembre en poudre

Réhydratez les champignons dans un bol d'eau durant 15 minutes. Faites-les cuire dans un autocuiseur pendant 15 minutes.

Coupez les mini-épis de maïs en rondelles. Dans une petite casserole d'eau chaude, faites ramollir le vermicelle de soja pendant 5 minutes puis faites-le cuire pour qu'il soit al dente. Égouttez.

Préparez la sauce en mélangeant l'huile d'olive avec la sauce soja puis ajoutez le gingembre.

Avant de servir, réchauffez tous les légumes dans votre autocuiseur pendant 2 minutes.

Dans un saladier, mélangez le vermicelle aux légumes et incorporez la sauce. Dégustez aussitôt.

Salade créole

Préparation : 30 minutes ■ Budget : ★ ★ Difficulté : ★

Pour 4 personnes

- 2 mangues
- 200 g de chair de crabe
- Le jus de 1 citron vert
- 1 petit oignon rouge émincé
- 4 cuil. à soupe d'huile d'olive
- 2 cuil. à soupe de vinaigre de vin
- 1 pincée de piment
- 1 cuil. à soupe de ciboulette émincée
- Sel et poivre

Épluchez les mangues en prenant garde de conserver leur peau, puis râpez-les.

Préparez la sauce en mélangeant l'oignon, le piment, le jus de citron, l'huile d'olive et le vinaigre. Salez et poivrez.

Dans un saladier, placez la mangue et la chair de crabe.

Nappez de sauce et mélangez.
Servez la salade dans les peaux de mangue et parsemez de ciboulette. Dégustez bien frais.

Salade cubaine

Préparation : 20 minutes ■ Cuisson : 20 minutes ■ Budget : ★ ★ Difficulté : ★

Pour 4 personnes

- 200 g de pommes de terre
- 500 g de filets de poulet
- 100 g d'ananas
- 1 oignon
- 1 jaune d'œuf
- 1 cuil. à café de moutarde
- 2 cuil. à soupe d'huile d'olive
- 1 cuil. à soupe de vinaigre balsamique
- Sel et poivre

Émincez le poulet en lamelles.

Faites-le revenir à la poêle avec un filet d'huile d'olive.

Faites cuire les pommes de terre 20 minutes dans l'eau bouillante puis pelez-les et coupez-les en rondelles.

Coupez l'ananas en dés.

Pelez et hachez l'oignon.

Préparez la mayonnaise en mélangeant le jaune d'œuf à la moutarde puis à l'huile d'olive et au vinaigre. Salez et poivrez.

Dans un saladier, mélangez le poulet avec l'ananas, l'oignon et les pommes de terre puis assaisonnez le tout de mayonnaise. Servez bien frais.

Salade d'artichauts

Préparation : 15 minutes ■ Budget : ★ Difficulté : ★

Pour 4 personnes

- 8 cœurs d'artichauts
- 1 citron confit
- 1 piment oiseau
- 1 bouquet de coriandre ciselée
- 3 cuil. à soupe d'huile d'olive

Coupez le citron confit en fines tranches et les cœurs d'artichauts en quatre.

Mélangez-les dans un saladier et émiettez au-dessus le piment oiseau.

Arrosez d'huile d'olive puis mélangez bien.

Parsemez de coriandre et servez bien frais.

Salade d'avocats et surimi

Préparation : 15 minutes ■ Budget : ★ Difficulté : ★

Pour 4 personnes

- 2 avocats
- 12 bâtonnets de surimi
- 8 champignons de Paris
- 4 cuil. à soupe de mayonnaise
- 2 cuil. à café de vinaigre
- Sel et poivre

Préparez la sauce en mélangeant la mayonnaise au vinaigre, salez et poivrez.

Pelez et dénoyautez les avocats, puis coupez-en la chair. Incorporez-la à la sauce.
Coupez les bâtonnets de surimi.

Émincez les champignons en lamelles.

Incorporez ces deux ingrédients à la sauce et servez bien frais.

Salade d'épinards aux noix

Préparation : 15 minutes ■ Budget : ★ Difficulté : ★

Pour 4 personnes

- 400 g de pousses d'épinard
- 1 oignon
- 1 yaourt nature
- 1 poivron
- Le jus de 1 citron
- 50 g de cerneaux de noix
- Sel et poivre

Équeutez les pousses d'épinard et déposez-les dans un saladier.

Coupez le poivron en lamelles. Déposez celles-ci sur les pousses d'épinard.

Pelez et hachez l'oignon et ajoutez-le aux autres ingrédients.

Mélangez le yaourt au jus de citron puis assaisonnez.

Versez la sauce sur les légumes puis ajoutez les cerneaux de noix. Mélangez bien.

Dégustez bien frais ou à température ambiante.

Salade de betteraves aux agrumes

Préparation : 15 minutes ■ Budget : ★ Difficulté : ★

Pour 4 personnes

- 2 betteraves cuites
- 1 pamplemousse
- 1 orange
- 2 cuil. à soupe d'huile d'olive
- 1 cuil. à café de vinaigre
- 2 cuil. à soupe de persil haché
- Sel et poivre

Épluchez les betteraves et coupez-les en dés.

Pelez l'orange et le pamplemousse et séparez-les en quartiers.

Dans un bol, mélangez le vinaigre à l'huile d'olive puis assaisonnez.

Placez dans un saladier les quartiers d'orange et de pamplemousse ainsi que les dés de betterave, nappez de vinaigrette et parsemez de persil. Mélangez bien et servez aussitôt.

Salade de bœuf à la citronnelle

Préparation : 30 minutes ■ Marinade : 1 heure ■ Budget : ★ Difficulté : ★

Pour 4 personnes

- 400 g de bœuf (rumsteck)
- 1 gousse d'ail hachée
- 2 tiges de citronnelle
- Le jus de 2 citrons verts
- 1 laitue
- ½ bouquet de menthe
- 100 g de pousses de soja
- ½ poivron rouge
- 2 carottes
- 20 g de cacahuètes
- 1 cuil. à soupe de sauce nuoc-mâm
- 1 cuil. à soupe de vinaigre de vin

Émincez la viande en très fines lamelles.

Émincez la citronnelle.

Faites mariner la viande avec l'ail, la citronnelle et le jus de citron pendant 1 heure.

Pendant ce temps, émincez finement la salade, les carottes et le poivron.

Ciselez la menthe et broyez les cacahuètes.
Juste avant de servir, mélangez la viande avec les légumes, la menthe et les cacahuètes puis assaisonnez avec le nuoc-mâm et le vinaigre.

Salade de canard et agrumes

Préparation : 15 minutes ■ Cuisson : 15 minutes ■ Budget : ★ ★★ Difficulté : ★

Pour 4 personnes

- 8 tranches de magret de canard fumé
- 100 g de mâche
- 2 oranges
- 1 pamplemousse
- 1 boule de mozzarella
- 12 tomates cerise
- 3 cuil. à soupe d'huile d'olive
- 1 cuil. à soupe de vinaigre balsamique
- Sel et poivre

Pelez et coupez les agrumes en petits morceaux.

Disposez-les sur des assiettes avec de la mâche.

Coupez la mozzarella en rondelles et les tomates cerise en deux.

Placez-les sur la salade puis ajoutez les magrets fumés.

Préparez la vinaigrette en mélangeant l'huile au vinaigre, salez et poivrez.

Nappez-en la salade et servez aussitôt.

Salade de champignons crus

Préparation : 10 minutes ■ Repos : 1 heure ■ Budget : ★ Difficulté : ★

Pour 4 personnes

- 400 g de champignons de Paris
- 2 cuil. à soupe de vinaigre balsamique
- 4 cuil. à soupe d'huile d'olive
- 2 jaunes d'œufs
- Le jus de 1 citron
- Sel et poivre

Rincez les champignons très rapidement sous un filet d'eau, après avoir coupé les pieds. Essuyez-les soigneusement puis tranchez-les en fines lamelles.

Dans un saladier, battez les jaunes d'œufs avec l'huile d'olive et le vinaigre balsamique. Mélangez les champignons avec cette préparation, salez et poivrez selon vos goûts.

Ajoutez un filet de jus de citron pour éviter que les champignons ne noircissent.

Gardez au frais au moins 1 heure avant de servir.

Salade de chèvre chaud

Préparation : 15 minutes ■ Cuisson : 8 minutes ■ Budget : ★ Difficulté : ★

Pour 4 personnes

- 1 salade verte
- 20 tomates cerise
- 2 grandes tranches de pain de mie
- 8 crottins de chèvre
- 2 cuil. à soupe d'huile d'olive
- 1 cuil. à soupe de vinaigre balsamique
- 15 feuilles de basilic
- Sel et poivre

Préchauffez le gril du four.

Préparez la vinaigrette en mélangeant l'huile, le vinaigre, les feuilles de basilic, du sel et du poivre.

Dans un saladier, mélangez la salade verte coupée en morceaux à la vinaigrette
Ajoutez les tomates cerise coupées en deux.

Coupez les tranches de pain de mie en quatre. Déposez, sur chaque morceau, un crottin de chèvre et passez-les sur le gril pendant 8 minutes.

Dressez les assiettes avec la salade et deux chèvres sur toasts par personne. Dégustez aussitôt.

Salade de chou rouge et de pommes

Préparation : 15 minutes ■ Budget : ★ Difficulté : ★

Pour 4 personnes

- 1 chou rouge
- 3 pommes acides (type granny-smith)
- 4 carottes
- ½ cuil. à soupe de crème fraîche
- 2 cuil. à soupe de vinaigre balsamique
- 4 cuil. à soupe d'huile d'olive
- Sel et poivre

Dans un saladier, hachez le chou rouge en fines lamelles. Râpez les carottes et les pommes. Mélangez le tout.

Dans un bol, battez au fouet l'huile d'olive, la crème fraîche et le vinaigre. Salez et poivrez selon vos goûts. Versez la sauce bien émulsionnée dans votre saladier. Servez bien frais.

Salade crevettes et mangue

Préparation : 20 minutes ■ Budget : ★ ★ Difficulté : ★

Pour 4 personnes

- 400 g de grosses crevettes roses
- 1 mangue
- 2 cuil. à soupe de jus de citron vert
- 2 cuil. à soupe d'huile d'arachide
- 6 gouttes de Tabasco
- 30 g de gingembre frais râpé
- Sel et poivre

Préparez la sauce en mélangeant l'huile, le jus de citron, le Tabasco, du sel et du poivre.

Décortiquez les crevettes.

Ajoutez-les à la sauce ainsi que le gingembre.

Pelez et coupez la mangue en morceaux.

Ajoutez-les aux crevettes et mélangez bien. Servez bien frais.

Salade de dinde au miel

Préparation : 20 minutes ■ Repos : 20 minutes ■ Cuisson : 10 minutes ■ Budget : ★ ★ Difficulté : ★

Pour 4 personnes

- 1 laitue
- 4 escalopes de dinde
- 100 g de tomates cerise
- 2 cuil. à soupe de miel
- Le jus de 1 citron
- 1 cuil. à soupe de romarin émietté
- Sel et poivre

Coupez les escalopes en lamelles.

Préparez la marinade en mélangeant le miel, le jus de citron et le romarin. Salez et poivrez.Faites mariner la dinde 20 minutes.

Faites cuire les lamelles de dinde dans une poêle à sec jusqu'à ce qu'elles soient bien dorées.

Coupez la salade et les tomates en deux, et assaisonnez avec un peu de marinade. Ajoutez les morceaux de viande et mélangez. Servez aussitôt.

Salade de lentilles au saumon fumé

Préparation : 10 minutes ■ Cuisson : 10 minutes ■ Budget : ★ ★ Difficulté : ★

Pour 4 personnes

- 1 kg de lentilles en boîte
- 4 tranches de saumon fumé
- 3 cuil. à soupe d'huile de tournesol
- 1 cuil. à soupe de vinaigre de framboise
- 1 cuil. à soupe de moutarde
- 2 échalotes
- Sel et poivre

Rincez et égouttez les lentilles.

Faites-les chauffer quelques minutes au four à micro-ondes jusqu'à ce qu'elles soient tièdes.

Préparez une vinaigrette en mélangeant la moutarde, l'huile et le vinaigre. Assaisonnez.

Pelez et émincez les échalotes et rajoutez-les à la vinaigrette.

Recouvrez les lentilles tièdes de cette sauce et dressez-les dans les assiettes.

Placez dans chaque assiette une tranche de saumon et servez aussitôt.

Salade de pâtes

Préparation : 10 minutes ■ Cuisson : 10 minutes ■ Budget : ★ Difficulté : ★

Pour 4 personnes

- 200 g de pâtes
- 250 g de tomates cerise
- 100 g de parmesan
- Huile d'olive
- 2 gousses d'ail
- Basilic
- Sel et poivre

Faites cuire les pâtes dans un grand volume d'eau salée. Passez-les sous l'eau froide pour éviter qu'elles ne collent puis égouttez-les.

Lavez les tomates cerise et coupez-les en deux.

Dans un saladier, mélangez les pâtes et les tomates cerise. Ajoutez du basilic finement ciselé et du parmesan. Faites couler un filet d'huile d'olive, ajoutez les gousses d'ail écrasées. Salez et poivrez.

Salade de pâtes à l'ail et au basilic

Préparation : 25 minutes ■ Cuisson : 15 minutes ■ Budget : ★ Difficulté : ★

Pour 4 personnes

- 400 g de pâtes
- 4 tomates
- 4 fromages de chèvre frais
- 1 bouquet de basilic
- 1 gousse d'ail
- Le jus de 1 citron
- Huile d'olive
- Sel et poivre

Lavez les tomates, séchez-les et découpez-les en petits dés.

Dans une casserole, faites chauffer l'huile d'olive, ajoutez-y les tomates, le jus de citron, l'ail haché et le basilic. Laissez cuire à feu très doux.

Pendant ce temps, plongez les pâtes dans une grande casserole d'eau bouillante salée et laissez cuire le temps nécessaire.

Égouttez les pâtes, mettez-les dans un plat. Émiettez-y grossièrement le fromage de chèvre frais et versez la sauce par-dessus. Salez et poivrez.

Laissez refroidir puis placez au réfrigérateur.

Salade de pois chiches

Préparation : 15 minutes ■ Budget : ★ Difficulté : ★

Pour 4 personnes

- 200 g de pois chiches en boîte
- 1 poivron rouge
- Le jus de ½ citron
- 3 cuil. à soupe d'huile d'olive
- 2 cuil. à soupe de coriandre ciselée
- 1 gousse d'ail
- Sel et poivre

Rincez et égouttez les pois chiches.

Coupez le poivron en dés et mélangez-le aux pois chiches.

Assaisonnez avec le jus de citron, l'huile d'olive, l'ail écrasé et la coriandre. Salez et poivrez.

Mélangez et servez bien frais.

Salade de pommes de terre

Préparation : 10 minutes ■ Cuisson : 20 minutes ■ Budget : ★ Difficulté : ★

Pour 4 personnes

- 500 g de pommes de terre rosevals
- 3 cuil. à soupe d'huile d'olive
- Le jus de 1 citron
- 1 cuil. à café de paprika
- 1 cuil. à café de coriandre moulue
- Sel
- Poivre

Faites cuire les pommes de terre à l'eau 20 minutes puis pelez-les et coupez-les en rondelles.

Mélangez l'huile d'olive au jus de citron puis ajoutez le paprika, la coriandre, du sel et du poivre.

Nappez les pommes de terre de cette sauce, mélangez délicatement et servez.

Salade de poulet au bacon

Préparation : 30 minutes ■ Repos : 1 heure ■ Cuisson : 15 minutes ■ Budget : ★★ Difficulté : ★

Pour 4 personnes

- 4 blancs de poulet
- 75 g de maïs
- 1 poivron rouge
- 1 concombre frais
- 12 tomates cerise
- 4 tranches de bacon
- 1 laitue
- 3 cuil. à soupe de vinaigre balsamique
- 6 cuil. à soupe d'huile d'olive
- 2 cuil. à café de moutarde
- 2 cuil. à soupe de persil haché
- 15 g de beurre
- Sel et poivre

Préparez la marinade en mélangeant la moitié du vinaigre balsamique à la moitié de l'huile d'olive. Salez et poivrez. Coupez les blancs de poulet en lamelles et déposez-les dans la marinade durant 1 heure.

Faites cuire le poulet dans une poêle avec le beurre.

Coupez le concombre et le poivron en dés, les tomates cerise en deux. Mélangez le tout puis ajoutez le maïs. Disposez les deux tiers des feuilles de laitue dans les assiettes et recouvrez-les de poulet grillé puis de légumes.

Dans une poêle sèche, faites cuire les tranches de bacon jusqu'à ce qu'elles soient croustillantes. Garnissez-en les assiettes.

Parsemez la salade de persil. Préparez la vinaigrette en mélangeant le restant d'huile d'olive et de vinaigre balsamique puis ajoutez la moutarde. Salez et poivrez. Mélangez-la à la salade et servez aussitôt.

Salade de poulet, pamplemousses et avocats

Préparation : 15 minutes ■ Cuisson : 10 minutes ■ Budget : ★★ Difficulté : ★

Pour 4 personnes

- 3 filets de poulet
- 2 avocats
- 2 pamplemousses roses
- 1 barquette de mâche
- 3 cuil. à soupe d'huile d'olive
- 2 cuil. à soupe de vinaigre balsamique
- Sel et poivre

Coupez les filets de poulet en petits morceaux.

Faites-les dorer dans une poêle huilée. Réservez.

Pelez et coupez les avocats en dés.

Pelez et coupez les pamplemousses en quartiers.

Dans un saladier, placez la mâche, les avocats, les quartiers de pamplemousses puis les morceaux de poulet.

Préparez une vinaigrette avec l'huile, le vinaigre, du sel et du poivre.

Assaisonnez-en la salade et servez bien frais.

Salade de quinoa aux épices

Préparation : 20 minutes ■ Cuisson : 30 minutes ■ Budget : ★ Difficulté : ★

Pour 4 personnes

- 300 g de quinoa
- 100 g de pois chiches
- 4 carottes
- 1 cuil. à café de cannelle
- 1 cuil. à café de cumin
- 2 cuil. à soupe de coriandre hachée
- 4 cuil. à soupe d'huile d'olive
- 2 cuil. à soupe de vinaigre balsamique
- Sel et poivre

Faites cuire le quinoa comme indiqué sur le paquet.

Égouttez-le et laissez-le refroidir.

Coupez les carottes en rondelles et faites-les cuire 15 minutes dans une casserole d'eau bouillante salée avec la cannelle. Égouttez-les et laissez-les refroidir.

Préparez la vinaigrette en mélangeant l'huile avec le vinaigre et le cumin. Salez et poivrez.

Dans un saladier, versez le quinoa avec les pois chiches et les carottes. Mélangez puis arrosez de vinaigrette. Parsemez de coriandre puis mélangez à nouveau.

Dégustez aussitôt, à température ambiante.

Salade de riz

Préparation : 20 minutes ■ Cuisson : 15 minutes ■ Budget : ★ Difficulté : ★

Pour 4 personnes

- 150 g de riz
- 200 g de thon au naturel
- 2 œufs durs
- 3 tomates
- Une dizaine d'olives
- 2 échalotes
- 4 cuil. à soupe d'huile d'olive
- 2 cuil. à soupe de vinaigre balsamique
- 1 cuil. à soupe de moutarde
- Sel et poivre

Faites cuire le riz al dente et passez-le sous l'eau froide pour conserver son croquant.
Pelez et émincez finement les échalotes.

Coupez les tomates en dés et les œufs durs en petits quartiers.

Préparez la vinaigrette en mélangeant la moutarde, l'huile et le vinaigre. Salez et poivrez.

Placez le riz dans un grand saladier et ajoutez les tomates, les œufs, les olives, les échalotes, le thon émietté et la vinaigrette. Mélangez bien et servez frais.

Salade de tomate et mozzarella

Préparation : 5 minutes ■ Repos : 1 heure ■ Budget : ★ Difficulté : ★

Pour 1 personne

- 1 grosse tomate
- 75 g de mozzarella
- Basilic frais
- Huile d'olive
- Sel et poivre

Coupez la tomate en gros cubes. Prenez la mozzarella et coupez-la en petits morceaux. Ciselez finement le basilic.

Répartissez les cubes de tomate et la mozzarella dans un plat et arrosez-les de 1 cuil. à soupe d'huile d'olive. Parsemez-le basilic.

Conservez au frais pendant au moins une heure.

Salez et poivrez selon vos goûts avant de servir.

Salade grecque

Préparation : 15 minutes ■ Budget : ★ Difficulté : ★

Pour 4 personnes

- 2 tomates
- ½ concombre
- 2 oignons rouges
- 120 g de feta nature
- 20 olives noires
- 2 cuil. à soupe d'huile d'olive
- 2 cuil. à soupe d'origan
- Sel et poivre

Pelez et coupez les oignons en rondelles.

Coupez les tomates, le concombre et la feta en dés.

Mélangez le tout dans un saladier.

Ajoutez les olives, l'huile et l'origan. Salez et poivrez.

Servez aussitôt.

Salade lyonnaise

Préparation : 15 minutes ■ Cuisson : 7 minutes ■ Budget : ★ Difficulté : ★

Pour 4 personnes

- 4 œufs
- 200 g de lardons fumés
- 400 g de salade frisée
- 4 tranches de pain un peu rassises
- 2 cuil. à soupe de ciboulette ciselée
- 3 cuil. à soupe d'huile d'olive
- 1 cuil. à soupe de vinaigre de vin rouge
- 1 cuil. à café de moutarde
- Sel et poivre

Préparez la vinaigrette en mélangeant la moutarde, l'huile et le vinaigre. Salez un peu et poivrez.

Coupez le pain en dés.

Faites cuire les lardons dans une poêle sèche puis jetez-y les dés de pain.

Pendant ce temps, faites pocher les œufs (1 minute environ) dans un grand volume d'eau vinaigrée. Égouttez-les.

Répartissez la salade dans les assiettes et nappez-la de vinaigrette. Ajoutez les lardons, les croûtons puis l'œuf poché. Parsemez de ciboulette et servez aussitôt.

Salade provençale

Préparation : 15 minutes ■ Budget : ★ Difficulté : ★

Pour 4 personnes

- 1 salade romaine
- 4 tranches de pain de campagne
- 4 filets d'anchois
- 16 tomates cerise
- 1 gousse d'ail
- 50 g de copeaux de parmesan
- 2 cuil. à soupe de vinaigre balsamique
- 4 cuil. à soupe d'huile d'olive

Coupez la salade en lanières.

Pelez l'ail et mixez-le avec les anchois.

Faites griller le pain et enduisez-le de la mixture précédente.

Mélangez la salade avec l'huile, le vinaigre et les tomates cerise.

Dressez les assiettes : répartissez la salade, parsemez de parmesan et placez sur le côté une tartine.

Salade thaïe aux carottes

Préparation : 15 minutes ■ Budget : ★ Difficulté : ★

Pour 4 personnes

- 4 carottes
- 1 poignée de cacahuètes nature
- ½ concombre
- 1 piment oiseau
- 1 gousse d'ail
- Le jus de 1 citron vert
- 1 pincée de sucre
- Sel et poivre

Faites griller les cacahuètes dans une poêle chaude. Réservez.

Épluchez et râpez les carottes et le concombre.

Mixez le piment et l'ail pelé. Incorporez-y le jus de citron, le sel, le poivre et le sucre.

Dans un saladier, mélangez les carottes, le concombre et le mélange précédent.

Servez cette salade, parsemée de cacahuètes.

Salade verte aux nachos

Préparation : 20 minutes ■ Budget : ★ Difficulté : ★

Pour 4 personnes

- 1 avocat
- 1 carotte
- 4 tomates
- 1 salade
- Un peu de menthe
- 1 yaourt
- 1 citron
- 1 poignée de nachos
- 1 pincée de cumin
- 1 pincée de paprika

Pelez et émincez l'avocat.

Râpez la carotte.

Coupez les tomates en petits cubes.

Coupez la salade en fines lamelles.

Mélangez tous ces ingrédients et arrosez avec la moitié du jus du citron.

Préparez la sauce en mélangeant le yaourt, la menthe ciselée et le reste du jus de citron.

Saupoudrez de cumin et de paprika.

Mélangez la sauce aux légumes et émiettez-y les nachos. Servez aussitôt.

Salade vosgienne

Préparation : 10 minutes ■ Cuisson : 5 minutes ■ Budget : ★ Difficulté : ★

Pour 4 personnes

- 1 feuille de chêne bien tendre
- 200 g de fromage frais
- 500 g de lardons
- Des croûtons
- 2 cuil. à soupe d'huile de tournesol
- 1 cuil. à soupe de vinaigre d'alcool
- Sel et poivre

Émincez la salade et disposez-la dans un plat.

Faites revenir les lardons dans une poêle à sec et ajoutez-les à la salade avec les croûtons.

Ajoutez l'huile, le vinaigre, du sel et du poivre. Mélangez.

Émiettez le fromage frais au-dessus de la salade et servez aussitôt.

Sandwich au bacon

Préparation : 5 minutes ■ Budget : ★ Difficulté : ★

Pour 1 personne

- 2 tranches de pain de mie
- 1 portion de fromage frais
- 2 tranches de bacon
- 2 feuilles de laitue
- 1 tomate
- 15 g de gruyère

Tartinez le pain de mie de fromage frais.

Placez les tranches de bacon puis le gruyère coupé en tranches.

Découpez la tomate en fines rondelles et disposez-les dessus.

Rajoutez la salade et refermez pour déguster aussitôt.

Sardines farcies

Préparation : 30 minutes ■ Cuisson : 5 minutes ■ Budget : ★ Difficulté : ★

Pour 4 personnes

- 12 sardines
- 2 gousses d'ail
- 2 oignons
- Persil
- Huile d'olive
- Sel et poivre

Ouvrez les sardines et videz-les. Ôtez l'arête centrale. Lavez-les soigneusement à l'eau froide.

Épluchez l'ail et les oignons, lavez le persil. Hachez-le tout finement.

Farcissez les sardines avec ce mélange, puis salez et poivrez.

Dans une poêle, faites dorer les sardines 5 minutes dans l'huile d'olive.

Saucisses aux lentilles

Préparation : 20 minutes ■ Cuisson : 40 minutes ■ Budget : ★ Difficulté : ★

Pour 4 personnes

- 4 saucisses de Toulouse
- 300 g de lentilles vertes
- 1 cuil. à soupe d'huile d'olive
- 2 oignons
- 1 carotte
- 2 gousses d'ail
- 1 branche de céleri
- Persil plat
- Sel et poivre

Découpez en petits morceaux les oignons, la carotte, l'ail et le céleri.

Dans une cocotte, versez l'huile d'olive et faites-y revenir les saucisses pour bien les colorer sur toutes les faces. Retirez les saucisses de la cocotte et réservez.

Placez dans la cocotte les oignons, la carotte et le céleri et faites-les revenir doucement. Au bout de 5 minutes, ajoutez les lentilles et l'ail et mouillez à hauteur avec de l'eau. Salez, poivrez.

Laissez cuire 30 minutes à feu doux.

Ajoutez les saucisses et faites-les mijoter 10 minutes de plus avec les lentilles.

Parsemez de persil ciselé.

Saumon au beurre d'épices

Préparation : 10 minutes ■ Cuisson : 20 minutes ■ Budget : ★ ★ ★ Difficulté : ★

Pour 4 personnes

- 4 pavés de saumon
- 2 verres de vin blanc sec
- 100 g de beurre pommade
- 2 cuil. à soupe de vinaigre de Xérès
- 1 cuil. à café de curry
- 1 cuil. à café de gingembre
- 1 cuil. à café de coriandre en poudre
- 1 cuil. à soupe de miel d'acacia

Incorporez les épices au beurre et mélangez bien.

Préchauffez le four à 210 °C (th. 7).

Placez les pavés de saumon dans un plat allant au four et arrosez-les de vin blanc.

Tartinez les pavés de saumon de beurre aux épices et enfournez 20 minutes.

Récupérez le jus de cuisson du poisson et mélangez-le au miel et au vinaigre dans une petite casserole. Faites réduire de moitié sur feu vif.

Versez cette sauce sur le poisson avant de servir.

Saumon mariné à la bière

Préparation : 10 minutes ■ Cuisson : 10 minutes ■ Budget : ★ Difficulté : ★ ★

Pour 4 personnes

- 400 g de saumon frais tranché en carpaccio
- 8 filets d'anchois à l'huile d'olive
- 18 cl de bière
- 30 cl d'huile d'olive
- Estragon
- Persil plat
- Ciboulette
- 4 tranches de pain de campagne
- Fleur de sel
- 10 grains de poivre
- Poivre en poudre

Disposez les tranches de saumon dans un plat creux.

Dans un bol, mélangez l'huile d'olive et la bière. Recouvrez le saumon avec cette préparation, poivrez abondamment et laissez mariner 30 minutes de chaque côté.

Préchauffez votre four sur la position gril.

Mixez l'estragon, le persil et la ciboulette avec les anchois, les grains de poivre et un filet d'huile d'olive. Badigeonnez les tranches de pain de campagne avec cette sauce puis faites-les dorer sous le gril du four (quelques minutes).

Au moment de servir, égouttez le saumon et déposez-le sur les tartines de pain chaudes. Parsemez de fleur de sel.

Serpentinis aux poivrons et au chèvre

Préparation : 15 minutes ■ Cuisson : 10 minutes ■ Budget : ★ ★ Difficulté : ★

Pour 4 personnes

- 500 g de serpentinis
- 1 poivron rouge
- 1 poivron vert
- 150 g de chèvre frais
- 2 cuil. à soupe d'huile d'olive
- 2 cuil. à soupe de crème liquide
- Sel et poivre

Coupez les poivrons en dés. Faites-les fondre dans une poêle avec l'huile d'olive, environ 10 minutes sur feu doux.

Faites cuire les pâtes.

Pendant ce temps, prenez 3 cuil. à soupe d'eau de cuisson des pâtes et versez-les sur les poivrons. Ajoutez le chèvre, la crème et mélangez le tout sur feu vif. Assaisonnez.

Égouttez les pâtes et mélangez-les à la sauce. Rectifiez l'assaisonnement et servez immédiatement.

Soufflés au fromage de chèvre

Préparation : 15 minutes ■ Cuisson : 25 minutes ■ Budget : ★ Difficulté : ★

Pour 4 personnes

- 200 g de fromage blanc
- 100 g de fromage de chèvre frais
- 5 œufs
- Huile d'olive
- Sel et poivre

Préchauffez votre four à 210 °C (th. 7).

Mixez le fromage blanc avec le fromage de chèvre frais.

Séparez les jaunes d'œufs des blancs. Ajoutez les jaunes d'œufs au mélange, salez et poivrez selon vos goûts.

Battez les blancs d'œufs en neige très ferme et incorporez-les délicatement au fromage.

Huilez quatre ramequins et répartissez-y le mélange.

Faites cuire au bain-marie pendant 25 minutes.

Soufflé de carottes

Préparation : 1 heure ■ Cuisson : 35 minutes ■ Budget : ★ Difficulté : ★

Pour 4 personnes

- 250 ml de lait
- 150 g de gouda au cumin
- 50 g de beurre
- 50 g de farine
- 8 carottes
- 2 pommes de terre
- 5 œufs
- Sel et poivre

Épluchez les carottes et les pommes de terre. Faites-les cuire 20 minutes dans de l'eau bouillante puis écrasez-les en purée.

Séparez les blancs d'œufs des jaunes. Montez les blancs en neige bien ferme avec une pincée de sel et réservez.

Préparez la béchamel : dans une casserole, faites fondre le beurre et ajoutez la farine. Laissez chauffer en mélangeant bien, pour que la préparation soit homogène. Ajoutez lentement le lait, toujours en remuant.

Découpez le gouda en petits dés et incorporez-les dans la sauce. Ajoutez les jaunes d'œufs. Mélangez jusqu'à ce que le fromage ait complètement fondu. Ajoutez alors la purée de carottes, salez et poivrez. Laissez refroidir avant d'incorporer doucement à la spatule les blancs en neige.

Préchauffez le four à 200 °C (th. 6-7). Versez cette préparation dans un moule à soufflé beurré. Enfournez environ 35 minutes, jusqu'à ce que le soufflé soit bien doré.

Soufflés au chou-fleur

Préparation : 15 minutes ■ Cuisson : 25 minutes ■ Budget : ★ Difficulté : ★

Pour 4 personnes

- 400 g de chou-fleur
- 150 g de gruyère râpé
- 50 g de beurre
- 10 cl de lait
- 4 œufs
- Noix de muscade
- Sel et poivre

Faites cuire le chou-fleur 10 minutes à la vapeur. Écrasez-le en purée. Salez et poivrez selon vos goûts.

Préchauffez le four à 180 °C (th. 6).

Séparez les blancs des jaunes d'œufs, réservez les jaunes. Montez les blancs en neige ferme avec une pincée de sel.

Mélangez les jaunes d'œufs, le beurre, le gruyère râpé et le lait avec la purée de chou-fleur. Ajoutez la noix de muscade. Incorporez doucement les blancs en neige.

Beurrez quatre petits moules à soufflé et répartissez-y la préparation.

Placez au four et laissez cuire 25 minutes.

Soupe à la betterave

Préparation : 30 minutes ■ Cuisson : 1 heure ■ Budget : ★ Difficulté : ★

Pour 4 personnes

- 3 betteraves rouges
- 1 chou blanc
- 3 poireaux
- 2 oignons
- 40 g de beurre
- 10 g de sucre
- 2 cubes de bouillon de volaille
- 3 cuil. à soupe de vinaigre
- Aneth
- Persil
- Sel et poivre

Pelez les betteraves et coupez-les en cubes. Émincez le chou, rincez-le et égouttez-le. Lavez les poireaux et découpez-les en lamelles. Essuyez-les avec du papier absorbant. Pelez et hachez les oignons.

Dans une cocotte, faites revenir les oignons dans le beurre pendant 5 minutes en remuant régulièrement. Lorsqu'ils sont bien dorés, ajoutez-y les betteraves, le chou et les poireaux. Saupoudrez avec le sucre en poudre et versez le vinaigre. Mélangez bien et laissez cuire 3 minutes.

Ajoutez les cubes de bouillon de volaille et 2,5 l d'eau. Salez et poivrez.

Laissez cuire à petit feu pendant 1 heure.

Avant de servir, parsemez de persil et d'aneth ciselés.

Soupe chinoise au poulet

Préparation : 15 minutes ■ Cuisson : 20 minutes ■ Budget : ★★ Difficulté : ★

Pour 4 personnes

- 4 blancs de poulet
- 200 g de nouilles chinoises
- 1 cuil. à soupe d'huile
- 1 gousse d'ail
- 1 oignon émincé
- 1 carotte coupée en bâtonnets
- 100 g de pousses de soja
- 100 cl de bouillon de volaille
- Quelques gouttes de Tabasco
- ½ cuil. à café de gingembre en poudre
- 1 cuil. à soupe de sauce soja
- 3 ou 4 champignons noirs

Coupez le poulet en lamelles.

Faites chauffer l'huile dans une cocotte et faites-y revenir le poulet avec l'ail, l'oignon et les légumes.

Ajoutez le bouillon et laissez cuire 15 minutes.

Ajoutez les nouilles et les champignons puis laissez cuire 5 minutes.

Assaisonnez avec le Tabasco, le gingembre et la sauce soja. Servez aussitôt.

Soupe de poisson

Préparation : 30 minutes ■ Cuisson : 45 minutes ■ Budget : ★ ★ Difficulté : ★ ★

Pour 4 personnes

- 500 g de filets de poisson en morceaux (rouget, bar, merlan)
- 100 g de crevettes roses
- 3 oignons
- 3 gousses d'ail
- 2 poireaux
- 3 tomates
- 2 cubes de bouillon de volaille
- 3 cuil. à soupe d'huile d'olive
- Laurier
- Thym
- Poivre

Émincez finement les poireaux et les oignons. Hachez les gousses d'ail.

Dans une cocotte, faites revenir le tout dans l'huile d'olive. Ajoutez les tomates coupées en petits dés et le fenouil et laissez cuire 5 minutes à feu moyen.

Préparez le bouillon de volaille en réhydratant les cubes dans de l'eau bouillante, versez-le dans la cocotte et mélangez bien. Ajoutez le laurier, le céleri et le poivre et laissez chauffer à feu doux 20 minutes.

Ajoutez les morceaux de poisson et les crevettes découpées en petits cubes et laissez cuire à petits bouillons 15 minutes.
Mixez et servez immédiatement.

Soupe Miso

Préparation : 15 minutes ■ Cuisson : 20 minutes ■ Budget : ★ Difficulté : ★

Pour 6 personnes

- 8 cuil. à soupe de miso
- 1 cuil. à café d'huile de tournesol
- 2 gousses d'ail hachées
- 1 oignon émincé
- 1 cuil. à café de gingembre en poudre
- 2 carottes
- 100 g de champignons

Râpez les carottes.

Émincez les champignons.

Faites chauffer l'huile dans une casserole puis ajoutez l'ail et l'oignon. Faites-les revenir jusqu'à ce qu'ils blondissent.

Ajoutez le gingembre, les carottes et les champignons.

Laissez cuire 10 minutes.

Faites fondre le miso dans 1 l d'eau et ajoutez les légumes.

Faites cuire 5 minutes mais veillez à ce que la soupe ne bouille pas. Servez aussitôt.

Spaghettis ail, huile et piment

Préparation : 15 minutes ■ Cuisson : 10 minutes ■ Budget : ★

Pour 4 personnes

- 500 g de spaghettis
- 4 gousses d'ail
- ½ bouquet de persil plat ciselé
- 3 cuil. à soupe d'huile d'olive
- 1 piment
- Sel et poivre

Pelez et émincez l'ail. Émiettez le piment.

Faites cuire les spaghettis.

Pendant ce temps, faites revenir l'ail et le piment dans l'huile d'olive.

Égouttez les pâtes et mettez-les dans la poêle. Parsemez de persil, assaisonnez et mélangez soigneusement.

Servez aussitôt, éventuellement accompagné de parmesan.

Taboulé express

Préparation : 15 minutes ■ Budget : ★ Difficulté : ★

Pour 2 personnes

- 250 g de semoule
- 3 tomates
- 1 concombre
- 2 oignons
- 1 poivron vert
- Le jus de 1 citron
- 5 cuil. à soupe d'huile d'olive
- Sel et poivre

Lavez, séchez et râpez le concombre. Mixez finement les oignons et le poivron. Lavez et séchez les tomates, pelez-les puis coupez-les en petits cubes.

Dans un saladier, versez la semoule. Ajoutez-y le concombre, les oignons, le poivron et les tomates. Versez 5 cuil. à soupe d'huile d'olive et le jus d'un citron.

Salez et poivrez selon vos goûts. Mélangez bien. Placez au frais.

Tajine de poulet au citron confit

Préparation : 30 minutes ■ Cuisson : 1 heure ■ Budget : ★ Difficulté : ★ ★

Pour 4 personnes

- 4 cuisses de poulet
- 300 g d'olives vertes
- 50 g de cumin
- 50 g de curcuma
- 30 g de coriandre
- 10 g de cannelle
- 10 g de gros sel
- 10 g de poivre noir
- 6 tranches de citron confit
- 5 oignons blancs
- 2 gousses d'ail
- Gingembre frais
- 3 feuilles de laurier
- ½ cuil. à café de piment de Cayenne
- Huile d'olive

Dans une sauteuse, faites dorer les cuisses de poulet dans l'huile d'olive avec les oignons coupés en grosses lamelles.

Préchauffez le four à 180 °C (th. 6).

Dans une cocotte en fonte, placez les cuisses de poulet et ajoutez-y les gousses d'ail hachées, le gingembre râpé, le gros sel, les épices, le laurier, les olives et les tranches de citron. Versez de l'eau bien chaude jusqu'à recouvrir totalement la viande. Mélangez bien avant de couvrir et placez la cocotte au four. Laissez cuire pendant environ 1 heure.

Vérifiez régulièrement qu'il reste du liquide dans la cocotte et que la viande soit bien tendre en piquant avec une fourchette.

Tartare de courgettes

Préparation : 35 minutes ■ Repos : 1 heure ■ Budget : ★ Difficulté : ★

Pour 4 personnes

- 4 courgettes
- 4 tomates
- 150 g d'olives vertes
- 30 g de pesto
- 4 cuil. à soupe d'huile d'olive
- Ciboulette
- Sel et poivre

Lavez et essuyez les courgettes. Pelez-les, coupez-les en deux dans le sens de la longueur, enlevez les graines et coupez-les en petits dés.

Avec un couteau bien pointu, faites une croix sur les tomates, puis plongez-les dans une casserole d'eau bouillante pendant 2 minutes. Passez-les sous l'eau froide et pelez-les. Coupez les tomates en deux, enlevez les pépins et hachez la pulpe.

Dénoyautez les olives et hachez-les. Mélangez soigneusement les dés de courgettes, la pulpe des tomates, la purée d'olives, l'huile d'olive, le pesto et la ciboulette hachée. Salez, poivrez.

Remplissez quatre ramequins avec cette préparation puis retournez-les sur des assiettes et démoulez. Conservez au frais 1 heure.

Tartare de thon à la fleur de sel

Préparation : 10 minutes ■ Repos : 1 heure ■ Budget : ★ ★ Difficulté : ★ ★

Pour 2 personnes

- 200 g de filet de thon rouge extrafrais
- 2 oignons
- 2 cuil. à soupe d'huile d'olive
- Fleur de sel
- Poivre noir

Placez le filet de thon au congélateur pendant 15 minutes pour le durcir puis hachez-le de façon grossière.

Émincez finement les oignons.

Saupoudrez le hachis de thon de fleur de sel, ajoutez les oignons émincés et mélangez délicatement. Couvrez d'un film transparent et placez 1 heure au frais.

Avant de servir, ajoutez l'huile d'olive et poivrez selon vos goûts.

Tarte au fromage de chèvre mentholée

Préparation : 15 minutes ■ Cuisson : 30 minutes ■ Budget : ★ Difficulté : ★

Pour 6 personnes

- 1 pâte brisée
- 20 ml de lait
- 20 ml de crème fraîche épaisse
- 200 g de fromage de chèvre frais
- 4 œufs
- 1 bouquet de menthe fraîche ciselé
- Sel et poivre

Préchauffez le four à 200 °C (th. 6-7).

Battez les œufs et incorporez-y le lait, la crème et le fromage de chèvre émietté. Assaisonnez.

Étalez la pâte dans un plat à tarte beurré et fariné puis piquez le fond à la fourchette.

Versez-y la préparation aux œufs et parsemez de menthe.

Faites cuire 30 minutes.

À déguster aussi bien chaud que froid.

Tarte aux brocolis

Préparation : 30 minutes ■ Cuisson : 30 minutes ■ Budget : ★ Difficulté : ★

Pour 4 personnes

- 1 pâte brisée
- 400 g de brocolis
- 150 g de lardons
- 75 g de bleu d'Auvergne
- 40 cl de crème fraîche liquide
- Beurre
- 2 œufs
- Noix de muscade
- Sel et poivre

Préchauffez votre four à 180 °C (th. 6). Coupez les tiges des brocolis. Divisez les bouquets en petits morceaux et lavez-les soigneusement. Égouttez sur du papier absorbant.

Dans une poêle, faites revenir les lardons dans leur propre matière grasse jusqu'à ce qu'ils soient bien dorés puis placez-les sur du papier absorbant pour ôter le surplus de graisse.

Dans un saladier, mélangez les œufs, la crème fraîche et le bleu émietté. Ajoutez une pincée de noix de muscade. Salez et poivrez selon vos goûts.

Étirez la pâte brisée et placez-la dans un moule à tarte beurré. Piquez le fond avec une fourchette.Déposez les brocolis et les lardons et versez par-dessus la préparation, en nappant bien. Placez au four et laissez cuire 30 minutes.

Tarte aux deux jambons

Préparation : 20 minutes ■ Cuisson : 30 minutes ■ Budget : ★ Difficulté : ★

Pour 4 personnes

- 1 pâte brisée
- 4 œufs
- 150 g de jambon cru
- 150 g de jambon blanc
- 100 g de gruyère râpé
- 15 cl de crème fraîche
- 20 cl de lait
- Beurre
- Farine
- Sel et poivre

Dans un moule à tarte beurré et fariné, déposez la pâte brisée et piquez le fond avec une fourchette.

Préchauffez le four à 180 °C (th. 6).

Hachez finement les tranches de jambon. Garnissez la tarte en répartissant le hachis de jambon et saupoudrez de gruyère râpé.

Mélangez la crème fraîche, le lait et les œufs. Salez et poivrez. Recouvrez la pâte à tarte de ce mélange.

Placez au four 30 minutes.

Tarte aux fromages

Préparation : 15 minutes ■ Cuisson : 40 minutes ■ Budget : ★ Difficulté : ★

Pour 6 personnes

- 1 pâte brisée
- 200 g de restes de fromages
- 3 œufs
- 10 cl de lait
- 10 cl de crème liquide
- Poivre

Préchauffez le four à 180 °C (th. 6).

Étalez la pâte dans un plat à tarte beurré et fariné puis piquez le fond à la fourchette.

Faites-la précuire 10 minutes.

Coupez les fromages en dés et disposez-les sur le fond de pâte.

Battez les œufs puis incorporez-y le lait et la crème liquide. Assaisonnez.

Versez cette préparation sur le fromage et enfournez 30 minutes.

Servez aussitôt.

Tarte aux fruits de mer

Préparation : 30 minutes ■ Cuisson : 45 minutes ■ Repos : 1 heure ■ Budget : ★★
Difficulté : ★ ★

Pour 2 personnes

Pour la pâte
- 125 g de farine
- 60 g de beurre
- 1 œuf
- Safran
- Sel
- Beurre (pour le moule)
- Farine (pour le moule)

Pour la garniture
- 500 g de coques
- 500 g de moules
- 100 g de crevettes roses
- 100 g de pétoncles
- 50 g de farine
- 50 g de beurre
- 20 cl de vin blanc
- Poivre

Pour la pâte : mélangez la farine et le beurre ramolli. Ajoutez l'œuf et une pincée de safran et de sel. Malaxez et formez une boule. Placez au frais pendant 1 heure.

Dans une cocotte, versez le vin et faites chauffer. Placez-y coques, moules et pétoncles, laissez cuire quelques minutes jusqu'à ce que les coquillages soient ouverts. Décortiquez-les ainsi que les crevettes. Filtrez le jus et réservez. Dans une casserole, faites fondre le beurre et ajoutez la farine. Laissez épaissir en remuant. Ajoutez le jus de cuisson. Poivrez.

Préchauffez le four à 180 °C (th. 6). Étalez la pâte brisée dans un moule à tarte beurré et fariné. Piquez-la et faites-la cuire à vide pendant 15 minutes.

Sortez la pâte et ajoutez les coquillages et les crevettes. Nappez de sauce et placez au four. Laissez cuire 25 minutes de plus.

Tarte aux noix

Préparation : 15 minutes ■ Cuisson : 30 minutes ■ Budget : ★ Difficulté : ★ ★

Pour 6 personnes

- 1 pâte sablée
- 200 g de noix
- 50 g de beurre fondu
- 2 œufs
- 75 g de sucre
- 10 cl de crème fraîche épaisse

Préchauffez le four à 200 °C (th. 6-7).

Étalez la pâte dans un plat à tarte beurré et fariné puis piquez le fond à la fourchette.

Mixez grossièrement les noix.

Battez les œufs avec le sucre jusqu'à ce que le mélange mousse.

Incorporez la crème, le beurre fondu et les noix. Mélangez bien.

Versez sur le fond de tarte et enfourner 30 minutes. Dégustez tiède ou froid.

Tarte aux oignons

Préparation : 15 minutes ■ Cuisson : 30 minutes ■ Budget : ★ Difficulté : ★

Pour 6 personnes

- 1 rouleau de pâte brisée
- 80 g de margarine en morceaux
- 500 g d'oignons coupés en lanières
- 20 cl de crème liquide
- 10 cl de lait
- 2 œufs
- Sel et poivre

Préchauffez le four à 200 °C (th. 6-7).

Étalez la pâte dans un plat à tarte beurré et fariné puis piquez le fond à la fourchette.
Faites-la précuire 10 minutes.

Faites chauffer dans une poêle 1 cuil. à soupe de margarine.

Faites-y suer les oignons jusqu'à ce qu'ils soient translucides. Laissez-les refroidir.
Répartissez les oignons sur la pâte.

Battez les œufs puis incorporez-y la crème et le lait. Salez et poivrez. Versez la préparation sur la garniture.

Enfournez 30 minutes puis servez aussitôt.

Tarte carnivore aux légumes

Préparation : 40 minutes ■ Cuisson : 25 minutes ■ Budget : ★ ★ Difficulté : ★

Pour 6 personnes

- 1 pâte feuilletée
- 200 g de bœuf haché
- 200 g de porc haché
- 2 courgettes
- 2 carottes
- 1 poivron rouge
- 1 poivron vert
- 1 oignon
- 2 gousses d'ail
- 25 cl de crème liquide
- 2 œufs
- 2 cuil. à soupe de pesto
- 2 cuil. à café de raz-el-hanout
- Huile d'olive
- Sel et poivre

Préchauffez le four à 210 °C (th. 7). Pelez et coupez les légumes. Pelez et hachez l'oignon et l'ail. Faites-les revenir dans 2 cuil. à soupe d'huile d'olive et ajoutez les légumes. En cours de cuisson, incorporez le pesto, le raz-el-hanout, salez et poivrez.

Mélangez les viandes dans un saladier et assaisonnez-les. Faites-les revenir dans un peu d'huile.

Étalez la pâte dans un plat à tarte beurré et fariné puis piquez le fond à la fourchette. Versez-y les légumes puis la viande.

Battez les œufs et incorporez-y la crème. Assaisonnez et versez sur la tarte.
Faites cuire 25 minutes. Servez aussitôt.

Tarte fine à la tomate

Préparation : 10 minutes ■ Cuisson : 30 minutes ■ Budget : ★ Difficulté : ★

Pour 4 personnes

- 1 pâte feuilletée
- 300 g de tomates cerise
- 100 g de gruyère râpé
- 15 g de moutarde
- Thym
- Romarin
- Beurre
- Farine

Préchauffez le four à 220 °C (th. 7-8).

Beurrez et farinez le moule à tarte. Étalez la pâte feuilletée et déposez-la dans le moule. Tartinez le fond de la pâte avec la moutarde.

Coupez les tomates en fines rondelles et recouvrez-en entièrement la pâte.

Saupoudrez le gruyère râpé. Parsemez le tout de thym et de romarin.

Enfournez 30 minutes, jusqu'à ce que le fromage soit légèrement gratiné.

Tarte Tatin tomates et herbes de Provence

Préparation : 25 minutes ■ Cuisson : 50 minutes ■ Budget : ★ Difficulté : ★

Pour 6 personnes

- 8 feuilles de brick
- 6 tomates
- 4 cuil. à soupe d'herbes de Provence
- 50 g de beurre
- 250 g de mozzarella hachée
- Huile d'olive
- Sel et poivre

Préchauffez le four à 200 °C (th. 6-7).

Pelez et coupez les tomates en tranches. Beurrez un moule à tarte et déposez-y les tranches de tomates.
Arrosez-les d'un peu d'huile et saupoudrez d'herbes.

Faites cuire 30 minutes.

Nappez les tomates de mozzarella et assaisonnez.
Coupez les feuilles de brick de la taille du moule. À l'aide d'un pinceau, badigeonnez-les d'huile.

Superposez-les sur la mozzarella et enfournez 20 minutes.

Dès la sortie du four, retournez le moule sur un plat de service et servez aussitôt.

Tarte Tatin d'endives au chèvre

Préparation : 35 minutes ■ Cuisson : 1 h 05 ■ Budget : ★ Difficulté : ★

Pour 4 personnes

- 1 pâte brisée
- 1,5 kg d'endives
- 200 g de chèvre frais
- 125 g de sucre en poudre
- 100 g de beurre
- 2 cuil. à soupe de crème fraîche épaisse
- 2 cuil. à soupe de vinaigre de Xérès
- Le jus de 1 citron
- Sel et poivre
- Quelques feuilles de sauge

Faites fondre 25 g de beurre dans une sauteuse. Posez-y les feuilles d'endives, arrosez-les de jus de citron, salez, mouillez d'eau pour recouvrir les feuilles. Couvrez et laissez mijoter 40 minutes à feu doux. Égouttez les endives.
Faites blondir le reste de beurre avec le sucre. Versez le caramel dans un moule à tarte. Laissez-le refroidir. Déposez-y la moitié des endives en les faisant remonter le long des bords. Ajoutez une couche de chèvre et recouvrez avec le reste des endives. Rabattez les pointes de la première couche pour refermer le tout.
Préchauffez le four à 180 °C (th. 6). Étalez la pâte et découpez un cercle plus grand que le moule. Posez ce rond de pâte sur la tarte et ramenez les bords à l'intérieur du moule. Enfournez 25 minutes. Pendant ce temps, fouettez la crème fraîche avec le vinaigre et les feuilles de sauge ciselées. Salez, poivrez. Conservez au frais. Une fois que la tarte est bien dorée, retournez-la sur un plat et servez-la immédiatement avec la sauce fraîche.

Tartiflette

Préparation : 20 minutes ■ Cuisson : 45 minutes ■ Budget : ★ Difficulté : ★

Pour 6 personnes

- 1 reblochon et demi
- 1,2 kg de pommes de terre
- 200 g de lardons fumés
- 1 oignon
- Beurre
- 20 cl de vin blanc sec
- Beurre
- Sel et poivre

Faites cuire les pommes de terre dans de l'eau, avec leur peau. Épluchez-les et coupez-les en rondelles. Pelez et émincez l'oignon. Faites-le revenir dans une noisette de beurre. Ajoutez les lardons ainsi que les pommes de terre en prenant soin de ne pas trop les casser. Laissez chauffer 15 minutes puis ajoutez le vin et réajustez l'assaisonnement.

Préchauffez le four à 220 °C (th. 7-8).

Attendez 5 minutes que les pommes de terre absorbent le vin et transvasez le tout dans un plat à gratin.
Coupez des tranches épaisses de reblochon et posez-les sur les pommes de terre.

Enfournez pour 30 minutes. Servez aussitôt avec une salade verte.

Tartines aux sardines

Préparation : 15 minutes ■ Cuisson : 10 minutes ■ Budget : ★ ★ Difficulté : ★

Pour 4 personnes

- 4 grosses tranches de pain de campagne
- 2 boîtes de sardines à l'huile
- 200 g de sauce tomate
- 2 cuil. à café d'herbes de Provence
- Sel et poivre

Préchauffez le four à 210 °C (th. 7).

Mélangez la sauce tomate aux herbes de Provence. Salez et poivrez.

Écrasez les sardines à la fourchette puis incorporez-les à la sauce.

Disposez les tranches de pain sur la grille du four puis nappez-les de la préparation ci-dessus.

Enfournez 10 minutes puis servez aussitôt.

Tartines campagnardes

Préparation : 10 minutes ■ Cuisson : 10 minutes ■ Budget : ★★ Difficulté : ★

Pour 4 personnes

- 4 grosses tranches de pain de campagne
- 100 g de lardons allumettes
- 4 tranches épaisses de morbier

Préchauffez le four à 210 °C (th. 7).

Faites cuire les lardons dans une poêle sans matières grasses.

Disposez les tranches de pain sur la plaque du four.

Parsemez de lardons puis recouvrez d'une tranche de fromage.

Enfournez 10 minutes environ, jusqu'à ce que le fromage fonde et gratine un peu. Servez aussitôt.

Tartines italiennes

Préparation : 15 minutes ■ Cuisson : 8 minutes ■ Budget : ★ ★ Difficulté : ★

Pour 4 personnes

- 1 baguette
- 2 boules de mozzarella
- 8 tranches de jambon de Parme
- 4 cuil. à soupe de tapenade
- 2 tomates
- 1 gousse d'ail
- 5 cuil. à soupe d'huile d'olive
- Quelques feuilles de basilic

Préchauffez le four à 210 °C (th. 7).
Coupez la baguette en quatre et ouvrez chaque tronçon pour en faire des tartines. Frottez ensuite les tartines avec l'ail coupé en deux. Tartinez-les de tapenade.

Coupez les tomates et les boules de mozzarella en fines rondelles.

Disposez d'abord les tomates sur les tartines puis recouvrez de mozzarella.

Rajoutez les tranches de jambon en chiffonnade puis arrosez d'un filet d'huile d'olive.

Enfournez 8 minutes.

Avant de servir, parsemez de basilic ciselé.

Tartine chèvre noix

Préparation : 10 minutes ■ Cuisson : 5 minutes ■ Budget : ★ Difficulté : ★

Pour 1 personne

- 1 tranche de pain de campagne
- 50 g de chèvre frais
- 1 cuil. à café de crème fraîche
- ½ cuil. à soupe d'huile d'olive
- 2 noix
- Ciboulette
- Sel et poivre

Mélangez soigneusement la crème fraîche, le fromage de chèvre frais et l'huile d'olive.
Ajoutez les noix écrasées et la ciboulette finement ciselée.

Nappez la tranche de pain de cette préparation. Salez et poivrez selon vos goûts.

Déposez la tartine sur une plaque et passez-la sous le gril du four 5 minutes, jusqu'à ce que le fromage soit bien doré.

Tatin de chèvre aux tomates confites

Préparation : 15 minutes ■ Cuisson : 15 minutes ■ Budget : ★ Difficulté : ★

Pour 6 personnes

- 200 g de fromage de chèvre frais
- 1 rouleau de pâte brisée
- 200 g de tomates confites
- 10 feuilles de basilic ciselées
- 2 cuil. à soupe d'huile d'olive
- Sel et poivre

Préchauffez le four à 180 °C (th. 6).

Huilez le fond d'un moule et disposez le fromage de chèvre et les tomates confites.

Parsemez de basilic, salez, poivrez et recouvrez avec la pâte.

Enfournez 15 minutes.
Servez après avoir démoulé et retourné la tatin.

Terrine de betteraves au chèvre frais

Préparation : 35 minutes ■ Repos : 12 heures ■ Budget : ★ Difficulté : ★

Pour 4 personnes

- 4 betteraves cuites
- 2 fromages de chèvre frais
- 9 cl d'huile d'olive
- Le jus de 1 citron
- Sel et poivre

Coupez les betteraves en rondelles épaisses. Dans un bol, mélangez le jus d'un citron et l'huile d'olive. Écrasez les chèvres frais à la fourchette et incorporez-les à la préparation. Salez et poivrez selon vos goûts.

Tapissez un moule à cake de film plastique en laissant dépasser 5 cm de chaque côté.

Déposez une couche de betteraves, une couche de préparation et continuez en alternant les couches. Refermez le film plastique et couvrez avec un poids.

Terrine de légumes

Préparation : 30 minutes ■ Cuisson : 1 h 15 ■ Repos : 1 nuit ■ Budget : ★ Difficulté : ★

Pour 6 personnes

- 5 carottes
- 3 courgettes
- 150 g de brocolis
- 30 cl de crème liquide
- 4 œufs
- Sel et poivre

Préchauffez le four à 180 °C (th. 6).
Pelez et coupez les carottes et les courgettes en lamelles, dans le sens de la longueur.

Faites cuire les carottes et les brocolis à l'eau bouillante salée durant 15 minutes puis ébouillantez les courgettes.

Battez les œufs avec la crème. Assaisonnez.

Placez une grande feuille de papier sulfurisé dans le moule à cake. Au fond du moule, étalez un peu de crème. Placez ensuite les courgettes en les tassant bien puis remettez une couche de crème. Renouvelez l'opération avec les carottes. Recouvrez du restant de crème, placez les brocolis et fermez le papier cuisson. Enfournez une bonne heure, en ayant pris soin de placer le moule au bain-marie. Laissez refroidir et réservez au réfrigérateur une nuit.

Thon au curry

Préparation : 20 minutes ■ Cuisson : 15 minutes ■ Budget : ★ Difficulté : ★ ★

Pour 4 personnes

- 480 g de thon frais
- 16 cl de lait de coco
- 2 gros oignons
- Le jus de 2 citrons verts
- 2 cuil. à café d'huile d'olive
- Curry
- Sel

Retirez la peau du thon ainsi que l'arête centrale. Découpez la chair en petits cubes. Salez-les et arrosez-les du jus des citrons verts. Réservez.

Pelez et émincez les oignons. Faites-les revenir pendant 5 minutes à la poêle dans l'huile d'olive jusqu'à ce qu'ils commencent à dorer. Saupoudrez de curry et ajoutez le lait de coco. Mélangez bien. Laissez frémir pendant 2 minutes.

Égouttez les cubes de thon et posez-les dans la poêle, avec les oignons. Laissez cuire pendant 10 minutes en remuant bien.

Thon en cocotte express

Préparation : 10 minutes ■ Cuisson : 10 minutes ■ Budget : ★ Difficulté : ★ ★

Pour 4 personnes

- 400 g de thon au naturel
- 2 oignons
- 8 tomates
- 2 poivrons rouges
- 1 cuil. à soupe d'huile d'olive
- Sel et poivre

Émincez finement les oignons. Découpez également les tomates et les poivrons en petits dés.

Dans une poêle, faites rissoler les oignons dans de l'huile d'olive. Dès qu'ils sont dorés, ajoutez les cubes de poivrons et de tomates. Versez-y le thon. Salez, poivrez. Mélangez doucement avec une spatule.

Laissez cuire 5 minutes à couvert puis encore 5 minutes à découvert pour laisser évaporer le trop plein de jus.

Toasts aux échalotes confites

Préparation : 20 minutes ■ Cuisson : 30 minutes ■ Budget : ★ Difficulté : ★

Pour 4 à 6 personnes

- 5 échalotes
- 200 g de haricots verts
- 10 toasts
- Huile d'olive
- Sel et poivre

Préchauffez le four à 180 °C (th. 6).

Pelez les échalotes et disposez-les dans un plat pouvant aller au four.

Enfournez les échalotes 30 minutes avec un filet d'huile d'olive, du sel et du poivre.

Plongez les haricots verts dans une grande casserole d'eau bouillante salée 8 minutes. Égouttez-les puis coupez-les en petits morceaux

Émincez les échalotes et mélangez-les aux haricots verts.

Disposez cette préparation sur les toasts et dégustez aussitôt.

Toasts jambon-fromage

Préparation : 10 minutes ■ Cuisson : 5 minutes ■ Budget : ★ Difficulté : ★

Pour 10 toasts

- 4 tranches de pain de campagne
- 2 tranches de jambon cru
- 1 bûche de chèvre

Préchauffez le gril du four.

Coupez les tranches de jambon en deux et déposez-les sur les tranches de pain.

Déposez trois rondelles de bûche sur chaque tartine et enfournez 5 minutes. Servez bien chaud.

Toasts sucrés-salés

Préparation : 10 minutes ■ Cuisson : 10 minutes ■ Budget : ★ Difficulté : ★

Pour 16 toasts

- 1 bûche de chèvre
- 4 quartiers de figues
- 4 cuil. à café de confiture d'oignons
- 2 tranches fines de lard
- 8 tomates cerise

Découpez en deux les tomates cerise, les tranches de lard, les quartiers de figues puis la bûche en seize tranches.

Préchauffez le four à 180 °C (th. 6).

Sur la plaque du four, étalez les toasts et disposez sur quatre toasts quatre moitiés de tomates, sur quatre autres un peu de confiture d'oignons, sur quatre autres deux morceaux de quartiers de figues et sur les quatre derniers le lard.

Recouvrez chaque toast d'une tranche de chèvre.

Enfournez 10 minutes et servez aussitôt.

Tomates au pesto

Préparation : 15 minutes ■ Budget : ★ Difficulté : ★

Pour 4 personnes

- 4 tomates
- 30 g d'amandes entières
- 30 g de parmesan
- 30 g de basilic
- 30 cl d'huile d'olive
- Poivre

Coupez les tomates en rondelles.

Mixez les amandes, le basilic, le parmesan puis ajoutez l'huile en filet. Poivrez.

Nappez les tomates de pesto et servez bien frais.

Tomates au roquefort

Préparation : 10 minutes ■ Budget : ★ Difficulté : ★

Pour 24 pièces

- 24 tomates cerise
- 50 g de roquefort
- 25 g de crème fraîche épaisse
- 1 petit bouquet de ciboulette émincée
- Poivre du moulin

Ôtez une petite calotte à chaque tomate afin de la vider.

Mixez le roquefort avec la crème fraîche.

Ajoutez la ciboulette et assaisonnez.

Farcissez chaque tomate de cette préparation.

Tomates farcies

Préparation : 15 minutes ■ Cuisson : 40 minutes ■ Budget : ★ Difficulté : ★

Pour 4 personnes

- 8 tomates
- 500 g de farce
- 100 g de chapelure
- 100 g de gruyère râpé
- Huile d'olive
- Sel et poivre

Lavez les tomates et coupez le haut, comme un chapeau.

Évidez les tomates à l'aide d'une cuillère sans abîmer la peau. Réservez la pulpe. Salez l'intérieur, retournez les tomates et laissez-les dégorger 10 minutes.

Préchauffez le four à 220 °C (th. 7-8).

Émiettez la farce, mélangez-la avec la pulpe des tomates et le gruyère râpé. Farcissez les tomates avec cette préparation.

Saupoudrez de chapelure et d'un peu de gruyère râpé, remettez les chapeaux. Poivrez légèrement, arrosez les tomates de 5 cuil. à soupe d'huile d'olive et placez au four. Laissez cuire 40 minutes.

Tomates farcies au crabe

Préparation : 15 minutes ■ Budget : ★ Difficulté : ★

Pour 4 personnes

- 4 grosses tomates bien fermes
- 150 g de chair de crabe
- 1 cuil. à soupe de jus de citron
- 1 cuil. à soupe de ciboulette ciselée
- 4 cuil. à soupe de mayonnaise
- Sel et poivre

Coupez les tomates aux trois quarts de leur hauteur, côté pédoncule. Videz-les et réservez-les au frais.

Mélangez le crabe à la mayonnaise. Ajoutez le jus de citron et la ciboulette. Salez et poivrez.

Remplissez les tomates avec le crabe et recouvrez-les de leur petit chapeau.

Tortellinis à la sauce piquante

Préparation : 5 minutes ■ Cuisson : 20 minutes ■ Budget : ★ Difficulté : ★

Pour 4 personnes

- 400 g de tortellinis frais à la ricotta et aux épinards
- 2 cuil. à soupe d'huile d'olive
- 1 cuil. à soupe d'huile piquante
- 30 cl de coulis de tomate
- Une dizaine de feuilles de basilic
- 1 gousse d'ail
- 1 oignon
- 2 cuil. à soupe d'herbes de Provence

Épluchez et émincez l'ail et l'oignon. Faites-les revenir dans une casserole avec l'huile d'olive.

Ajoutez dans la casserole le coulis de tomate, l'huile piquante et les herbes de Provence. Laissez mijoter 20 minutes.

Pendant ce temps, faites cuire les pâtes.

Égouttez-les, mélangez-les à la sauce et ajoutez le basilic. Servez aussitôt.

Tortiglionis au pesto et au chèvre

Préparation : 30 minutes ■ Cuisson : 20 minutes ■ Budget : ★ ★ Difficulté : ★

Pour 4 personnes

- 500 g de tortiglionis
- 1 courgette
- 1 petit poivron rouge
- 1 oignon
- 2 tomates
- 4 cuil. à soupe de pesto
- 250 g de chèvre frais
- Une dizaine de feuilles de basilic
- Sel et poivre

Coupez la courgette en fines rondelles et le poivron en fines lamelles.

Épluchez et émincez l'oignon.

Épluchez et coupez en petits dés les tomates.

Faites revenir les courgettes avec 1 cuil. à soupe de pesto durant 5 minutes. Ajoutez l'oignon, le poivron et le restant de pesto. Laissez cuire 10 minutes à feu doux avec le couvercle.

Pendant ce temps, faites cuire les pâtes. Égouttez-les.

Plongez-les dans la sauce, ajoutez le chèvre émietté, le basilic ciselé et mélangez sur le feu durant 2 minutes. Servez aussitôt.

Tortiglionis aux légumes

Préparation : 15 minutes ■ Cuisson : 20 minutes ■ Budget : ★ Difficulté : ★

Pour 4 personnes

- 500 g de tortiglionis
- 1 cube de bouillon de légumes
- ½ courgette
- ½ aubergine
- 1 carotte
- 1 oignon
- 3 gousses d'ail
- 300 g de tomates concassées
- 1 cuil. à café d'origan
- 1 cuil. à café de thym
- 1 cuil. à café de basilic ciselé
- 2 cuil. à soupe d'huile d'olive
- Sel et poivre

Émincez menu les légumes : courgette, aubergine, carotte.

Pelez et hachez l'ail et l'oignon. Faites-les revenir dans l'huile d'olive et ajoutez les légumes.

Au bout de 5 minutes, émiettez le cube de bouillon et ajoutez les herbes et les tomates. Laissez mijoter 15 minutes.

Pendant ce temps, faites cuire les pâtes. Égouttez-les, plongez-les dans la sauce, assaisonnez et mélangez. Servez aussitôt.

Tournedos à la crème fraîche et à la moutarde

Préparation : 10 minutes ■ Cuisson : 10 minutes ■ Budget : ★ ★ ★ Difficulté : ★

Pour 2 personnes

- 2 tournedos
- 15 cl de crème fraîche épaisse
- 2 cuil. à soupe de moutarde forte
- 1 échalote
- 2 cuil. à soupe d'huile d'olive
- ¼ litre de vin blanc
- Sel et poivre

Pelez et émincez l'échalote.

Faites-la blondir dans un peu d'huile.

Ajoutez le vin blanc et laissez réduire de moitié.

Ajoutez la crème fraîche et la moutarde forte. Assaisonnez et laissez chauffer en mélangeant.

Faites griller les tournedos et servez-les nappés de sauce.

Tournedos de bœuf au Boursin

Préparation : 15 minutes ■ Cuisson : 5 minutes ■ Budget : ★ ★ ★ Difficulté : ★

Pour 4 personnes

- 4 tournedos de bœuf
- 2 Boursin
- 20 cl de crème liquide
- 4 cuil. à café de fond de veau déshydraté
- Beurre

Préparez la sauce en mélangeant dans une casserole le fond de veau et une petite tasse d'eau. Faites chauffer jusqu'à l'obtention d'une sauce lisse.

Ajoutez le Boursin et mélangez jusqu'à ce qu'il soit complètement fondu.

Incorporez la crème liquide et faites chauffer encore 2 minutes.

Faites fondre une noisette de beurre dans une poêle et saisissez les tournedos le temps que nécessite la cuisson que vous préférez. Salez, poivrez et servez nappé de sauce.

Tourte forestière

Préparation : 25 minutes ■ Cuisson : 50 minutes ■ Budget : ★ Difficulté : ★

Pour 6 personnes

- 2 pâtes feuilletées
- 1 oignon
- 300 g de champignons de Paris
- 4 tranches de jambon blanc
- 125 g de gruyère râpé
- 20 cl de crème liquide
- 2 cuil. à soupe d'huile d'olive
- Sel et poivre

Préchauffez le four à 210 °C (th. 7). Pelez et émincez l'oignon. Émincez les champignons. Faites revenir l'oignon dans l'huile puis ajoutez les champignons. Faites cuire 10 minutes.

Ajoutez le jambon coupé en dés et faites revenir 5 minutes de plus.

Enfin, ajoutez le gruyère râpé puis la crème. Laissez encore mijoter 2 minutes.

Étalez une pâte dans un plat à tarte beurré et fariné puis piquez le fond à la fourchette. Faites-la précuire 10 minutes. Garnissez-la de la préparation puis recouvrez de l'autre pâte.

Faites cuire 25 minutes et servez aussitôt.

Truites en papillote

Préparation : 5 minutes ■ Cuisson : 15 minutes ■ Budget : ★★ Difficulté : ★

Pour 4 personnes

- 4 truites vidées
- Le jus de 1 citron
- 4 cuil. à soupe d'huile d'olive
- 2 cuil. à soupe d'herbes de Provence

Préchauffez le four à 210 °C (th. 7).

Découpez quatre morceaux de papier aluminium pour y placer les truites.

Nappez-les d'huile d'olive, du jus de citron et des herbes de Provence.

Refermez le papier aluminium en papillote et enfournez 15 minutes. Servez aussitôt.

Tzatziki

Préparation : 10 minutes ■ Budget : ★ Difficulté : ★

Pour 2 personnes

- 1 concombre
- 2 gousses d'ail
- 1 bouquet de menthe ciselé
- 4 cuil. à soupe d'huile d'olive
- 1 yaourt grec au lait de brebis
- Sel et poivre

Râpez le concombre.

Ajoutez l'ail écrasé et la menthe. Mélangez bien

Incorporez le yaourt, l'huile, du sel et du poivre puis mélangez. Réservez au frais jusqu'à dégustation.

Veau au cidre

Préparation : 25 minutes ■ Cuisson : 34 minutes ■ Budget : ★ Difficulté : ★ ★

Pour 4 personnes

- 4 grenadins de veau
- 100 g de beurre
- 25 cl de cidre brut
- 1 pomme
- 2 cuil. à soupe de vinaigre de cidre
- Sel et poivre

Pelez, épépinez et émincez la pomme en petites tranches. Placez les morceaux dans une casserole et arrosez-les avec le cidre. Salez et poivrez selon vos goûts. Laissez frémir à feu doux pendant 20 minutes.

Faites chauffer 20 g de beurre dans une poêle. Saisissez les grenadins de veau à feu vif, 2 minutes par face. Salez et poivrez selon vos goûts. Laissez cuire 10 minutes à feu très doux.

Mixez les pommes cuites puis ajoutez le reste de beurre, parcelle par parcelle, en remuant fermement jusqu'à ce que la sauce soit homogène.

Mettez les grenadins sur un plat chaud, déglacez la poêle au vinaigre de cidre et grattez le fond avec une spatule pour bien décoller les sucs de cuisson. Versez sur la viande avec la sauce pomme-cidre.

Velouté de carottes au cumin

Préparation : 10 minutes ■ Cuisson : 30 minutes ■ Budget : ★ Difficulté : ★

Pour 6 personnes

- 1 kg de carottes
- 1 pomme de terre moyenne
- 1 oignon
- 20 g de beurre
- 20 cl de crème liquide
- ½ cuil. à café de curry
- ½ cuil. à café de cumin
- Sel

Émincez l'oignon. Faites fondre le beurre dans une cocotte puis ajoutez l'oignon. Faites-le dorer.

Pelez et coupez les carottes et la pomme de terre en morceaux. Faites-les cuire avec l'oignon 5 minutes.

Ajoutez ¾ de litre d'eau, ainsi que le curry et le cumin. Recouvrez la casserole et faites cuire 20 minutes.

Mixez les légumes puis ajoutez la crème liquide. Assaisonnez selon le goût. Servez aussitôt.

Velouté de courgettes express

Préparation : 15 minutes ■ Cuisson : 15 minutes ■ Budget : ★ Difficulté : ★

Pour 4 personnes

- 4 courgettes
- 4 portions de fromage fondu (type Vache qui Rit)
- 30 g de crème fraîche
- 1 cube de bouillon de volaille
- Ciboulette
- Sel et poivre

Dans une grande casserole, portez à ébullition 1,5 l d'eau et ajoutez-y le cube de bouillon de volaille.

Lavez les courgettes et découpez-les en gros tronçons, en conservant la peau. Mettez-les dans l'eau bouillante et laissez cuire 15 minutes.

Ajoutez les portions de fromage, la crème fraîche et la ciboulette ciselée.

Passez au mixer jusqu'à obtention d'un velouté bien homogène. Salez et poivrez selon vos goûts. Servez bien chaud.

Velouté froid de betteraves

Préparation : 20 minutes ■ Cuisson : 15 minutes ■ Budget : ★ Difficulté : ★

Pour 4 personnes

- 2 betteraves cuites
- 1 gousse d'ail
- 1 cuil. à café d'huile d'olive
- 2 yaourts bulgares
- 1 quart de concombre
- Sel et poivre

Coupez les betteraves en morceaux puis mixez-les avec les yaourts, l'huile d'olive, le concombre, l'ail, le sel et le poivre.

Répartissez le velouté sur les assiettes et dégustez bien frais.

Véritables spaghettis bolognaises

Préparation : 20 minutes ■ Cuisson : 25 minutes ■ Budget : ★ ★ Difficulté : ★

Pour 4 personnes

- 500 g de spaghettis
- 150 g de veau haché
- 150 g de steak haché
- 1 boîte de tomates concassées
- 2 échalotes
- 10 feuilles de basilic
- 3 cuil. à soupe d'huile d'olive
- Sel et poivre

Égouttez les tomates.

Pelez et émincez les échalotes. Faites-les revenir dans une casserole avec l'huile d'olive et ajoutez-y les tomates. Assaisonnez.

Faites revenir dans une poêle la viande jusqu'à ce qu'elle soit cuite.

Ajoutez la sauce tomate et rectifiez l'assaisonnement.

Faites mijoter 20 minutes.
Pendant ce temps, faites cuire les pâtes.

Ajoutez le basilic ciselé dans la sauce juste avant d'en recouvrir les pâtes. Servez aussitôt.

Abricots au four

Préparation : 20 minutes ■ Cuisson : 30 minutes ■ Budget : ★ Difficulté : ★

Pour 2 personnes

- 6 abricots
- 75 g de sucre en poudre
- 50 g de poudre d'amandes
- 6 cuil. à soupe de crème fraîche
- 30 g d'écorces d'oranges confites
- 2 œufs
- 2 macarons
- 1 sachet de sucre vanillé

Préchauffez le four à 200 °C (th. 6-7). Lavez les abricots, essuyez-les et ouvrez-les en deux. Dénoyautez-les et posez-les dans un plat, face plate vers le haut.

Dans un bol, battez les œufs avec le sucre en poudre, puis ajoutez la crème fraîche et le sachet de sucre vanillé. Mélangez bien.

Réduisez les macarons en miettes et mélangez-les avec la poudre d'amandes et les écorces d'oranges confites. Ajoutez-y 2 cuil. à soupe de la préparation à base d'œufs. Remplissez les demi-abricots avec ce mélange, puis versez dessus le reste de la crème aux œufs.

Placez le plat au four et laissez cuire 30 minutes. Les abricots doivent être bien dorés.

Ananas rôti

Préparation : 30 minutes ■ Cuisson : 20 minutes ■ Budget : ★ Difficulté : ★

Pour 2 personnes

- 1 ananas
- 250 g de sucre
- 150 g d'amandes entières
- 1 gousse de vanille

Coupez l'ananas en deux dans le sens de la longueur, pour obtenir deux « pirogues ». Évidez-les soigneusement et découpez la chair obtenue en gros dés. Réservez les coques.

Préchauffez le four à 180 °C (th. 6). Dans une casserole, versez 50 cl d'eau et le sucre. Ajoutez la gousse de vanille fendue en deux et les amandes. Faites bouillir puis laissez infuser 10 minutes avant d'ôter la gousse de vanille.

Hors du feu, ajoutez les dés d'ananas dans le sirop. Laissez tiédir. Placez les dés d'ananas et les amandes dans une feuille de papier aluminium, après les avoir égouttés. Refermez le papier façon papillote et placez au four. Laissez cuire 10 minutes.

Disposez les dés d'ananas et les amandes dans les peaux.

Aumônières aux fruits

Préparation : 15 minutes ■ Cuisson : 18 minutes ■ Budget : ★ Difficulté : ★

Pour 2 personnes

- 2 feuilles de brick
- 25 g de sucre en poudre
- 1 banane
- 1 poire
- 10 framboises
- 5 g de beurre
- 20 cl de rhum

Épluchez la banane et la poire et coupez-les en petits morceaux. Dans une poêle, faites fondre le beurre à feu moyen. Faites-y dorer les morceaux de poire, ajoutez-y les morceaux de banane et les framboises.

Saupoudrez avec le sucre en poudre et laissez cuire quelques minutes. Versez 20 cl de rhum et faites flamber. Réservez.

Préchauffez le four à 180 °C (th. 6).

Déposez sur chaque feuille de brick 2 cuil. à soupe de fruits cuits. Fermez les feuilles en formant des aumônières et attachez-les avec de la ficelle alimentaire.

Placez au four et laissez cuire 15 minutes (les aumônières doivent être dorées).

Babas au rhum

Préparation : 20 minutes ■ Cuisson : 25 minutes ■ Repos : 2 heures ■ Budget : ★
Difficulté : ★ ★

Pour 2 personnes

- 25 cl de sirop de sucre de canne
- 150 g de sucre en poudre
- 130 g de farine
- 60 g de beurre
- 4,5 cl de lait
- 10 cl de rhum
- 3 œufs
- 1 sachet de levure
- Sel

Faites préchauffer le four à 180 °C (th. 6).
Séparez les blancs d'œufs des jaunes. Battez au fouet les jaunes d'œufs avec le sucre jusqu'à ce que le mélange blanchisse et devienne mousseux.
Ajoutez alors le lait chaud, le beurre fondu et la farine tamisée avec la levure. Mélangez bien pour obtenir une préparation homogène.
Battez les blancs en neige ferme avec une pincée de sel. Incorporez-les délicatement à la pâte. Versez la pâte dans des moules individuels beurrés.
Placez-les au four et laissez cuire 25 minutes. Démoulez dès la sortie du four.
Préparez le sirop en faisant chauffer dans une casserole 25 cl d'eau, le sirop de sucre de canne et le rhum. Arrosez les babas avec ce sirop jusqu'à complète absorption. Laissez refroidir et placez au frais pendant 2 heures.

Bananes caramélisées au miel

Préparation : 10 minutes ■ Cuisson : 10 minutes ■ Budget : ★ Difficulté : ★

Pour 4 personnes

- 4 bananes
- 15 g de sucre en poudre
- 40 g de beurre
- 20 g de miel
- 2 yaourts brassés
- 3 cl de fleur d'oranger

Dans une poêle, faites fondre le beurre et faites-y revenir les bananes fendues en deux, avec le sucre en poudre. Laissez caraméliser.

Mélangez au fouet les yaourts avec le miel et la fleur d'oranger.

Dans des assiettes à dessert, répartissez ce mélange et posez dessus les bananes caramélisées.

Bavarois au chocolat

Préparation : 30 minutes ■ Repos : 8 heures ■ Budget : ★ Difficulté : ★

Pour 6 personnes

- 150 g de chocolat noir
- 50 g de sucre
- 20 cl de lait
- 12 cl de crème fraîche liquide
- 3 jaunes d'œufs
- 3 feuilles de gélatine

Laissez tremper les feuilles de gélatine dans de l'eau froide pendant 20 minutes.
Pendant ce temps, dans une casserole, faites bouillir le lait avec le chocolat noir en morceaux. Remuez pour que le mélange soit bien homogène.
Dans un bol, fouettez les jaunes d'œufs avec le sucre en poudre, puis versez-y le lait chaud en battant énergiquement au fouet. Reversez le tout dans la casserole et laissez cuire à feu doux jusqu'à ce que la préparation épaississe (environ 10 minutes).
Égouttez la gélatine et ajoutez-la à cette préparation. Mélangez.
Versez le mélange dans un saladier et laissez refroidir en remuant de temps en temps.
Au fouet, battez la crème liquide en chantilly et incorporez-la ensuite doucement à la crème au chocolat froide.
Versez le tout dans un moule beurré et placez au frais pendant au moins 8 heures.

Bavarois aux fraises et au chocolat

Préparation : 30 minutes ■ Cuisson : 5 minutes ■ Repos : 3 heures ■ Budget : ★ Difficulté : ★

Pour 2 personnes

- 200 g de fraises
- 15 cl de crème fraîche liquide
- 50 g de chocolat noir
- 2 feuilles de gélatine
- Menthe

Faites tremper les feuilles de gélatine pendant 20 minutes pour les ramollir. Mixez les fraises avec les feuilles de menthe ciselées. Réservez.

Faites chauffer 10 cl de crème fraîche à feu doux et ajoutez-y la gélatine ramollie. Mélangez avec les fraises mixées. Versez cette préparation dans des ramequins tapissés de film alimentaire et laissez refroidir. Placez au réfrigérateur pendant 2 heures.

Pendant ce temps, cassez le chocolat en petits morceaux et versez dessus 5 cl de crème fraîche liquide chaude. Couvrez 5 minutes puis mélangez pour homogénéiser et laissez refroidir. Versez ensuite cette crème au chocolat sur les bavarois et laissez durcir à nouveau 1 heure au frais.

Beignets de pommes

Préparation : 20 minutes ■ Cuisson : 5 minutes ■ Budget : ★ Difficulté : ★

Pour 20 beignets

- 200 g de farine
- 50 g de beurre
- 15 g de sucre en poudre
- 20 cl de lait
- 3 blancs d'œufs
- 3 pommes
- 1 sachet de levure chimique
- Sel
- Huile

Mélangez le lait, la farine tamisée, le beurre fondu et une pincée de sel.

Montez les blancs en neige ferme avec une pincée de sel et incorporez-les délicatement à la pâte. Ajoutez la levure chimique.

Faites chauffer l'huile de friture.

Épluchez les pommes et découpez-les en grosses rondelles. Saupoudrez-les de sucre en poudre puis trempez-les dans la pâte à beignets.

Plongez-les dans l'huile et laissez frire quelques minutes, le temps que les beignets soient bien dorés.

Égouttez-les sur du papier absorbant.

Billes de melon au coulis de fraises

Préparation : 20 minutes ■ Repos : 2 heures ■ Budget : ★ Difficulté : ★

Pour 1 personne

- 1 melon
- 100 g de fraises
- 50 g de sucre en poudre
- 10 cl de vin blanc moelleux
- 1 citron
- Menthe fraîche

Coupez le melon en deux. Ôtez les graines et prélevez la chair. Avec une cuillère, transformez-la en petites billes. Réservez les coques au frais.

Dans un bol, placez les billes de melon, versez dessus le vin blanc et ajoutez 25 g de sucre en poudre. Mélangez bien et laissez macérer 2 heures au frais.

Pendant ce temps, préparez le coulis de fraises. Lavez et équeutez les fraises.
Mixez-les avec le reste de sucre en poudre et le jus d'un citron, jusqu'à obtenir une texture liquide. Filtrez ce coulis pour ôter les grains et réservez au frais.

Répartissez les boules de melon et leur jus dans les coques et nappez avec le coulis de fraises. Ajoutez quelques feuilles de menthe ciselées.

Billes de melon et de pastèque

Préparation : 15 minutes ■ Budget : ★ Difficulté : ★

Pour 4 personnes

- 2 melons
- 1 pastèque
- 30 g de sucre en poudre

Avec une cuillère, prélevez dans 1 melon et la moitié de la pastèque des billes et réservez-les au frais.

Dans le reste des fruits, découpez de gros morceaux et mixez-les pour obtenir du jus et de la pulpe. Réservez au frais.

Dans un plat, déposez les billes de pastèque et de melon.

Versez dessus le jus et la pulpe. Saupoudrez de sucre en poudre.

Biscuits au chocolat fondant

Préparation : 15 minutes ■ Cuisson : 20 minutes ■ Budget : ★ Difficulté : ★

Pour 2 personnes

- 50 g de chocolat noir
- 40 g de sucre en poudre
- 30 g de farine
- 15 g de beurre
- 15 g de poudre d'amandes
- 6 carrés de chocolat noir
- 2 œufs
- Sel

Dans une casserole, faites fondre au bain-marie 50 g de chocolat coupé en petits morceaux et le beurre.

Séparez les blancs d'œufs des jaunes. Réservez les blancs.

Fouettez les jaunes avec le sucre en poudre jusqu'à ce que le mélange blanchisse. Ajoutez-y le chocolat fondu ainsi que la farine et la poudre d'amandes. Mélangez bien.

Montez les blancs en neige très ferme avec une pincée de sel et incorporez-les délicatement à la préparation au chocolat.

Préchauffez le four à 180 °C (th. 6).

Dans des petits moules beurrés, répartissez les ¾ de la pâte, posez dessus des carrés de chocolat et recouvrez avec le restant de pâte.

Placez au four et laissez cuire 20 minutes.

Blanc-manger

Préparation : 35 minutes ■ Repos : 12 heures ■ Budget : ★ Difficulté : ★

Pour 6 personnes

- 250 g de sucre en poudre
- 125 g de poudre d'amande
- 75 cl de lait
- 50 cl de crème fraîche liquide
- 6 feuilles de gélatine
- 5 gouttes d'extrait d'amande amère

Dans un bol, mettez les feuilles de gélatine à ramollir dans de l'eau froide.

Dans une casserole, faites bouillir à feu doux le lait et la crème fraîche. Ajoutez la poudre d'amande. Au premier bouillon, retirez la casserole du feu et laissez infuser au moins 10 minutes. Réservez.

Dans une autre casserole, faites fondre le sucre en poudre avec 20 cl d'eau sur feu doux. Dès que le sirop bout, ôtez-le du feu. Incorporez-y les feuilles de gélatine et mélangez bien pour qu'elles fondent totalement.
Filtrez le lait d'amande et versez-le dans le sirop tiédi. Ajoutez l'extrait d'amande amère. Mélangez bien pour que la préparation soit homogène et versez dans un moule.

Placez au frais pendant 12 heures.

Bricks de pommes au miel

Préparation : 20 minutes ■ Cuisson : 5 minutes ■ Budget : ★ Difficulté : ★

Pour 4 personnes

- 4 feuilles de brick
- 4 pommes
- 10 g de miel de romarin
- Beurre

Pelez les pommes et épépinez-les. Coupez-les en morceaux.

Dans une poêle, faites chauffer le beurre et faites-y revenir les morceaux de pommes pendant 5 minutes, en remuant régulièrement. Ajoutez-y le miel et laissez caraméliser quelques minutes de plus, jusqu'à ce que les pommes soient colorées.

Posez les feuilles de brick dans une assiette et déposez-y les morceaux de pommes au miel. Pliez les feuilles en triangles et faites-les revenir à feu doux à la poêle, pendant 10 minutes.

Les feuilles de brick doivent être bien dorées.

Brioche

Préparation : 15 minutes ■ Repos : 8 heures ■ Cuisson : 30 minutes ■ Budget : ★
Difficulté : ★

Pour 6 personnes

- 350 g de farine
- 150 g de beurre
- 50 g de sucre
- 40 g de levure fraîche
- 4 œufs
- Sel

Dans un saladier, mélangez farine, sel et sucre. Battez les œufs et ajoutez-les dans le saladier. Faites fondre le beurre et incorporez-le à la pâte. Pour finir, diluez la levure dans 30 ml d'eau tiède et ajoutez-la dans le saladier.
Travaillez la pâte en la malaxant et ajoutez un peu de farine si elle est trop collante. Couvrez avec du film alimentaire et placez au frais pendant 8 heures.
Le lendemain, travaillez la pâte sur un plan de travail fariné jusqu'à ce qu'elle devienne souple. Formez alors un boudin et coupez-le en six morceaux. Espacez-les dans un moule à cheminée beurré et fariné et laissez lever pendant 1 heure en couvrant d'un linge.
Préchauffez le four à 230 °C (th. 7-8).
Une fois que la pâte a complètement rempli le moule, placez au four et laissez cuire environ 30 minutes (la brioche doit être bien dorée).

Brioche aux pépites de chocolat

Préparation : 10 minutes ■ Cuisson : 45 minutes ■ Repos : 2 heures ■ Budget : ★ Difficulté : ★

Pour 1 personne

- 425 g de farine
- 3 œufs
- 15 cl de lait
- 3 cuil. à soupe de lait + 1 cuil. à soupe de sucre (pour la dorure)
- 75 g de beurre
- 60 g de sucre
- 1 sachet de sucre vanillé
- 100 g de pépites de chocolat
- 1,5 cuil. à café de levure de boulanger déshydratée
- 1 cuil. à café de sel

Mélangez la farine aux deux sucres, à la levure, aux œufs, au lait et au sel jusqu'à ce que la pâte soit homogène. Incorporez peu à peu le beurre en pommade puis les pépites de chocolat.

Formez la brioche et placez-la dans un moule adapté. Laissez lever 2 heures.

Préchauffez le four à 180 °C (th. 6).

Badigeonnez la brioche de lait et de sucre et enfournez-la pour 45 minutes.

Vérifiez la cuisson avant de la sortir du four. Laissez-la refroidir avant de démouler.

Se déguste tiède ou froid.

Brochettes aux fraises, melon et chocolat

Préparation : 30 minutes ■ Budget : ★ ★ Difficulté : ★

Pour 4 personnes

- 1 melon
- 500 g de fraises
- 70 g de chocolat pâtissier

Faites fondre le chocolat au four à micro-ondes.

Sur une feuille de papier sulfurisé, faites 30 petits disques de chocolat. Laissez refroidir afin que le chocolat durcisse progressivement.

Quand le chocolat commence à se solidifier, faites un trou au milieu de la pastille pour ensuite passer les brochettes.

Laissez le chocolat se solidifier complètement, avant de détacher les pastilles.

Coupez les fraises en deux. Coupez des dés de melon.

Préparez les brochettes en alternant la fraise, le melon et le chocolat. Servez bien frais.

Brownie

Préparation : 15 minutes ■ Cuisson : 20 minutes ■ Budget : ★ Difficulté : ★

Pour 4 personnes

- 200 g de chocolat noir
- 150 g de sucre
- 150 g de beurre
- 50 g de farine
- 50 g de noix de pécan
- 2 œufs

Préchauffez le four à 200 °C (th. 6-7).

Dans un saladier, battez les œufs avec le sucre et la farine.

Dans une casserole, faites fondre à feu doux le chocolat noir cassé en morceaux et le beurre. Versez ce mélange dans le saladier et mélangez.

Écrasez grossièrement les noix de pécan et ajoutez-les à la pâte. Versez cette préparation dans un plat beurré et fariné.

Placez au four et laissez cuire 20 minutes.

Brownie au chocolat blanc

Préparation : 15 minutes ■ Cuisson : 35 minutes ■ Budget : ★ Difficulté : ★

Pour 6 personnes

- 200 g de chocolat blanc
- 150 g de chocolat noir
- 100 g de beurre
- 100 g de sucre en poudre
- 100 g de cerneaux de noix
- 90 g de farine
- 2 œufs

Préchauffez le four à 180 °C (th. 6).

Dans une casserole, faites fondre à feu doux le chocolat noir cassé en morceaux et le beurre. Remuez jusqu'à obtenir un mélange bien homogène. Ajoutez alors le sucre en poudre et laissez chauffer 1 minute de plus en remuant bien. Ôtez la casserole du feu.

Ajoutez les 2 œufs en mélangeant fermement. Versez-y la farine et mélangez de nouveau pour obtenir une préparation bien lisse.

Coupez le chocolat blanc en gros morceaux et ajoutez-les à la préparation, tout comme les cerneaux de noix écrasés. Mélangez bien pour fluidifier la pâte et versez-la dans un moule beurré et fariné. Placez au four et laissez cuire 30 minutes.

Cake à l'orange

Préparation : 20 minutes ■ Cuisson : 40 minutes ■ Budget : ★ Difficulté : ★

Pour 6 personnes

- 225 g de farine
- 1 sachet de levure
- 175 g de sucre
- 1 belle orange
- 2 œufs
- 100 g de beurre

Préchauffez le four à 190 °C (th. 6-7).

Faites fondre le beurre.

Mélangez le sucre, la farine, la levure, le beurre fondu et les œufs entiers.

Ajoutez le zeste d'une orange.

Pressez l'orange et ajoutez le jus à la pâte.

Beurrez et farinez un moule à cake puis versez-y la préparation.

Enfournez 40 minutes. Patientez 5 minutes avant de démouler puis dégustez tiède ou froid.

Cake aux pépites de chocolat

Préparation : 20 minutes ■ Cuisson : 45 minutes ■ Budget : ★ Difficulté : ★★

Pour 6 personnes

- 150 g de farine + 20 g pour le moule
- 125 g de sucre de canne blond
- 3 œufs
- 60 ml d'huile
- 80 ml de lait concentré non sucré
- ½ sachet de levure chimique – 6 g
- 1 pincée de sel
- 150 g de pépites de chocolat
- 10 g de beurre pour le moule

Préchauffez votre four à 180 °C (th. 6).

Beurrez et farinez un moule à cake.

Séparez les blancs des jaunes d'œufs.

Mélangez au fouet le sucre et les jaunes d'œufs, puis l'huile, le lait concentré, la farine et la levure.

Ajoutez les blancs battus en neige avec la pincée de sel en soulevant le mélange avec le fouet afin d'éviter qu'ils ne retombent, puis incorporez les pépites de chocolat.

Versez la pâte dans le moule et mettez au four.

Laissez cuire 45 minutes.

Cake à la confiture

Préparation : 20 minutes ■ Cuisson : 40 minutes ■ Budget : ★ Difficulté : ★

Pour 6 personnes

- 250 g de farine
- 125 g de beurre mou
- 125 de sucre
- 4 œufs
- ½ sachet de levure
- Confiture du parfum de votre choix

Préchauffez le four à 190 °C (th. 6-7).

Dans un saladier, mélangez le sucre, le beurre, les œufs, la farine et la levure.

Beurrez et farinez un moule à cake. Versez-y la moitié de la préparation, une couche de confiture, puis le reste de la préparation.

Enfournez 40 minutes.

Patientez 5 minutes avant de démouler puis dégustez tiède ou froid.

Cake au citron

Préparation : 20 minutes ■ Cuisson : 45 minutes ■ Budget : ★ Difficulté : ★

Pour 6 personnes

- 175 g de beurre pommade
- 175 g de sucre cristallisé
- 40 g de sucre glace
- 175 g de farine avec levure incorporée
- 3 œufs
- Le zeste de 1 citron
- Le jus de 2 citrons
- 2 cuil. à soupe de lait

Préchauffez le four à 190 °C (th. 6-7).

Dans un saladier, mélangez le beurre, le sucre cristallisé, les œufs, la farine, la moitié du jus et le zeste de citron.

Ajoutez le lait et mélangez bien.

Beurrez et farinez un moule à cake et versez-y la préparation. Enfournez 40 minutes.

Pendant ce temps, chauffez à feu doux le jus de citron restant et le sucre glace jusqu'à complète dissolution.

Nappez-en le dessus du cake et poursuivez la cuisson au four 5 minutes.

Patientez 5 minutes avant de démouler puis dégustez tiède ou froid.

Cake au miel

Préparation : 10 minutes ■ Cuisson : 45 minutes ■ Budget : ★ Difficulté : ★

Pour 6 personnes

- 250 g de farine
- 250 g de beurre
- 50 g de sucre
- 200 g de miel
- 4 œufs
- 1 sachet de levure chimique
- Sel

Préchauffez le four à 200 °C (th. 6-7).

Dans un saladier, battez le beurre pour qu'il devienne mousseux, puis ajoutez le sucre. Mélangez pour obtenir une consistance crémeuse.

Ajoutez alors le miel liquide et mélangez énergiquement.

Battez les œufs et incorporez-les au mélange.

Ajoutez pour finir la farine tamisée, la levure et une pincée de sel.

Placez au four et laissez cuire pendant 45 minutes.

Cake aux amandes

Préparation : 20 minutes ■ Cuisson : 40 minutes ■ Budget : ★ Difficulté : ★

Pour 6 personnes

- 225 g de farine
- ½ sachet de levure
- 225 g de beurre pommade
- 75 g de sucre cristallisé
- 50 g de sucre roux en poudre
- 3 œufs
- 100 g de poudre d'amandes
- 2 cuil. à café de quatre-épices
- 1 cuil. à café de cannelle en poudre
- 7,5 cl de crème fraîche épaisse

Préchauffez le four à 190 °C (th. 6-7).

Mélangez le beurre et les sucres jusqu'à ce que le mélange devienne mousseux.
Incorporez les œufs un à un.

Ajoutez la poudre d'amandes, la farine, la levure et les épices. Mélangez.
Incorporez la crème fraîche pour fluidifier la pâte.

Beurrez et farinez un moule à cake et versez-y la préparation.
Enfournez 40 minutes.

Patientez 5 minutes avant de démouler puis dégustez tiède ou froid.

Cake aux caramels au beurre salé

Préparation : 20 minutes ■ Cuisson : 40 minutes ■ Budget : ★ Difficulté : ★

Pour 6 personnes

- 150 g de farine complète
- 150 g de beurre salé
- 50 g de poudre d'amandes ou de noisettes
- ½ sachet de levure
- 10-12 caramels au beurre salé
- 3 œufs
- 120 g de sucre de canne
- 3 cuil. à soupe de rhum

Préchauffez le four à 190 °C (th. 6-7). Coupez les caramels en petits morceaux. Faites fondre le beurre.

Dans un saladier, mélangez la farine, la levure et la poudre d'amandes.
Ajoutez les caramels et le rhum.

Battez les œufs avec le sucre puis ajoutez le beurre fondu et mélangez.

Mélangez les deux préparations.

Beurrez et farinez un moule à cake et versez-y la pâte.
Enfournez 40 minutes.

Patientez 5 minutes avant de démouler puis dégustez tiède ou froid.

Cake aux fruits confits

Préparation : 20 minutes ■ Macération : 30 minutes ■ Cuisson : 40 minutes ■ Budget : ★★
Difficulté : ★★

Pour 6 personnes

- 220 g de farine
- 100 g de fruits confits
- 50 g de raisins secs
- 125 g de sucre
- 125 g de beurre
- ½ sachet de levure
- 3 œufs
- 5 cl de vieux rhum

Préchauffez le four à 190 °C (th. 6-7).
Découpez les fruits confits en petits dés.
Faites tiédir le rhum et plongez-y les raisins secs. Laissez macérer 30 minutes.
Séparez les blancs des jaunes d'œufs. Mélangez les jaunes avec le sucre.
Battez les blancs en neige avec une pincée de sel. Faites fondre le beurre.
Versez, sur les jaunes d'œufs, la farine puis la levure et le beurre fondu. Mélangez. Incorporez les blancs en neige.
Égouttez les raisins secs et incorporez-les à la pâte ainsi que les fruits confits.
Beurrez et farinez un moule à cake et versez-y la préparation.
Enfournez pour 40 minutes.
Patientez 5 minutes avant de démouler puis dégustez tiède ou froid.

Cake aux noix

Préparation : 20 minutes ■ Cuisson : 40 minutes ■ Budget : ★ Difficulté : ★

Pour 6 personnes

- 140 g de farine
- 60 g de beurre ramolli
- 80 g de noix hachées
- 150 g de sucre
- 1 œuf battu
- 1 sachet de levure
- 1 pincée de sel
- 1 sachet de sucre vanillé
- ½ cuil. à café d'extrait de vanille

Préchauffez le four à 190 °C (th. 6-7).

Dans un saladier, mélangez la farine avec le beurre ramolli, les sucres, l'œuf, la levure, le sel, l'extrait de vanille et les noix hachées.

Beurrez et farinez un moule à cake et versez-y la préparation.
Enfournez 40 minutes.

Patientez 5 minutes avant de démouler puis dégustez tiède ou froid.

Cake aux pommes parfumé à la cannelle

Préparation : 15 minutes ■ Cuisson : 40 minutes ■ Budget : ★ Difficulté : ★

Pour 6 personnes

- 150 g de farine
- 3 œufs
- 125 g de sucre
- ½ sachet de levure
- 125 g de beurre
- 1 pomme
- 1 cuil. à café de cannelle

Mélangez les œufs et le sucre.

Ajoutez peu à peu la farine, la levure et la cannelle. Mélangez bien.

Faites fondre le beurre au four à micro-ondes et incorporez-le à la pâte.

Préchauffez le four à 180 °C (th. 6).

Pelez et coupez la pomme en petits dés. Incorporez-les à la pâte.

Beurrez un moule à cake et versez-y la préparation. Enfournez 40 minutes.

Laissez tiédir avant de démouler et dégustez.

Cake chocolat-poire

Préparation : 20 minutes ■ Cuisson : 40 minutes ■ Budget : ★ ★ Difficulté : ★

Pour 6 personnes

- 250 g de poires au sirop
- 200 g de chocolat noir
- 200 g de farine
- 200 g de beurre
- 200 g de sucre
- 50 g de poudre d'amande
- 50 g d'amandes effilées
- 3 œufs
- 1 sachet de levure chimique

Préchauffez le four à 220 °C (th. 7-8).

Cassez le chocolat en petits éclats. Dans un saladier, mélangez le chocolat, les œufs, le sucre, la poudre d'amande, la farine et le beurre fondu. Ajoutez le sachet de levure.

Coupez les poires au sirop en petits dés et mélangez-les à la préparation.

Dans un moule à cake préalablement beurré, disposez les amandes effilées.

Versez la pâte par-dessus et placez au four pour 10 minutes puis baissez la température à 200 °C (th. 6-7) et laissez cuire 30 minutes de plus.

Cannelés au chocolat

Préparation : 20 minutes ■ Repos : 12 heures ■ Cuisson : 35 minutes ■ Budget : ★
Difficulté : ★

Pour 10 cannelés

- 125 g de sucre en poudre
- 50 g de farine
- 50 g de beurre
- 50 g de chocolat noir reduit en copeaux
- 20 cl de lait
- 15 g de poudre de cacao
- 1,5 cl de rhum
- 1 œuf
- 1 jaune d'œuf
- 1 gousse de vanille
- Sel

Dans une casserole, faites bouillir le lait en y ajoutant le beurre et la gousse de vanille fendue en deux. Laissez infuser 10 minutes hors du feu, puis ôtez la vanille et faites chauffer 2 minutes de plus.

Dans un saladier, versez le lait chaud sur les copeaux de chocolat et remuez doucement jusqu'à ce que le mélange soit homogène.

Dans un bol, battez au fouet l'œuf et le jaune, ajoutez le sucre en poudre et une pincée de sel. Incorporez-y la farine tamisée ainsi que la poudre de cacao. Ajoutez le rhum.

Mélangez les deux préparations en fouettant énergiquement.

Placez cette pâte au frais et laissez-la reposer pendant 12 heures.

Le lendemain, préchauffez le four à 210 °C (th. 7).

Beurrez les moules à cannelé puis versez-y la pâte en remplissant seulement aux ¾ de la hauteur. Placez au four et laissez cuire 35 minutes.

Carrés gourmands pomme-chocolat

Préparation : 20 minutes ■ Cuisson : 20 minutes ■ Repos : 2 heures ■ Budget : ★ Difficulté : ★

Pour 2 personnes

- 2 pommes golden
- 100 g de fromage blanc
- 40 g de farine
- 30 g de cacao
- 30 g de pralin
- 25 g de sucre en poudre
- 1 œuf

Pelez les pommes et coupez-les en petits dés.

Dans un saladier, mélangez soigneusement le fromage blanc, l'œuf, la farine tamisée, le pralin, le cacao et le sucre en poudre. Ajoutez-y les dés de pomme.

Préchauffez votre four à 200 °C (th. 6-7).

Versez cette préparation dans un plat rectangulaire beurré et fariné. Placez au four et faites cuire 20 minutes.

Laissez refroidir puis placez au réfrigérateur pour 2 heures.

Charlotte au chocolat

Préparation : 50 minutes ■ Cuisson : 15 minutes ■ Repos : 5 heures ■ Budget : ★
Difficulté : ★

Pour 6 personnes

- Biscuits à la cuillère
- 150 g de chocolat noir
- 130 g de sucre en poudre
- 40 cl de crème fraîche
- 30 cl de lait
- 2 œufs
- 4 feuilles de gélatine alimentaire
- Sel

Mettez les feuilles de gélatine à tremper dans de l'eau froide.

Séparez les blancs d'œufs des jaunes. Dans un saladier, fouettez les jaunes avec le sucre en poudre.

Faites fondre à feu doux le chocolat en morceaux dans le lait. Incorporez-le au premier mélange. Ajoutez le tiers de la crème et faites chauffer à feu doux, en remuant jusqu'à ce qu'il épaississe. Hors du feu, ajoutez la gélatine essorée, mélangez et laissez refroidir.

Pendant ce temps, montez les blancs d'œufs en neige ferme avec une pincée de sel, puis incorporez-les délicatement à la préparation.

Fouettez le reste de la crème en chantilly et ajoutez-la également à la préparation. Placez au frais pendant au moins 2 heures.

Tapissez un moule à charlotte avec les biscuits puis versez la crème au chocolat. Mettez au frais pour au moins 3 heures.

Charlotte au chocolat blanc

Préparation : 30 minutes ■ Repos : 3 heures ■ Budget : ★ Difficulté : ★

Pour 8 personnes

- 1 boîte de lait concentré sucré
- 3 fois la mesure de la boîte en lait demi-écrémé
- 100 g de Maïzena
- 250 g de chocolat blanc
- 20 cl de crème fraîche épaisse
- 2 paquets de boudoirs

Dans une casserole, versez le lait concentré, 2 boîtes de lait demi-écrémé et la Maïzena. Mélangez et faites chauffer à feu doux sans cesser de remuer.

Une fois le mélange épaissi, retirez du feu et ajoutez le chocolat blanc. Laissez fondre.

Laissez refroidir puis ajoutez la crème fraîche.

Humidifiez les boudoirs avec le lait restant puis tapissez un moule à charlotte avec les biscuits en commençant par le fond.

Versez la préparation et alternez une couche de préparation avec une couche de boudoirs.
Mettez au frais au minimum 3 heures.

Charlotte aux framboises

Préparation : 20 minutes ■ Repos : 12 heures ■ Budget : ★ Difficulté : ★

Pour 6 personnes

- 500 g de framboises
- 300 g de crème fraîche
- 100 g de sucre en poudre
- 10 cl de liqueur de framboises
- 75 cl de crème anglaise
- 4 feuilles de gélatine
- 30 biscuits à la cuillère

Dans un bol d'eau froide, laissez tremper les feuilles de gélatine pour les ramollir pendant 20 minutes.
Dans une casserole, faites chauffer la crème anglaise et ajoutez-y la gélatine. Remuez bien pour la faire fondre. Laissez refroidir.
Écrasez environ 300 g de framboises en purée. Ajoutez-les dans la crème anglaise tiède. Fouettez la crème fraîche avec le sucre en poudre et ajoutez cette chantilly à la préparation. Mélangez.
Dans un bol, mélangez 10 cl d'eau et 10 cl de liqueur de framboises. Trempez les biscuits à la cuillère dans ce mélange et tapissez-en un moule à charlotte.
Versez ensuite la crème dans le moule et recouvrez de biscuits.
Posez une assiette et un poids sur la charlotte pour bien la tasser et placez-la au frais. Laissez reposer 12 heures au réfrigérateur.

Chaussons aux pommes

Préparation : 10 minutes ■ Cuisson : 25 minutes ■ Budget : ★ Difficulté : ★

Pour4 personnes

- 1 pâte feuilletée
- 15 g de beurre
- 15 g de sucre en poudre
- 2 pommes
- 2 jaunes d'œufs
- Farine

Épluchez les pommes et épépinez-les. Coupez-les en petits dés.
Dans une casserole, faites cuire à feu doux les dés de pommes dans 4 cuil. à soupe d'eau et le sucre en poudre, en couvrant, pendant 15 minutes.
Ajoutez le beurre et mélangez bien.
Préchauffez le four à 210 °C (th. 7).

Étalez la pâte feuilletée sur une plaque farinée et découpez-la en quatre cercles de même diamètre. Répartissez la compote sur la moitié de chaque disque et rabattez la pâte pour former des demi-lunes. Mouillez les bords avec un peu d'eau et pincez-les pour bien les souder. Badigeonnez la surface avec les jaunes d'œufs.

Enfournez pendant 25 minutes.

Cheesecake aux fraises

Préparation : 30 minutes ■ Cuisson : 1 h 10 ■ Budget : ★ Difficulté : ★

Pour 4 personnes

Pour la pâte
- 200 g de biscuits secs
- 150 g de beurre

Pour la garniture
- 400 g de faisselle
- 400 g de fraises
- 130 g de crème fraîche
- 130 g de sucre en poudre
- 30 g de farine
- 3 œufs
- 1 citron
- 2 sachets de sucre vanillé

Préchauffez le four à 150 °C (th. 5).

Cassez les gâteaux secs en petits morceaux et mélangez-les avec le beurre fondu. Tapissez le fond d'un moule à manqué beurré avec cette préparation et placez-le au four pendant 10 minutes. Laissez refroidir.

Lavez le citron et râpez-en le zeste. Lavez et équeutez les fraises, coupez-les en deux.

Mélangez la faisselle égouttée avec la crème fraîche, ajoutez le sucre en poudre, le sucre vanillé, les œufs, la farine et le zeste du citron. Mixez pendant 30 secondes pour obtenir un mélange bien homogène et mousseux. Versez cette crème dans le moule et placez au four.

Laissez cuire 1 h 10. Servez avec les fraises.

Cheesecake au chocolat

Préparation : 40 minutes ■ Cuisson : 40 minutes ■ Budget : ★ Difficulté : ★

Pour 6 personnes

Pour la pâte
- 250 g de gaufrettes
- 150 g de beurre

Pour la garniture
- 200 g de chocolat noir
- 250 g de sucre
- 250 g de fromage blanc
- 3 œufs
- 4 cuil. à soupe de crème fraîche
- 30 g de café soluble

Pour le glaçage
- 250 g de chocolat noir
- 6 cuil. à soupe de crème fraîche
- 80 g de beurre
- 5 cl de liqueur de café
- 5 cl de rhum

Émiettez les gaufrettes et mélangez-les avec le beurre fondu. Beurrez un moule rond et parsemez le fond avec ce mélange. Placez au frais.

Dissolvez le café soluble dans 1 cuil. à soupe d'eau chaude. Dans un bol, mélangez la crème fraîche, les œufs, le fromage blanc, le sucre en poudre et le café. Battez jusqu'à obtenir une préparation onctueuse.

Préchauffez le four à 180 °C (th. 6). Faites fondre le chocolat au bain-marie et incorporez-le lentement à cette préparation.

Versez dans le moule. Placez au four et laissez cuire 40 minutes. Laissez refroidir.

Préparez le glaçage : dans une casserole, versez la liqueur de café et le rhum et laissez chauffer jusqu'à ce que le mélange ait réduit de moitié. Ajoutez alors le chocolat en morceaux, le beurre et la crème fraîche et laissez cuire à feu doux. Une fois le mélange bien onctueux, sortez-le du feu et laissez épaissir un peu. Glacez le gâteau avec ce mélange.

Chouquettes

Préparation : 20 minutes ■ Cuisson : 15 minutes ■ Budget : ★ Difficulté : ★

Pour 15 chouquettes

- 50 g de farine
- 15 g de beurre
- 20 g de sucre en grains
- 10 g de sucre en poudre
- 1 sachet de sucre vanillé
- 1 œuf
- Levure
- Sel

Dans une casserole, faites bouillir 80 ml d'eau et le beurre.

Hors du feu, ajoutez la farine, une pincée de sel et une grosse pincée de levure et mélangez avec une cuillère en bois jusqu'à ce que la pâte forme une masse.

Ajoutez le sucre en poudre, le sucre vanillé puis l'œuf et mélangez pour obtenir une consistance homogène.

Préchauffez le four à 210 °C (th. 7).

Sur une plaque de cuisson beurrée, déposez des petites boules de pâte de la taille d'une petite noix, en les espaçant bien. Piquez-y ensuite quelques grains de sucre.

Placez au four et laissez cuire 15 minutes. Laissez refroidir.

Clafoutis à la banane

Préparation : 10 minutes ■ Cuisson : 35 minutes ■ Budget : ★ Difficulté : ★

Pour 6 personnes

- 100 g de sucre en poudre
- 50 g de beurre
- 30 g de farine
- 30 g de cassonade
- 50 cl de lait
- 3 bananes
- 3 œufs
- Sel

Dans un saladier, mélangez au fouet la farine tamisée, le sucre en poudre et les œufs battus. Ajoutez le lait et une pincée de sel. Mélangez bien.

Préchauffez le four à 240 °C (th. 8).

Découpez les bananes en rondelles et déposez-les dans un plat à gratin beurré.

Versez la pâte par-dessus et parsemez de petites noisettes de beurre.

Placez au four et laissez cuire 30 minutes.

Saupoudrez de cassonade et remettez au four 5 minutes pour caraméliser.

Clafoutis aux cerises

Préparation : 20 minutes ■ Cuisson : 45 minutes ■ Budget : ★ Difficulté : ★

Pour 6 personnes

- 500 g de cerises
- 125 g de farine
- 125 g de sucre en poudre
- 75 cl de lait
- 75 g de beurre
- 4 œufs
- Sel

Lavez les cerises, égouttez-les bien. Ôtez les queues et les noyaux.

Dans un saladier, battez les œufs avec le sucre en poudre, jusqu'à ce que le mélange blanchisse. Ajoutez-y la farine en remuant puis la moitié du beurre fondu. Ajoutez une pincée de sel. Versez le lait petit à petit, en mélangeant sans cesse pour éviter les grumeaux.

Préchauffez le four à 180 °C (th. 6).

Beurrez le moule et déposez-y les cerises (côté bombé au fond). Versez la pâte dessus et parsemez le reste du beurre en copeaux.

Enfournez pour 45 minutes.

Clafoutis aux poires

Préparation : 10 minutes ■ Cuisson : 35 minutes ■ Budget : ★ Difficulté : ★

Pour 6 personnes

- 25 cl de lait
- 75 g de sucre en poudre
- 40 g de farine
- 20 g de beurre
- 3 poires
- 2 œufs
- Cannelle
- Sel

Préchauffez le four à 200 °C (th. 6-7).

Lavez les poires et coupez-les en petits cubes. Déposez-les dans un plat (type plat à gratin) préalablement beurré.

Dans un saladier, mélangez la farine, le sucre en poudre et le beurre ramolli. Ajoutez-y les œufs battus. Mélangez bien, puis faites un puits central et versez-y lentement le lait. Incorporez-le au mélange.

Terminez en ajoutant de la cannelle et une pincée de sel. Versez cette pâte sur les poires en nappant bien.

Placez au four et laissez cuire 35 minutes.

Congolais

Préparation : 5 minutes ■ Cuisson : 20 minutes ■ Budget : ★ ★ ★ Difficulté : ★

Pour 12 pièces

- 1 blanc d'œuf
- 60 g de sucre
- 60 g de poudre de noix de coco

Préchauffez le four à 180 °C (th. 5-6).

Faites fondre le beurre au four à micro-ondes.

Incorporez-le au blanc d'œuf et mélangez vivement.

Ajoutez ensuite le sucre et mélangez bien.

Ajoutez enfin la noix de coco puis finissez de bien tout mélanger.

Sur un papier sulfurisé, faites des petits tas puis enfournez pour 20 minutes.

Laissez-les refroidir avant de les déguster.

Cookies au chocolat blanc

Préparation : 20 minutes ■ Cuisson : 10 minutes ■ Budget : ★ Difficulté : ★

Pour 25 cookies

- 250 g de farine
- 250 g de chocolat blanc
- 100 g de beurre
- 200 g de sucre en poudre
- 2 œufs
- 1 sachet de levure
- Sel

Préchauffez le four à 150 °C (th. 5). Dans un saladier, mélangez la farine tamisée, la levure et une pincée de sel.

Dans un bol, battez au fouet les œufs et le sucre en poudre, jusqu'à ce que le mélange blanchisse. Ajoutez alors le beurre ramolli coupé en morceaux et mélangez bien. Versez cette préparation dans le saladier et mélangez soigneusement.

Ajoutez le chocolat blanc cassé en petits éclats. Homogénéisez le tout avec une cuillère en bois.

Déposez des petits tas de pâte sur une plaque de cuisson beurrée et farinée, en les espaçant bien. Placez au four et laissez cuire 10 minutes, jusqu'à ce que les cookies soient bien dorés.

Cookies aux pépites de chocolat

Préparation : 30 minutes ■ Cuisson : 12 minutes ■ Budget : ★ Difficulté : ★

Pour 30 cookies

- 100 g de pépites de chocolat
- 175 g de beurre
- 175 g de farine
- 175 g de sucre
- 50 g de noix de pécan
- 1 œuf
- 1 gousse de vanille
- 1 sachet de levure chimique

Préchauffez le four à 200 °C (th. 6-7).

Brisez les noix de pécan en petits éclats.

Dans une casserole, faites fondre à feu doux le beurre et le sucre puis ajoutez-y la gousse de vanille fendue en deux. Laissez infuser hors du feu pendant 10 minutes, puis ôtez la gousse. Ajoutez l'œuf et fouettez vivement. Versez dans un saladier. Incorporez-la levure et la farine et remuez bien. Ajoutez les éclats de noix et les pépites de chocolat.

Formez des boules de la taille d'une noix et déposez-les en les aplatissant sur une plaque farinée.

Placez au four 10-15 minutes.

Servez tiède ou froid.

Crème anglaise à l'orange

Préparation : 20 minutes ■ Cuisson : 5 minutes ■ Repos : 3 heures ■ Budget : ★ Difficulté : ★

Pour 1 personne

- 1 jaune d'œuf
- 7,5 cl de lait
- 25 g de sucre en poudre
- 1 orange

Dans une casserole, faites chauffer le lait jusqu'à ébullition.

Fouettez le jaune d'œuf avec le sucre en poudre jusqu'à ce que le mélange blanchisse. Versez le lait petit à petit en remuant constamment. Ajoutez le jus de l'orange et mélangez. Remettez la préparation dans la casserole et faites chauffer à feu moyen tout en remuant, jusqu'à ce que la crème épaississe, mais sans laisser bouillir.

Retirez la casserole du feu et ajoutez le zeste prélevé sur l'orange. Mélangez bien et laissez refroidir.

Placez au frais et laissez reposer 3 heures.

Crème brûlée

Préparation : 15 minutes ■ Cuisson : 20 minutes ■ Budget : ★ Difficulté : ★

Pour 1 personne

- 50 g de sucre en poudre
- 2 jaunes d'œufs
- 10 cl de crème fraîche liquide
- 10 cl de lait

Préchauffez le four à 180 °C (th. 6).

Dans un bol, battez les jaunes d'œufs avec le sucre en poudre jusqu'à ce que le mélange blanchisse. Ajoutez alors la crème fraîche et le lait. Mélangez bien.

Versez cette crème dans un ramequin et placez-le au four.

Laissez cuire 20 minutes puis laissez refroidir.

Crèmes brûlées au chocolat

Préparation : 20 minutes ■ Cuisson : 50 minutes ■ Budget : ★ Difficulté : ★

Pour 2 personnes

- 60 g de chocolat noir
- 50 g de sucre en poudre
- Beurre
- 30 cl de lait entier
- 10 cl de crème fraîche liquide
- 2 jaunes d'œufs
- 1 gousse de vanille

Préchauffez le four à 150 °C (th. 5).

Dans une casserole, faites fondre au bain-marie le chocolat cassé en petits morceaux.

Faites bouillir la crème fraîche et le lait avec la gousse de vanille fendue en deux. Retirez du feu et laissez la vanille infuser pendant 10 minutes.

Dans un saladier, fouettez les jaunes d'œufs et le sucre, jusqu'à ce que le mélange blanchisse.

Ôtez la gousse de vanille du lait et versez-y le chocolat fondu. Remettez la casserole sur feu doux et laissez chauffer en remuant sans cesse. Dès que le mélange frémit, versez les jaunes d'œufs en mélangeant fortement pour qu'ils ne cuisent pas et que le mélange reste homogène.

Répartissez cette crème dans deux petits ramequins beurrés et faites-les cuire 40 minutes au four, au bain-marie.

Crèmes renversées au caramel

Préparation : 15 minutes ■ Cuisson : 30 minutes ■ Budget : ★ Difficulté : ★

Pour 8 personnes

- 1 l de lait
- 125 g de sucre en poudre
- 8 œufs
- 5 morceaux de sucre
- 1 gousse de vanille

Dans une casserole, faites chauffer le lait à feu doux et placez-y la gousse de vanille fendue en deux. Laissez infuser pendant 10 minutes puis ôtez la gousse et ajoutez le sucre en poudre. Portez à ébullition en mélangeant régulièrement. Réservez au chaud.

Préchauffez le four à 210 °C (th. 7).

Dans une casserole, faites chauffer les morceaux de sucre juste imbibés d'eau jusqu'à obtenir un caramel légèrement coloré. Versez alors ce caramel dans des ramequins individuels en tapissant le fond.

Battez fermement les œufs et ajoutez-les dans le lait chaud en mélangeant fermement.

Répartissez cette préparation dans les ramequins et placez-les au four, au bain-marie, pendant 20 minutes.

La consistance doit devenir légèrement élastique. Laisser refroidir avant de déguster.

Crèmes à la rhubarbe

Préparation : 20 minutes ■ Cuisson : 30 minutes ■ Budget : ★ Difficulté : ★

Pour 6 personnes

- 1 kg de rhubarbe
- 500 g de sucre en poudre
- 120 g de farine
- 30 cl de lait

Pelez la rhubarbe et coupez-la en petits morceaux.

Dans une casserole, versez 40 cl d'eau et ajoutez-y les tronçons de rhubarbe. Laissez cuire 15 minutes à feu moyen, la chair doit être tendre.

Ajoutez alors le sucre en poudre et mélangez bien.

Dans un bol, délayez la farine dans le lait froid et mélangez bien pour que la préparation soit la plus homogène possible. Versez-la dans la casserole.

Mélangez et laissez cuire 15 minutes de plus en remuant régulièrement.

Répartissez la crème dans des ramequins individuels et laissez refroidir.

Crèmes au rhum

Préparation : 10 minutes ■ Budget : ★ Difficulté : ★

Pour 4 personnes

- 100 g de sucre en morceaux
- 10 cl de rhum blanc
- 8 blancs d'œufs
- Sel

Dans une casserole, faites fondre à feu doux les morceaux de sucre avec le rhum blanc et remuez régulièrement. Laissez tiédir.

Séparez les blancs d'œufs des jaunes et montez les blancs en neige ferme avec une pincée de sel.

Incorporez-les délicatement à la préparation à base de sucre.

Répartissez cette crème dans des ramequins individuels et laissez refroidir.

Crèmes fouettées au café

Préparation : 20 minutes ■ Repos : 2 heures ■ Budget : ★ Difficulté : ★

Pour 4 personnes

- 25 cl de crème fraîche épaisse
- 8 biscuits à la cuillère
- 30 g de sucre en poudre
- 20 g de café soluble
- 3 cl de cognac
- 2 œufs

Dans un saladier, battez les œufs et le sucre en poudre jusqu'à ce que le mélange blanchisse.

Dans un bol, délayez le café soluble dans 3 cl d'eau chaude. Ajoutez ce mélange dans le saladier. Ajoutez-y la crème fraîche épaisse et battez fermement pendant 5 minutes pour obtenir une texture mousseuse.

Écrasez les biscuits à la cuillère pour obtenir de fines miettes et mélangez-les au cognac. Versez le tout dans la préparation et mélangez bien.

Répartissez la crème dans des ramequins individuels et placez au frais pendant 2 heures.

Crêpes bretonnes

Préparation : 10 minutes ■ Cuisson : 2 minutes par crêpes ■ Repos : 20 minutes ■ Budget : ★
Difficulté : ★

Pour 2 personnes

- 150 g de farine
- 2 œufs
- 20 g de beurre
- 20 cl de lait

Mélangez la farine et les œufs puis incorporez progressivement le lait et le beurre fondu.

Si la pâte est trop épaisse, rajoutez un peu de lait.
Laissez reposer 20 minutes.

Huilez une crêpière et faites-la bien chauffer avant de faire cuire la première crêpe. La cuisson est d'environ 1 minute pour chaque face.

Dégustez aussitôt avec un peu de sucre, de la confiture ou du chocolat.

Croustillant à la poire

Préparation : 25 minutes ■ Cuisson : 30 minutes ■ Budget : ★ Difficulté : ★

Pour 1 personne

Pour la crème aux amandes

- 20 g de poudre d'amandes
- 1 cuil. à café de crème fraîche épaisse
- 10 g de beurre
- 10 g de sucre en poudre
- 1 œuf

Pour le croustillant

- 1 feuille de brick
- 100 g de sucre en poudre
- 1 poire
- 0,5 cl de vanille liquide
- 1 jaune d'œuf

Dans un bol, mélangez le beurre et le sucre en poudre. Ajoutez l'œuf, la poudre d'amandes et la crème fraîche. Mélangez pour obtenir une crème bien lisse. Réservez

Dans une casserole d'eau, mettez la vanille et 100 g de sucre en poudre. Faites bouillir le mélange et plongez-y la poire, juste pelée. Laissez cuire 20 minutes. Laissez refroidir un peu puis découpez la poire en fines lamelles.

Préchauffez le four à 180 °C (th. 6).

Coupez la feuille de brick en triangles. Déposez au centre la poire en lamelles et versez dessus la crème aux amande. Repliez la feuille en ramenant les coins vers le centre et badigeonnez avec le jaune d'œuf.

Placez au four et laissez cuire 10 minutes.

Croustillant de fraises au mascarpone

Préparation : 15 minutes ■ Cuisson : 10 minutes ■ Repos : 2 heures ■ Budget : ★ Difficulté : ★

Pour 6 personnes

- 6 feuilles de brick
- 300 g de fraises
- 250 g de mascarpone
- 80 g de sucre en poudre
- 25 g de beurre
- 1 jaune d'œuf

Préchauffez le four à 180 °C (th. 6).
Découpez six cercles de taille identique dans les feuilles de brick. Badigeonnez-les avec le beurre ramolli et placez-les au four pendant 10 minutes, jusqu'à ce qu'elles soient légèrement dorées. Réservez.
Pendant ce temps, lavez les fraises, équeutez-les et découpez-les en fines lamelles.
Dans un saladier, battez le jaune d'œuf avec le sucre en poudre jusqu'à ce que le mélange blanchisse et devienne mousseux. Ajoutez alors le mascarpone et mélangez pour obtenir une crème épaisse.
Sur un plat, déposez deux feuilles de brick et étalez-y la moitié de la crème et la moitié des lamelles de fraises. Recouvrez de deux disques de brick, puis du reste de crème et de fraises. Déposez enfin les deux derniers cercles de brick. Placez au frais pendant 2 heures.

Crumble aux fruits et au chocolat

Préparation : 15 minutes ■ Cuisson : 30 minutes ■ Budget : ★ Difficulté : ★

Pour 6 personnes

- 200 g de chocolat noir
- 200 g de farine
- 100 g de sucre en poudre
- 100 g de beurre
- 150 g d'abricots secs
- 50 g de cerneaux de noix
- 2 poires
- 1 banane

Cassez le chocolat noir en petits morceaux.
Malaxez à la main la farine, le sucre en poudre et le beurre coupé en petits morceaux et ramolli afin d'obtenir une pâte ressemblant à du sable. Ajoutez-y les éclats de chocolat et mélangez bien.

Pelez les poires et coupez-les en petits morceaux. Coupez également les abricots secs en petits dés. Ôtez la peau de la banane et débitez-la en rondelles fines. Écrasez les cerneaux de noix.

Préchauffez le four à 200 °C (th. 6-7).

Dans un plat à gratin, répartissez les morceaux de fruits et de noix, et recouvrez avec la pâte. Aplanissez la surface. Placez au four et laissez cuire 30 minutes, jusqu'à ce que la croûte soit bien dorée.

Crumble aux pommes

Préparation : 15 minutes ■ Cuisson : 15 minutes ■ Budget : ★ Difficulté : ★

Pour 6 personnes

- 4 pommes
- 175 g de farine
- 175 g de cassonade
- 105 g de beurre
- Le jus de 1 orange
- 1 sachet de sucre vanillé
- Sel
- Cannelle

Pelez les pommes et coupez-les en gros dés. Dans une poêle, faites-les revenir dans 30 g de beurre et le sachet de sucre vanillé. Quand les pommes commencent à caraméliser, ajoutez-y le jus d'une orange et une pincée de cannelle. Laissez réduire 3 minutes à feu doux.

Dans un bol, mélangez avec les doigts la farine, la cassonade et 75 g de beurre coupé en petits morceaux jusqu'à obtenir une texture sableuse. Ajoutez-y une pincée de sel.

Préchauffez le four à 180 °C (th. 6).

Dans un plat, disposez les morceaux de pommes caramélisés et recouvrez-les de pâte. Placez au four et laissez cuire 15 minutes jusqu'à ce que le crumble soit bien doré.

Délices au chocolat et aux agrumes

Préparation : 30 minutes ■ Repos : 9 heures ■ Budget : ★ Difficulté : ★

Pour 2 personnes

- 10 cl de lait concentré sucré
- 50 g de chocolat noir
- 50 g de sucre en poudre
- 10 cl de lait concentré non sucré
- 1 jaune d'œuf
- 1 feuille de gélatine
- 1 orange
- 1 citron vert

Faites ramollir la feuille de gélatine dans de l'eau froide pendant 20 minutes. Placez le lait concentré non sucré au réfrigérateur pendant 30 minutes.
Faites fondre le chocolat en morceaux dans le lait concentré sucré. Ajoutez la gélatine ramollie et mélangez bien. Laissez refroidir puis versez dans un saladier. Ajoutez le jaune d'œuf battu et mélangez au fouet.
Lavez l'orange et le citron vert et prélevez les zestes. Coupez les fruits en rondelles. Dans une casserole, faites chauffer 10 cl d'eau et le sucre en poudre. Ajoutez-y les zestes et les rondelles de fruits et laissez confire 10 minutes. Réservez les rondelles au frais et hachez les zestes.
Battez le lait concentré non sucré bien froid en mousse et incorporez-la délicatement à la préparation à base de chocolat. Ajoutez les zestes. Versez la préparation dans des ramequins tapissés de film alimentaire et placez-les au réfrigérateur pour 8 heures.

Dômes givrés au chocolat

Préparation : 20 minutes ■ Repos : 4 heures ■ Budget : ★ Difficulté : ★

Pour 2 personnes

- 80 g de chocolat noir
- 5 cl de crème fraîche liquide
- 30 g de cassonade
- 2,5 cl de lait
- 5 macarons
- 2 poires

Lavez et pelez une poire, coupez-la en petits dés et faites-les revenir dans une poêle, avec la cassonade. Réservez.

Dans un saladier, cassez le chocolat noir en morceaux.

Dans une casserole, faites chauffer à feu doux la crème fraîche et le lait. Versez ce mélange sur le chocolat et couvrez. Attendez 5 minutes puis mélangez bien. Ajoutez enfin les macarons émiettés et les morceaux de poire caramélisés. Versez cette préparation dans des ramequins tapissés de film alimentaire et placez-les au congélateur pour 4 heures.

Lavez, pelez et coupez la deuxième poire en fines lamelles. Démoulez les petits dômes glacés et servez-les avec les lamelles de poire.

Duo de mousses

Préparation : 20 minutes ■ Repos : 3 heures ■ Budget : ★ Difficulté : ★

Pour 2 personnes

- 2 demi-poires au sirop
- 80 g de chocolat noir
- 4 cl de lait concentré non sucré
- 4 macarons
- 2 œufs
- Le jus de 1 citron
- Sel

Séparez les blancs d'œufs des jaunes.
Faites fondre le chocolat avec un fond d'eau. Laissez tiédir hors du feu puis ajoutez les jaunes d'œufs. Mélangez fermement.
Dans un bol, battez les blancs d'œufs en neige ferme avec une pincée de sel et incorporez-les délicatement au chocolat.
Répartissez la préparation dans deux coupes et placez-les au frais pour 2 heures.
Pendant ce temps, versez le lait dans un saladier et placez-le 30 minutes au réfrigérateur pour qu'il soit bien froid.
Mixez les poires pour obtenir une purée.
Battez le lait en mousse avec le jus de citron et une fois qu'il est bien ferme, ajoutez-y délicatement la purée de poires.
Émiettez les macarons. Dans chaque coupe, déposez une couche de miettes de macarons puis une couche de mousse aux poires. Placez au réfrigérateur 1 heure de plus.

Figues au vin

Préparation : 15 minutes ■ Cuisson : 25 minutes ■ Repos : 2 heures ■ Budget : ★
Difficulté : ★

Pour 4 personnes

- 150 g de sucre en poudre
- 80 cl de vin rouge
- 15 g de sucre vanillé
- 12 figues fraîches
- 6 clous de girofle
- 1 gousse de vanille
- 1 bâton de cannelle

Dans une casserole, faites chauffer à feu moyen le vin rouge avec les clous de girofle, le sucre en poudre et le sucre vanillé. Ajoutez-y la gousse de vanille fendue en deux et le bâton de cannelle. Laissez infuser 10 minutes puis portez à ébullition.

Lavez les figues puis coupez-les en quatre. Ajoutez les morceaux de figues dans la casserole et laissez-les cuire 5 minutes en les arrosant régulièrement avec le vin. Répartissez les figues dans des assiettes à dessert et réservez.

Ôtez les clous de girofle, la gousse de vanille et la cannelle et faites réduire le vin jusqu'à obtenir un sirop épais. Nappez-en les figues.

Laissez refroidir puis placez au frais pour 2 heures.

Financiers au chocolat

Préparation : 30 minutes ■ Cuisson : 25 minutes ■ Budget : ★ Difficulté : ★

Pour 10 financiers

- 100 g de chocolat noir
- 40 g de beurre
- 40 g de sucre glace
- 40 g de poudre d'amandes
- 40 g de farine
- 2 blancs d'œufs
- 15 cl de crème fraîche liquide
- 1 sachet de levure
- 1 pincée de sel

Cassez le chocolat en petits éclats. Dans une casserole, faites chauffer la crème fraîche à feu moyen. Une fois qu'elle est bien chaude, ôtez la casserole du feu et versez-y les éclats de chocolat. Remuez doucement jusqu'à obtenir une préparation lisse.
Battez les blancs d'œufs mais sans les monter en neige. Ajoutez-leur la farine, le sucre glace, la poudre d'amandes, la levure et la pincée de sel. Mélangez bien à chaque ajout pour que la préparation soit homogène.
Dans une casserole, faites chauffer le beurre sur feu doux jusqu'à ce qu'il prenne une couleur dorée. Laissez-le refroidir un peu puis incorporez-le à la préparation à base d'œufs. Ajoutez le chocolat et mélangez doucement.
Préchauffez le four à 180 °C (th. 6).
Versez la pâte dans les moules à financier beurrés et placez au four. Laissez cuire 25 minutes.

Flan à la noix de coco

Préparation : 10 minutes ■ Cuisson : 35 minutes ■ Budget : ★ Difficulté : ★

Pour 4 personnes

- 125 g de noix de coco râpée
- 75 g de sucre en poudre
- 30 cl de lait
- 15 cl de lait concentré non sucré
- 4 œufs
- 10 morceaux de sucre

Préchauffez le four à 210 °C (th. 7).

Dans un saladier, mélangez les œufs avec le sucre en poudre jusqu'à ce que le mélange blanchisse. Ajoutez-y le lait concentré, puis le lait et mélangez bien pour obtenir une préparation homogène. Incorporez-y la poudre de noix de coco.

Dans une casserole, faites chauffer à feu doux les morceaux de sucre juste imbibés d'eau et laissez caraméliser doucement, sans mélanger (en faisant juste tourner la casserole). Dès que le caramel est doré, versez-le dans un moule à manqué et répartissez-le bien dans le fond.

Versez par-dessus la préparation et placez au four.

Laissez cuire 35 minutes.

Flan au citron

Préparation : 10 minutes ■ Cuisson : 45 minutes ■ Repos : 1 heure ■ Budget : ★ Difficulté : ★

Pour 1 personne

- 10 cl de lait concentré sucré
- 10 cl de lait
- 1 œuf
- 1 citron

Préchauffez le four à 180 °C (th. 6).

Lavez le citron et prélevez le zeste. Dans une casserole, faites chauffer le lait concentré sucré et le lait, puis ajoutez-y le zeste de citron. Laissez infuser 10 minutes puis ôtez le zeste. Ajoutez l'œuf battu et mélangez bien. Versez la préparation dans un ramequin.

Placez un grand plat rempli d'eau dans le four et déposez-y le moule individuel. Faites cuire 45 minutes au bain-marie. Laissez refroidir puis placez au frais pendant 1 heure.

Flans aux pommes

Préparation : 10 minutes ■ Cuisson : 25 minutes ■ Budget : ★ Difficulté : ★

Pour 4 personnes

- 45 g de sucre en poudre
- 3 cl de crème fraîche
- 3 pommes
- 1 banane
- 2 œufs
- Cannelle

Préchauffez le four à 180 °C (th. 6).

Dans un saladier, battez les œufs au fouet et ajoutez-y le sucre en poudre. Mélangez bien et ajoutez la crème fraîche et 1 cuil. à café de cannelle.

Découpez la banane et les pommes en très petits morceaux. Mélangez-les à la préparation.

Versez la pâte dans des ramequins individuels et placez-les au four.

Laissez cuire 25 minutes. Le centre doit rester mou.

Flan pâtissier

Préparation : 20 minutes ■ Cuisson : 50 minutes ■ Budget : ★ Difficulté : ★

Pour 6 personnes

- 1 pâte feuilletée
- 150 g de sucre en poudre
- 100 g de Maïzena
- 1 l de lait
- 3 œufs
- 1 sachet de sucre vanillé
- Beurre
- Farine
- 2 gousses de vanille

Étalez la pâte et déposez-la dans un moule à tarte beurré et fariné. Piquez le fond avec une fourchette et réservez au frais.
Préchauffez le four à 180 °C (th. 6). Dans un saladier, battez les œufs au fouet avec la Maïzena et ajoutez 12,5 cl de lait.
Dans une casserole, faites chauffer à feu moyen le lait restant avec le sachet de sucre vanillé, le sucre en poudre et les gousses de vanille fendues en deux. Laissez infuser 10 minutes en baissant le feu puis ôtez les gousses.
Dès que le mélange bout, versez-le lentement sur la préparation aux œufs en battant fermement au fouet. Quand la préparation est bien lisse, remettez-la dans la casserole et faites chauffer sur feu doux tout en remuant, jusqu'à ce que la texture épaississe.
Versez alors la crème sur le fond de tarte. Placez au four et laissez cuire 35 minutes. Le flan doit être bien doré.
Laissez refroidir complètement avant de démouler et placez au frais.

Fondant au chocolat

Préparation : 25 minutes ■ Cuisson : 35 minutes ■ Repos : 12 heures ■ Budget : ★
Difficulté : ★

Pour 6 personnes

- 250 g de chocolat noir
- 250 g de sucre en poudre
- 250 g de beurre
- 6 cl de café fort
- 30 g de farine
- 4 œufs

Dans une casserole, faites fondre à feu doux le chocolat coupé en petits morceaux avec le café et le sucre en poudre. Mélangez jusqu'à ce que la préparation soit bien lisse. Retirez la casserole du feu et laissez refroidir.

Incorporez ensuite le beurre coupé en morceaux, la farine puis les œufs battus en omelette. Mélangez bien pour que cette préparation soit homogène.

Préchauffez le four à 150 °C (th. 5).

Beurrez un moule à manqué, versez-y la préparation et placez au four. Laissez cuire 35 minutes.

Laissez refroidir puis placez au réfrigérateur pendant au moins 12 heures avant de démouler.

Fondant au citron

Préparation : 20 minutes ■ Cuisson : 30 minutes ■ Budget : ★ Difficulté : ★

Pour 6 personnes

- 200 g de sucre
- 200 g de farine
- 200 g de beurre
- 4 œufs
- 1 citron non traité
- Sel

Lavez le citron et prélevez le zeste. Plongez-le dans une casserole d'eau bouillante pendant 1 minute et réservez.
Pressez le citron et réservez le jus.
Préchauffez le four à 160 °C (th. 5-6).
Dans un saladier, travaillez le beurre au fouet jusqu'à ce qu'il prenne une consistance crémeuse, puis ajoutez le sucre en poudre tout en fouettant.
Séparez les blancs d'œufs des jaunes. Ajoutez les jaunes dans le saladier tout en mélangeant.
Incorporez la farine, le jus de citron et le zeste.
Montez les blancs en neige ferme avec une pincée de sel puis incorporez-les délicatement à la pâte.
Versez la préparation dans un moule à manqué beurré.
Placez au four et laissez cuire 30 minutes.

Galettes

Préparation : 20 minutes ■ Repos : 30 minutes ■ Cuisson : 15 minutes ■ Budget : ★
Difficulté : ★

Pour 20 galettes

- 250 g de farine
- 150 g de sucre en poudre
- 75 g de beurre
- 5 cl de lait
- 1 œuf
- 1 jaune d'œuf
- 1 sachet de sucre vanillé
- Sel
- Farine

Dans un saladier, mélangez la farine, le sucre en poudre, le beurre ramolli et un œuf. Ajoutez-y le sachet de sucre vanillé, une pincée de sel et le lait.

Pétrissez afin d'obtenir une pâte ferme. Formez une boule et laissez-la reposer 30 minutes à température ambiante.

Préchauffez le four à 180 °C (th. 6).

Prélevez dans la boule de pâte des morceaux de la taille d'une noix et aplatissez-les sur une plaque de cuisson farinée pour former les galettes.

Badigeonnez-les avec le jaune d'œuf et placez au four. Laissez cuire 15 minutes (les galettes doivent être bien dorées).

Gâteau à l'ananas

Préparation : 20 minutes ■ Cuisson : 40 minutes ■ Budget : ★ Difficulté : ★

Pour 6 personnes

- 1 boîte d'ananas au sirop
- 200 g de farine
- 150 g de sucre en poudre
- 100 g de Maïzena
- 3 cuil. à soupe de sucre brun
- 20 g de beurre
- 50 cl d'huile
- 3 cl de rhum
- 1 cuil. à café de vanille liquide
- 4 œufs
- 1 citron
- 1 yaourt nature
- 1 sachet de sucre vanillé
- 1 sachet de levure chimique

Découpez trois tranches d'ananas en petits dés et faites-les cuire à feu doux avec 1 cuil. à café de vanille liquide pendant environ 10 minutes.
Préparez un caramel clair en faisant fondre 20 g de beurre avec 3 cuil. à soupe de sucre brun et 1 cuil. à soupe de jus d'ananas.
Disposez les rondelles d'ananas qui restent dans un moule à manqué beurré et versez le caramel par-dessus.
Préchauffez le four à 180 °C (th. 6).
Dans un saladier, mélangez le yaourt, le sucre en poudre, les œufs et le sucre vanillé. Incorporez la farine tamisée, puis la levure et la Maïzena. Ajoutez l'huile petit à petit, en mélangeant bien la pâte. Ajoutez pour finir le rhum et le zeste du citron râpé.
Versez les dés d'ananas cuits et mélangez pour obtenir une préparation homogène.
Versez la pâte dans le moule et laissez cuire 40 minutes.

Gâteau à l'orange et au quatre-épices

Préparation : 20 minutes ■ Cuisson : 35 minutes ■ Repos : 2 heures ■ Budget : ★
Difficulté : ★

Pour 6 personnes

- 220 g de farine
- 200 g de sucre en poudre
- 200 g de confiture d'orange
- 100 g de beurre
- 8 cl d'huile
- 4 œufs
- 2 oranges
- 1 sachet de levure
- 1 cuil. à café de quatre-épices

Préchauffez le four à 180 °C (th. 6).

Dans un saladier, mélangez les œufs avec le sucre en poudre. Ajoutez 1 cuil. à café de quatre-épices.

Lavez les oranges, prélevez les zestes et le jus. Réservez. Hachez les zestes et ajoutez-les dans le saladier. Mélangez au fouet pour faire blanchir la préparation.

Ajoutez alors la farine tamisée avec la levure, puis versez lentement l'huile, le beurre fondu et le jus d'orange en mélangeant bien.

Versez la pâte dans un moule à manqué beurré et placez au four. Laissez cuire 35 minutes.

Laissez refroidir le gâteau puis ouvrez-le en deux. Étalez sur l'un des disques la confiture d'orange et recouvrez avec l'autre disque. Placez au frais au moins 2 heures.

Gâteau au fromage blanc

Préparation : 40 minutes ■ Cuisson : 50 minutes ■ Budget : ★ ★ Difficulté : ★

Pour 6 personnes

- 200 g de farine
- 100 g de beurre mou
- 170 g de sucre en poudre
- 1 sachet de sucre vanillé
- 1 sachet de levure
- 6 œufs
- 1 pincée de sel
- 500 g de fromage blanc à 20 % de MG
- 1 cuil. à soupe de Maïzena

Mélangez la farine, la levure, le beurre, 100 g de sucre, le sel et 3 œufs. Formez une pâte bien lisse. Ajoutez 2 ou 3 cuil. à soupe d'eau si nécessaire.

Beurrez un moule et tapissez-le de pâte. Placez-le au réfrigérateur. Préchauffez le four à 200 °C (th. 6-7).

Séparez les blancs des jaunes des 3 œufs restants. Battez les jaunes avec le restant de sucre en poudre et le sucre vanillé. Incorporez peu à peu le fromage blanc et la Maïzena tamisée.

Battez les 3 blancs d'œufs en neige ferme et incorporez-les au mélange précédent. Versez la crème au fromage blanc dans la pâte du moule.

Enfournez et laissez cuire 50 minutes environ. Le dessus doit devenir brun mais s'il colore trop vite, couvrez le gâteau d'une feuille d'aluminium.

Laissez le gâteau refroidir dans son moule avant de le servir et dégustez froid.

Gâteau aux carottes

Préparation : 30 minutes ■ Cuisson : 55 minutes ■ Budget : ★ Difficulté : ★

Pour 6 personnes

- 250 g de carottes
- 200 g de farine
- 150 g de sucre en poudre
- 125 g de beurre
- 75 g de cerneaux de noix
- 2 œufs
- 1 sachet de levure
- 1 cuil. à café de cannelle

Préchauffez le four à 150 °C (th. 5).

Épluchez les carottes et râpez-les finement.

Dans un saladier, fouettez les œufs avec le sucre en poudre jusqu'à ce que le mélange blanchisse et devienne mousseux.Ajoutez alors la farine tamisée et le beurre fondu au bain-marie. Mélangez bien.

Ajoutez le sachet de levure et la cannelle. Une fois que la pâte est bien homogène, incorporez-y les carottes râpées et les cerneaux de noix écrasés.

Mélangez bien puis versez cette préparation dans un moule à cake beurré.

Enfournez pour 55 minutes.

Gâteau aux noisettes

Préparation : 20 minutes ■ Cuisson : 35 minutes ■ Repos : 9 heures ■ Budget : ★
Difficulté : ★

Pour 4 personnes

- 220 g de chocolat au lait
- 200 g de poudre de noisettes
- 180 g de beurre
- 180 g de sucre en poudre
- 130 g de farine
- 4 œufs
- 0,5 cl de vanille liquide
- 1 sachet de levure
- 1 cuil. à café de cannelle
- Sel

Pour le glaçage

- 110 g de chocolat noir
- 10 cl de crème fraîche liquide

Préchauffez le four à 200 °C (th. 6-7). Fouettez le beurre et le sucre jusqu'à ce que le mélange devienne mousseux.
Séparez les blancs d'œufs des jaunes. Ajoutez les jaunes à la préparation, ainsi que la poudre de noisettes et le chocolat râpé. Versez la vanille liquide. Mélangez au fouet au fur et à mesure que vous ajoutez un ingrédient. Incorporez la farine tamisée, la levure et la cannelle. Montez les blancs en neige ferme avec une pincée de sel et incorporez-les à la pâte. Versez la préparation dans un moule à cake beurré. Placez au four et laissez cuire 35 minutes. Démoulez dès la sortie du four et laissez reposer au frais au moins 8 heures.
Préparez le glaçage : dans un bol, râpez le chocolat noir et versez dessus la crème fraîche liquide bouillante. Mélangez bien pour obtenir une préparation très lisse.
Étalez le glaçage sur toute la surface du gâteau et laissez au frais pendant 1 heure pour qu'il durcisse.

Gâteau aux pommes et aux noix

Préparation : 15 minutes ■ Cuisson : 1 heure ■ Budget : ★ Difficulté : ★

Pour 6 personnes

- 250 g de farine
- 200 g de sucre
- 100 g de cerneaux de noix
- 10 cl d'huile
- 4 pommes
- 2 œufs
- Cannelle
- 1 sachet de sucre vanillé
- 1 sachet de levure chimique

Préchauffez le four à 180 °C (th. 6).

Dans un saladier, mélangez les œufs et le sucre en poudre. Ajoutez l'huile, la farine tamisée, le sachet de sucre vanillé et celui de levure. Mélangez bien.

Pelez les pommes et coupez-les en petits dés. Incorporez-les à la pâte, ainsi que les cerneaux de noix écrasés. Mélangez bien.

Versez cette préparation dans un moule à cake beurré et fariné, puis saupoudrez de cannelle. Placez au four et laissez cuire 1 heure.

Gâteau de semoule à l'orange

Préparation : 20 minutes ■ Cuisson : 10 minutes ■ Repos : 2 heures ■ Budget : ★ Difficulté : ★

Pour 1 personne

- 25 cl de lait
- 40 g de semoule
- 20 g de beurre
- 15 g de sucre en poudre
- 2 œufs
- 1 orange

Prélevez le zeste de l'orange et réservez-le. Pressez l'orange et réservez le jus.

Dans une casserole, faites bouillir le lait avec le beurre, le zeste et le jus de l'orange. Versez ensuite la semoule en pluie et mélangez bien pour avoir une texture homogène. Laissez cuire 5 minutes à feu moyen en mélangeant, puis retirez du feu.

Séparez les blancs d'œufs des jaunes. Ajoutez les jaunes battus à la préparation et mélangez vivement. Ajoutez-y le sucre en poudre. Réservez hors du feu.
Montez les blancs en neige ferme avec une pincée de sel et incorporez-les à la préparation. Versez la crème dans un ramequin et laissez refroidir, puis placez au frais pendant 2 heures.

Gâteau fourré fraise

Préparation : 15 minutes ■ Cuisson : 45 minutes ■ Budget : ★ Difficulté : ★

Pour 4 personnes

- 180 g de farine
- 3 yaourts aux fraises
- 120 g de confiture de fraises
- 100 g de sucre en poudre
- 7,5 cl d'huile d'olive
- Beurre
- 3 œufs
- 1 sachet de levure

Préchauffez le four à 180 °C (th. 6).

Dans un saladier, mélangez les yaourts aux fraises et le sucre en poudre. Ajoutez-y la farine tamisée.

Cassez les œufs un par un et mélangez au fur et à mesure. Versez l'huile d'olive et terminez avec la levure. Mélangez bien pour obtenir une pâte homogène.

Versez la pâte dans un moule à manqué beurré et placez au four. Laissez cuire 45 minutes.

Démoulez et laissez refroidir puis coupez le gâteau en deux dans le sens de la hauteur.

Garnissez le centre de confiture de fraises puis reformez le gâteau.

Gâteau nougatine-chocolat

Préparation : 15 minutes ■ Cuisson : 40 minutes ■ Budget : ★★ Difficulté : ★

Pour 6 personnes

- 1 yaourt nature
- 2 pots de yaourts de sucre
- 3 œufs
- 3 pots de farine
- ½ sachet de levure
- ½ pot d'huile
- 3 cuil. à soupe de crème fraîche épaisse
- 90 g de nougatine en pépites
- 100 g de chocolat noir

Préchauffez le four à 180 °C (th. 6).

Mélangez le yaourt au sucre puis ajoutez les œufs, la farine, la levure, l'huile et la crème fraîche.

Incorporez ensuite la nougatine.

Râpez grossièrement le chocolat afin qu'il y ait des gros et des petits morceaux puis incorporez-le à la pâte.

Beurrez généreusement un moule et versez-y la pâte. Enfournez 40 minutes et vérifiez la cuisson à l'aide d'un couteau.

Laissez refroidir quelques minutes avant de démouler et dégustez.

Gâteau soufflé aux pommes

Préparation : 20 minutes ■ Cuisson : 45 minutes ■ Budget : ★ Difficulté : ★

Pour 6 personnes

- 1 kg de pommes
- 150 g de farine
- 100 g de beurre
- 100 g de sucre en poudre
- 60 g de fécule
- 3 œufs
- 1 citron
- ½ sachet de levure
- Sel

Préchauffez le four à 180 °C (th. 6). Dans un saladier, battez le beurre avec le sucre en poudre jusqu'à ce que le mélange soit mousseux.

Séparez les blancs d'œufs des jaunes. Pressez le citron, réservez le jus et récupérez le zeste sur la moitié.

Ajoutez dans le saladier les jaunes d'œufs, le zeste du citron, la farine, la fécule, la levure et une pincée de sel. Battez les blancs en neige ferme avec une pincée de sel et incorporez-les à la pâte. Versez cette préparation dans un moule à manqué beurré.

Pelez les pommes et coupez-les en petits quartiers. Déposez-les doucement sur la pâte, en couronne. Arrosez du jus de citron.

Placez au four et laissez cuire 45 minutes.

Gâteaux au sésame

Préparation : 10 minutes ■ Repos : 8 heures ■ Cuisson : 12 minutes ■ Budget : ★ Difficulté : ★

Pour 4 personnes

- 350 g de farine
- 150 g de sucre en poudre
- 150 g de beurre
- 100 g de graines de sésame
- 1 œuf
- Sel
- 5 g de levure de boulangerie

Dans un saladier, mélangez la farine et la levure, puis ajoutez une pincée de sel.
Dans un bol, fouettez fermement le sucre avec le beurre fondu. Ajoutez-y l'œuf battu.
Mélangez ces deux préparations afin d'obtenir une pâte bien lisse.
Roulez-la en cylindre d'environ 3 cm de diamètre. Divisez en plusieurs tronçons et emballez-les de papier aluminium. Placez au frais pendant 8 heures.
Préchauffez le four à 180 °C (th. 6).
Découpez les cylindres en rondelles et roulez-les dans un plat rempli de graines de sésame afin de les en recouvrir.
Déposez sur une plaque de cuisson beurrée et laissez cuire 10 minutes, jusqu'à ce que les gâteaux soient bien dorés.

Gaufres à la fleur d'oranger

Préparation : 15 minutes ■ Repos : 30 minutes ■ Cuisson : 5 minutes ■ Budget : ★
Difficulté : ★

Pour 4 personnes

- 275 g de farine
- 225 g de sucre en poudre
- 120 g de beurre
- 50 cl de lait
- 45 ml de fleur d'oranger
- 4 œufs
- 1 sachet de sucre vanillé
- Sel

Séparez les blancs des jaunes. Mélangez les jaunes avec le sucre en poudre jusqu'à ce qu'ils blanchissent. Incorporez alors la farine tamisée puis délayez avec le lait et 20 cl d'eau. Mélangez bien.

Battez les blancs d'œufs en neige avec une pincée de sel et ajoutez-y le sucre vanillé. Incorporez-les à la préparation. Ajoutez pour finir le beurre fondu et l'eau de fleur d'oranger. Laissez la pâte reposer 30 minutes.

Faites cuire quelques minutes au gaufrier : les gaufres doivent être bien dorées.

Gelée de fruits rouges en verrine

Préparation : 10 minutes ■ Repos : 3 heures ■ Budget : ★ Difficulté : ★ ★

Pour 4 personnes

- 70 g de sucre en poudre
- 60 g d'agar-agar en poudre
- 40 cl de lait de coco
- 12 framboises
- 12 fraises

Dans une casserole, faites chauffer le lait de coco avec 30 cl d'eau et le sucre en poudre à feu moyen. Lorsque le mélange frémit, ajoutez la poudre d'agar-agar et mélangez au fouet pour la dissoudre parfaitement. Laissez chauffer 1 minute.

Laissez refroidir un peu puis répartissez ce mélange dans des verrines.

Laissez refroidir 1 heure, puis ajoutez sur le dessus quelques framboises entières et des fraises coupées en fines lamelles.

Réservez au frais pendant au moins 2 heures.

Gratin d'ananas

Préparation : 20 minutes ■ Cuisson : 15 minutes ■ Budget : ★ Difficulté : ★

Pour 4 personnes

- 1 ananas
- 80 g de cassonade
- 1 cuil. à soupe de crème fraîche
- 40 cl de lait de coco
- 30 ml de rhum
- 2 jaunes d'œufs
- Beurre
- Sucre en poudre

Préchauffez le gril du four.

Pelez l'ananas et découpez sa chair en petits dés.

Dans un bol, mélangez le lait de coco, la cassonade, les jaunes d'œufs et la crème fraîche. Ajoutez le rhum.

Beurrez quatre petits plats à gratin, recouvrez le fond de sucre en poudre et déposez les dés d'ananas. Versez par-dessus la préparation.

Placez au four et laissez gratiner sous le gril du four pendant 15 minutes (le gratin doit être bien doré).

Gratin de mangue

Préparation : 20 minutes ■ Cuisson : 5 minutes ■ Budget : ★ Difficulté : ★

Pour 4 personnes

- 75 g de sucre en poudre
- 50 g de poudre de noix de coco
- 4 jaunes d'œufs
- 4 mangues
- 2 oranges
- 5 cl de rhum

Lavez les oranges et prélevez les zestes. Coupez-les en très fines lanières et faites-les blanchir 5 minutes à l'eau bouillante. Pressez les oranges et réservez le jus.

Pelez les mangues et coupez-les en lamelles.

Dans un bol, fouettez fermement les jaunes d'œufs avec le sucre en poudre et le jus des oranges. Placez ensuite ce mélange au bain-marie. Continuez de fouetter jusqu'à obtenir une texture crémeuse. Sortez du bain-marie et ajoutez le rhum.

Dans des petits ramequins, déposez les lamelles de mangues. Versez par-dessus la crème puis parsemez la poudre de noix de coco et les zestes des oranges. Placez 5 minutes sous le gril du four.

Îles flottantes

Préparation : 30 minutes ■ Cuisson : 10 minutes ■ Repos : 2 heures ■ Budget : ★
Difficulté : ★

Pour 4 personnes

- 125 g de sucre en poudre
- 70 cl de lait
- 3 œufs
- 1 gousse de vanille
- Sel

Séparez les blancs des jaunes. Battez les blancs en neige ferme avec une pincée de sel et ajoutez-y 30 g de sucre.
Faites chauffer le lait avec la gousse de vanille fendue en deux.
Prélevez des blancs en neige et déposez-les dans le lait chaud.
Laissez cuire 2 minutes, en veillant à ce que le lait ne bout pas.
Retournez avec une fourchette et laissez chauffer 1 minute de plus. Une fois que les blancs sont bien fermes, prélevez-les avec une passoire, égouttez-les et réservez dans une assiette.
Faites de même avec la totalité des blancs en neige. Réservez au frais.Dans un saladier, fouettez les jaunes d'œufs avec le reste de sucre en poudre. Versez alors le lait chaud, en remuant fortement. Versez cette préparation dans une casserole et faites cuire à feu doux quelques minutes, jusqu'à ce que la consistance soit bien crémeuse. Laissez refroidir.
Dans des assiettes creuses, versez un fond de crème anglaise.
Déposez-y les blancs en neige. Placez au frais et laissez refroidir 2 heures.

Kouign Amann

Préparation : 30 minutes ■ Repos : 3 h 30 ■ Cuisson : 35 minutes ■ Budget : ★ Difficulté : ★

Pour 6 personnes

- 190 g de farine
- 150 g de beurre demi-sel pommade
- 150 g de sucre
- 10 g de levure fraîche de boulanger
- 2 pincées de sel

Délayez la levure avec 3 cuil. à soupe d'eau tiède.
Mélangez la farine et le sel puis versez 10 cl d'eau tiède.
Travaillez la pâte jusqu'à ce qu'elle devienne souple.
Laissez lever 3 heures à température ambiante.
Beurrez un moule à manqué.
Étalez la pâte et donnez-lui une forme carrée d'environ 1 cm d'épaisseur. Placez-y le beurre et le sucre en laissant une marge de chaque côté.
Repliez la pâte en trois, aplatissez très finement au rouleau à pâtisserie, repliez à nouveau en trois et étalez en lui donnant cette fois une forme ronde. Placez-la dans le moule et laissez reposer 30 minutes.
Pendant ce temps, préchauffez le four à 210 °C (th. 7).
Enfournez ensuite pour 35 minutes.
Laissez tiédir avant de démouler et dégustez tiède ou froid.

Langues de chat

Préparation : 10 minutes ■ Cuisson : 10 minutes ■ Budget : ★ Difficulté : ★

Pour 25 langues de chat

- 70 g de beurre
- 70 g de sucre
- 70 g de farine
- 2 blancs d'œufs
- 1 sachet de sucre vanillé

Préchauffez le four à 200 °C (th. 6-7).

Dans un saladier, travaillez le beurre en pommade puis ajoutez-y le sucre en poudre, le sucre vanillé et la farine. Mélangez bien. Incorporez-y les blancs d'œufs battus.

Remplissez une poche à douille avec la pâte et déposez de petits boudins de pâte sur une plaque beurrée et farinée. Placez au four et laissez cuire 10 minutes au maximum.

Macarons à l'amaretto

Préparation : 20 minutes ■ Cuisson : 35 minutes ■ Repos : 2 heures ■ Budget : ★ Difficulté : ★

Pour 4 personnes

Pour la pâte
- 250 g de sucre en poudre
- 150 g de poudre d'amande
- 3 cl d'huile d'olive
- 3 blancs d'œufs

Pour la crème
- 250 g de mascarpone
- 20 g de sucre en poudre
- 5 cl de liqueur d'amaretto

Préchauffez le four à 180 °C (th. 6).
Dans un saladier, mélangez la poudre d'amande avec le sucre et un blanc d'œuf. Ajoutez l'huile tout en battant au fouet.
Montez les blancs d'œufs restants en neige et incorporez-les à la préparation.
Sur une plaque de cuisson, placez une feuille de papier sulfurisé et déposez des petites noix de pâte en les espaçant bien.
Placez au four et laissez cuire 35 minutes. Laissez bien refroidir avant de décoller les macarons du papier.
Pendant ce temps, dans un bol, mélangez au fouet le mascarpone et 20 g de sucre en poudre. Ajoutez la liqueur d'amaretto.
Assemblez les macarons deux par deux en déposant une noix de crème entre les deux biscuits. Placez au frais pendant 2 heures.

Macarons à la cannelle

Préparation : 15 minutes ■ Cuisson : 10 minutes ■ Budget : ★ Difficulté : ★

Pour 20 macrons

- 175 g de poudre d'amande
- 150 g de sucre glace
- 2 blancs d'œufs
- 2 cuil. à café de cannelle

Battez les blancs d'œufs au fouet puis ajoutez le sucre glace, la poudre d'amande et 2 cuil. à café de cannelle.

Préchauffez le four à 180 °C (th. 6).

Déposez des petits tas de pâte de la taille d'une noix sur une plaque de cuisson beurrée et farinée. Placez au four et laissez cuire 10 minutes, jusqu'à ce que les macarons soient bien dorés.

Macarons à l'amaretto

Préparation : 20 minutes ■ Cuisson : 35 minutes ■ Repos : 2 heures ■ Budget : ★ Difficulté : ★

Pour 4 personnes

Pour la pâte

- 250 g de sucre en poudre
- 150 g de poudre d'amande
- 3 cl d'huile d'olive
- 3 blancs d'œufs

Pour la crème

- 250 g de mascarpone
- 20 g de sucre en poudre
- 5 cl de liqueur d'amaretto

Préchauffez le four à 180 °C (th. 6).
Dans un saladier, mélangez la poudre d'amande avec le sucre et un blanc d'œuf. Ajoutez l'huile tout en battant au fouet.
Montez les blancs d'œufs restants en neige et incorporez-les à la préparation.
Sur une plaque de cuisson, placez une feuille de papier sulfurisé et déposez des petites noix de pâte en les espaçant bien.
Placez au four et laissez cuire 35 minutes. Laissez bien refroidir avant de décoller les macarons du papier.
Pendant ce temps, dans un bol, mélangez au fouet le mascarpone et 20 g de sucre en poudre. Ajoutez la liqueur d'amaretto.
Assemblez les macarons deux par deux en déposant une noix de crème entre les deux biscuits. Placez au frais pendant 2 heures.

Madeleines à la banane

Préparation : 20 minutes ■ Cuisson : 10 minutes ■ Budget : ★ Difficulté : ★

Pour 6 personnes

- 80 g de beurre
- 80 g de sucre en poudre
- 80 g de farine
- 2 œufs
- 2 bananes
- 1 sachet de levure
- Sel

Préchauffez le four à 210 °C (th. 7).

Dans un saladier, mélangez la farine, le sucre en poudre, la levure et le sel. Séparez les blancs d'œufs des jaunes. Ajoutez les jaunes d'œufs à la préparation et mélangez bien. Battez les blancs en neige ferme avec une pincée de sel. Incorporez-les à la pâte.

Battez le beurre à la fourchette et ajoutez-le en battant vivement au fouet. Mixez les bananes et ajoutez-les à la pâte. Mélangez bien.

Versez environ 1 cuil. à soupe de pâte dans les alvéoles d'une plaque à madeleines (beurrées au préalable).

Placez au four et laissez cuire 10 minutes.

Démoulez-les tant qu'elles sont chaudes.

Madeleines aux fruits confits

Préparation : 20 minutes ■ Cuisson : 10 minutes ■ Budget : ★ Difficulté : ★

Pour 4 personnes

- 100 g de beurre
- 100 g de sucre en poudre
- 100 g de farine
- 100 g de fruits confits
- 2 œufs
- 60 ml de rhum
- 1 citron non traité
- 1 sachet de levure
- Sel

Dans un bol, mélangez les fruits confits (coupés en petits dés) avec le rhum. Laissez reposer.
Préchauffez le four à 210 °C (th. 7).
Séparez les blancs d'œufs des jaunes. Dans un saladier, mélangez la farine tamisée, le sucre en poudre, les jaunes d'œufs, une pincée de sel et la levure.
Battez les blancs à la fourchette et ajoutez-les à la préparation. Incorporez-y le beurre déjà battu au fouet, en mélangeant fermement la pâte.
Ajoutez enfin le zeste du citron finement râpé et les fruits confits égouttés.
Beurrez un moule à madeleines et remplissez chaque alvéole aux trois quarts avec cette pâte. Placez au four et laissez cuire environ 10 minutes, jusqu'à ce que les madeleines soient bien dorées.

Madeleines aux pépites de chocolat

Préparation : 10 minutes ■ Cuisson : 10 minutes ■ Budget : ★ Difficulté : ★

Pour 30 madeleines

- 350 g de farine
- 220 g de sucre en poudre
- 12,5 cl de lait
- 10 cl d'huile
- 50 g de pépites de chocolat
- 3 œufs
- 1 sachet de levure chimique
- 1 sachet de sucre vanillé

Dans un saladier, battez les œufs avec le sucre jusqu'à ce que le mélange blanchisse.

Ajoutez-y la farine tamisée, le sucre vanillé et la levure. Mélangez bien et formez un puits. Versez-y peu à peu le lait en battant sans arrêt jusqu'à ce que la pâte soit bien homogène.

Ajoutez l'huile et mélangez à nouveau.

Préchauffez le four à 180 °C (th. 6).

Versez la pâte dans les alvéoles d'un moule à madeleines beurré et saupoudrez-les de pépites de chocolat. Placez au four et laissez cuire 10 minutes.

Marbré au chocolat

Préparation : 15 minutes ■ Cuisson : 30 minutes ■ Budget : ★ Difficulté : ★

Pour 6 personnes

- 160 g de farine
- 100 g de chocolat
- 120 g de beurre
- 110 g de sucre
- 3 œufs
- ½ sachet de levure

Préchauffez le four à 180 °C (th. 6). Faites fondre le beurre au four à micro-ondes.

Mélangez les œufs avec le sucre jusqu'à ce que le mélange blanchisse. Ajoutez la farine, la levure et le beurre. Mélangez bien.
Beurrez un moule à cake et versez-y la moitié de la préparation.

Faites fondre le chocolat au four à micro-ondes et incorporez-le au restant de pâte.

Versez dans le moule et à l'aide d'une cuillère, faites des vagues dans la pâte.

Enfournez 30 minutes et dégustez tiède.

Marquise au chocolat

Préparation : 20 minutes ■ Repos : 2 heures ■ Budget : ★ ★ Difficulté : ★

Pour 6 personnes

- 150 g de chocolat noir
- 80 g de beurre
- 50 g de sucre en poudre
- 3 œufs
- Sel

Pour la sauce au caramel
- 100 g de sucre
- 4 cuil. à soupe de crème fraîche

Dans une casserole, faites fondre le chocolat coupé en morceaux au bain-marie.
Séparez les blancs d'œufs des jaunes. Dans un saladier, fouettez les jaunes d'œufs avec le sucre en poudre, jusqu'à ce que le mélange blanchisse. Ajoutez alors le beurre fondu et le chocolat.

Montez les blancs d'œufs en neige ferme avec une pincée de sel. Incorporez-les délicatement au chocolat.

Humidifiez un moule à savarin avec de l'eau froide et versez-y cette préparation. Recouvrez avec du film alimentaire et placez au réfrigérateur pendant 12 heures.

Démoulez sur un plat avant de servir. Préparez la sauce au caramel : faites chauffer le sucre, la crème fraîche et l'eau dans une casserole.

Meringues

Préparation : 20 minutes ■ Cuisson : 50 minutes ■ Budget : ★ Difficulté : ★

Pour 4 personnes

- 2 blancs d'œufs
- 130 g de sucre glace

Dans un robot, versez les blancs d'œufs et faites tourner 10 minutes à puissance moyenne. Versez progressivement le sucre glace et laissez tourner 10 minutes de plus.

Préchauffez le four à 130 °C (th. 4-5).

Remplissez une poche à douille avec la préparation et déposez des petites boules de pâte (pas plus de 3 cm de diamètre), bien espacées, sur une plaque de cuisson beurrée et farinée. Placez au four en laissant la porte légèrement entrouverte.

Laissez cuire 50 minutes : les meringues doivent être fermes et bien blanches.

Une fois la cuisson terminée, éteignez le four et laissez les meringues refroidir dedans avant de les sortir.

Milk-shake framboise

Préparation : 5 minutes ■ Budget : ★ Difficulté : ★

Pour 2 personnes

- 25 cl de lait
- 3 cl de yaourt bulgare
- 2 boules de glace à la framboise

Mixez le lait avec le yaourt et les boules de glace à la framboise pendant quelques secondes. Versez le mélange dans un grand verre. Servez très frais.

Milk-shake à la banane

Préparation : 10 minutes ■ Cuisson : 8 minutes ■ Budget : ★ Difficulté : ★

Pour 1 personne

- 2 cuil. à soupe de glace à la banane
- 1 cuil. à soupe de sucre glace
- 1 banane
- 20 cl de lait

Passez au mixeur le lait, le sucre, la banane et la glace jusqu'à l'obtention d'un mélange onctueux.

Versez le milk-shake dans une coupe.

Mille-feuille au chocolat

Préparation : 30 minutes ■ Cuisson : 20 minutes ■ Repos : 1 h 30 ■ Budget : ★
Difficulté : ★

Pour 6personnes

- 1 pâte feuilletée
- 25 cl de lait
- 150 g de beurre
- 100 g de sucre en poudre
- 90 g de cacao en poudre
- 15 g de Maïzena
- 20 g de farine
- 2 œufs

Dans une casserole, faites bouillir le lait à feu moyen.

Dans un saladier, mélangez fermement les œufs et le sucre en poudre. Ajoutez ensuite la farine, 80 g de cacao en poudre et la Maïzena. Versez cette préparation dans la casserole et délayez avec le lait en chauffant pendant 3 minutes.

Ajoutez-y 75 g de beurre, remuez et laissez refroidir hors du feu. Placez au frais 30 minutes.

Préchauffez le four à 200 °C (th. 6-7). Étalez la pâte feuilletée et découpez-la en trois rectangles de même taille. Enfournez-les sur une plaque farinée et faites-les cuire 20 minutes. Laissez refroidir. Ajoutez le reste du beurre à la crème refroidie et montez-la au batteur.

Confectionnez le mille-feuille : posez un premier rectangle de pâte, recouvrez de crème. Ajoutez un deuxième rectangle de pâte, de la crème, le troisième rectangle de pâte et une dernière couche de crème. Saupoudrez du reste de cacao en poudre. Placez au frais au moins 1 heure.

Minestrone de fruits

Préparation : 20 minutes ■ Marinade : 1 heure ■ Cuisson : 10 minutes ■ Budget : ★ ★
Difficulté : ★

Pour 4 personnes

- 1 ananas
- 200 g de fraises
- 1 pomme
- 50 cl de jus d'orange

Équeutez les fraises et coupez-les en deux.

Coupez la chair d'ananas et la pomme en dés.

Mélangez tous les fruits dans un saladier et arrosez de jus d'orange.

Placez 1 heure au frais avant de déguster.

Moelleux à l'orange et au chocolat

Préparation : 30 minutes ■ Cuisson : 45 minutes ■ Budget : ★ Difficulté : ★

Pour 6 personnes

- 250 g de farine
- 250 g de sucre en poudre
- 250 g de beurre
- 200 g de chocolat noir
- 4 œufs
- 2 oranges
- 1 sachet de levure

Pour le glaçage

- 100 g de sucre glace
- 2 oranges

Dans un saladier, mélangez le beurre ramolli avec le sucre en poudre jusqu'à ce que le mélange blanchisse et devienne mousseux. Ajoutez alors les œufs puis la farine tamisée avec la levure. Mélangez bien.

Lavez les oranges et prélevez le zeste. Râpez-le et ajoutez-le à la préparation, ainsi que le jus des oranges.

Préchauffez le four à 180 °C (th. 6). Cassez le chocolat noir en morceaux et râpez-le grossièrement. Dans un moule à manqué beurré et fariné, versez environ un tiers de la pâte. Saupoudrez de la moitié du chocolat râpé. Recouvrez avec un second tiers de pâte, saupoudrez avec le restant de chocolat et terminez avec le reste de pâte.

Placez au four et laissez cuire 45 minutes. Environ 15 minutes avant la fin de la cuisson, préparez le glaçage. Dans une casserole, mélangez le sucre glace avec le jus des oranges. Faites chauffer à feu moyen jusqu'à ébullition. Réservez au chaud. Dès que le gâteau est cuit, démoulez-le et arrosez-le de sirop chaud. Laissez refroidir.

Moelleux au chocolat

Préparation : 10 minutes ■ Cuisson : 30 minutes ■ Budget : ★ Difficulté : ★

Pour 6 personnes

- 200 g de chocolat noir
- 200 g de sucre en poudre
- 150 g de farine
- 150 g de beurre
- 4 œufs
- 1 sachet de levure chimique
- Sel

Dans une casserole, faites fondre à feu doux le chocolat cassé en petits morceaux avec 10 cl d'eau. Quand le chocolat est bien lisse, ôtez du feu et ajoutez le beurre coupé en morceaux, la farine et la levure. Mélangez bien.

Préchauffez le four à 200 °C (th. 6-7).

Séparez les blancs d'œufs des jaunes. Battez au fouet les jaunes d'œufs avec le sucre en poudre jusqu'à ce que le mélange mousse. Ajoutez-le alors au chocolat et mélangez.

Battez les blancs en neige ferme avec une pincée de sel puis incorporez-les délicatement au chocolat.

Versez la pâte dans un moule à manqué beurré et placez au four.

Laissez cuire 30 minutes (le cœur doit rester fondant).

Mousse au chocolat

Préparation : 10 minutes ■ Repos : 3 heures ■ Budget : ★ Difficulté : ★

Pour 6 personnes

- 200 g de chocolat noir
- 6 œufs
- Sel

Dans une casserole, faites fondre au bain-marie le chocolat cassé en petits morceaux. Laissez refroidir un peu.

Séparez les blancs d'œufs des jaunes.

Montez les blancs d'œufs en neige très ferme en ajoutant une pincée de sel. Dans un saladier, versez doucement le chocolat fondu sur les jaunes d'œufs, en mélangeant énergiquement.

Incorporez-y ensuite très délicatement les blancs en neige. Placez au réfrigérateur pendant au moins 3 heures avant de servir.

Mousse au chocolat blanc

Préparation : 20 minutes ■ Cuisson : 10 minutes ■ Repos : 2 heures ■ Budget : ★
Difficulté : ★

Pour 4 personnes

- 200 g de chocolat blanc
- 25 g de lait entier
- 25 g de beurre
- 20 g de sucre en poudre
- 10 cl de crème fraîche liquide
- 3 œufs

Dans une casserole, faites chauffer le lait et la crème fraîche liquide. Mélangez bien.

Cassez le chocolat blanc en petits morceaux et incorporez-les dans la préparation. Mélangez au fouet pour obtenir une crème bien lisse.

Hors du feu, laissez refroidir quelques minutes puis ajoutez le beurre coupé en morceaux. Mélangez.

Séparez les blancs d'œufs des jaunes. Montez les blancs en neige ferme avec le sucre en poudre. Réservez.

Ajoutez les 3 jaunes d'œufs dans la préparation au chocolat et battez fermement pour qu'ils ne cuisent pas. Incorporez les blancs en neige à la préparation et mélangez délicatement.

Laissez refroidir à température ambiante puis placez au frais pour au moins 2 heures.

Mousse au citron

Préparation : 15 minutes ■ Repos : 3 heures ■ Budget : ★ Difficulté : ★

Pour 1 personne

- 50 g de sucre en poudre
- 30 g de crème fraîche
- 20 g de Maïzena
- 1 citron
- 1 œuf
- Sel

Séparez le blanc d'œuf du jaune.

Battez le jaune d'œuf avec le sucre en poudre jusqu'à ce que le mélange blanchisse. Ajoutez-y la Maïzena.

Faites chauffer 10 cl d'eau dans une casserole et versez-y le jus du citron. Ajoutez-y la préparation à base d'œuf et laissez chauffer sur feu doux jusqu'à ce qu'elle épaississe. Laissez refroidir.

Montez le blanc en neige ferme en y ajoutant une pincée de sel, incorporez-le à la mousse tiédie. Fouettez la crème fraîche et incorporez-la également à la mousse. Laissez-la refroidir complètement puis placez au frais pendant 3 heures.

Mousse au citron vert

Préparation : 15 minutes ■ Repos : 3 heures ■ Budget : ★ Difficulté : ★

Pour 6 personnes

- 150 g de fromage blanc
- 2 citrons verts non traités
- 2 œufs
- Sel et poivre

Séparez les blancs d'œufs des jaunes.

Dans un bol, battez les jaunes avec le fromage blanc et ajoutez-y le jus des citrons verts. Poivrez légèrement.

Montez les blancs d'œufs en neige ferme avec une pincée de sel et incorporez-les délicatement à la préparation.

Répartissez cette mousse dans des ramequins individuels et placez au frais pour 3 heures.

Mousse de fraises

Préparation : 15 minutes ■ Repos : 1 heure ■ Budget : ★ Difficulté : ★

Pour 6 personnes

- 500 g de fraises
- 500 g de crème fraîche liquide
- 125 g de sucre en poudre
- 6 feuilles de gélatine

Dans un bol d'eau froide, faites ramollir les feuilles de gélatine pendant 20 minutes.

Lavez les fraises et équeutez-les. Mixez-les pour obtenir de la pulpe. Dans une casserole, mélangez cette pulpe avec le sucre en poudre et remuez jusqu'à ébullition. Ôtez la casserole du feu et ajoutez la gélatine. Mélangez bien pour la faire fondre.

Laissez refroidir puis placez au frais pendant 1 heure. Réservez également la crème fraîche au frais.

Battez la crème fraîche pour la faire monter en mousse très ferme. Incorporez-la peu à peu à la pulpe de fraises froide, en mélangeant doucement. Réservez au frais.

Mousse au marron

Préparation : 10 minutes ■ Cuisson : 5 minutes ■ Repos : 2 heures ■ Budget : ★ Difficulté : ★

Pour 2 personnes

- 50 g de chocolat noir
- 3 cuil. à soupe de crème fraîche épaisse
- 30 g de crème de marrons
- 2 boules de glace à la vanille
- 4 cigarettes russes
- 2 blancs d'œufs
- Sel

Dans un saladier, mélangez vivement la crème fraîche et la crème de marrons.

Battez les blancs en neige ferme avec une pincée de sel. Incorporez-les délicatement à la crème de marrons.

Placez la préparation au réfrigérateur pendant 2 heures.

Pendant ce temps, faites fondre le chocolat au bain-marie.

Répartissez la mousse dans des ramequins, déposez une boule de glace à la vanille dessus. Décorez avec les cigarettes russes et le chocolat fondu. Servez immédiatement.

Mousse de poire

Préparation : 30 minutes ■ Repos : 8 heures ■ Budget : ★ Difficulté : ★

Pour 6 personnes

- 400 g de fromage blanc
- 50 g de sucre en poudre
- 4 poires
- 3 blancs d'œufs
- 3 feuilles de gélatine
- 1 sachet de sucre vanillé
- 5 cl de lait
- Le jus de 1 citron
- Sel

Épluchez les poires et épépinez-les. Coupez-les en gros morceaux et mixez-les pour obtenir une purée grossière. Arrosez avec le jus de citron. Réservez au frais.

Dans un bol, faites tremper les feuilles de gélatine dans de l'eau froide pendant 20 minutes pour les ramollir.

Pendant ce temps, dans un saladier, mélangez le fromage blanc avec le sucre en poudre et ajoutez le sucre vanillé. Incorporez-y la purée de poires.

Diluez la gélatine ramollie dans 5 cl de lait tiède et mélangez bien. Ajoutez cette préparation au fromage blanc et mélangez pour avoir une crème homogène.

Battez les blancs d'œufs en neige ferme avec une pincée de sel. Incorporez délicatement ces blancs en neige à la crème, pour obtenir une mousse aérienne.

Placez au frais et laissez reposer au moins 8 heures.

Muffins à la noix de coco

Préparation : 15 minutes ■ Cuisson : 25 minutes ■ Budget : ★ Difficulté : ★

Pour 10 muffins

- 250 g d'ananas
- au sirop
- 200 g de yaourt nature
- 150 g de farine
- 100 g de cassonade
- 50 g de noix de coco râpée
- 6,5 cl d'huile d'olive
- 2 cl de rhum blanc
- 1 œuf
- 1 sachet de levure
- 5 g de bicarbonate de soude
- Beurre

Dans un saladier, mélangez la farine tamisée avec la levure, le bicarbonate de soude et la noix de coco râpée. Égouttez les ananas au sirop puis découpez-les en gros dés.

Dans un autre saladier, battez au fouet l'œuf entier avec le yaourt nature, la cassonade, l'huile d'olive et les dés d'ananas. Ajoutez le rhum blanc.

Préchauffez le four à 180 °C (th. 6).
Incorporez la préparation à base de farine, puis mélangez bien afin d'obtenir une pâte homogène. Répartissez cette pâte dans des moules à muffin beurrés et placez au four.

Laissez cuire pendant 25 minutes, jusqu'à ce qu'ils soient bien dorés.

Muffins à la fraise

Préparation : 10 minutes ■ Cuisson : 20 minutes ■ Budget : ★ Difficulté : ★

Pour 12 muffins

- 250 g de farine
- 200 g de sucre en poudre
- 180 g de fraises
- 25 cl de lait
- 15 cl d'huile
- 20 g de beurre
- 2 œufs
- 1 sachet de levure chimique
- Menthe fraîche
- Sel

Préchauffez le four à 180 °C (th. 6).

Dans un saladier, mélangez la farine tamisée, la levure chimique et une pincée de sel.

Dans un bol, battez au fouet les œufs avec le sucre en poudre jusqu'à ce que le mélange blanchisse. Ajoutez le lait et l'huile, mélangez bien. Incorporez ce mélange à la farine.

Lavez les fraises et coupez-les en petits dés. Hachez une dizaine de feuilles de menthe.
Mélangez soigneusement les fraises et la menthe, puis ajoutez ce mélange à la pâte.

Versez la préparation dans des moules à muffins beurrés et remplissez-les jusqu'aux deux tiers. Placez au four et laissez cuire 20 minutes.

Muffins aux framboises

Préparation : 20 minutes ■ Cuisson : 25 minutes ■ Budget : ★ Difficulté : ★

Pour 12 muffins

- 250 g de farine
- 180 g de sucre en poudre
- 150 g de framboises
- 30 cl de lait
- 15 cl d'huile
- 10 g de beurre
- 10 g de sel
- 2 œufs
- 1 sachet de levure
- Menthe

Préchauffez le four à 180 °C (th. 6).

Dans un saladier, mélangez la farine tamisée avec le sel et la levure. Creusez-y un puits.

Dans un autre saladier, mélangez les œufs, le lait, le sucre en poudre et l'huile. Versez ce mélange dans le puits de la farine et incorporez rapidement en fouettant fermement.

Lavez les framboises, puis séchez-les. Lavez et essuyez les feuilles de menthe, hachez-les. Incorporez les framboises et la menthe à la pâte.

Répartissez cette préparation dans des moules à muffin beurrés (remplis aux deux tiers). Placez au four et laissez cuire 25 minutes.

Nectarines farcies

Préparation : 15 minutes ■ Cuisson : 20 minutes ■ Budget : ★ Difficulté : ★

Pour 4 personnes

- 6 nectarines
- 4 macarons
- 50 g d'amandes hachées
- 25 g de beurre
- Cannelle
- Le jus de 1 citron

Épluchez deux nectarines et récupérez-en la chair. Hachez-la et mélangez-la avec les macarons écrasés en petites miettes, les éclats d'amandes, le beurre ramolli et le jus de 1 citron. Réservez cette farce.

Préchauffez le four à 180 °C (th. 6).

Coupez les quatre nectarines restantes en deux, ôtez les noyaux et creusez un peu la chair à la cuillère. Remplissez ces cavités avec la farce aux amandes et saupoudrez de cannelle. Placez au four dans un plat et laissez cuire 20 minutes.

Nougat au chocolat

Préparation : 20 minutes ■ Repos : 12 heures ■ Budget : ★ Difficulté : ★

Pour 6 personnes

- 150 g de chocolat noir
- 100 g de beurre
- 25 g d'amandes grillées
- 25 de pistaches
- 25 g de noisettes grillées
- 25 g de pignons de pin grillés
- 15 g de sucre glace
- 2 œufs
- Sel

Dans une casserole, faites fondre le chocolat au bain-marie.

Séparez les blancs d'œufs des jaunes. Mélangez les jaunes d'œufs et le beurre jusqu'à ce que le mélange soit mousseux, ajoutez ensuite le chocolat fondu.

Écrasez les amandes, les pistaches et les noisettes pour obtenir de petits éclats. Mélangez-les et ajoutez les pignons.

Montez les blancs en neige ferme avec une pincée de sel. Incorporez-les délicatement au chocolat fondu, ajoutez le sucre glace et les fruits secs.

Versez cette préparation dans un moule à cake et placez au frais. Laissez reposer pendant 12 heures.

Œufs à la neige au chocolat

Préparation : 20 minutes ■ Cuisson : 20 minutes ■ Budget : ★ Difficulté : ★

Pour 6 personnes

- 6 œufs
- 200 g de chocolat noir
- 150 g de sucre en poudre
- 20 cl de lait
- Sel

Séparez les blancs d'œufs des jaunes. Dans un saladier, montez les blancs en neige bien ferme avec une pincée de sel. Incorporez-y soigneusement la moitié du sucre en poudre.

Avec une cuillère à soupe, prélevez des portions de blanc d'œuf et plongez-les dans une casserole d'eau frémissante. Laissez chauffer quelques minutes sur chaque côté et placez-les sur un papier absorbant.

Dans une casserole, faites bouillir le lait et incorporez-y le chocolat coupé en morceaux. Laissez fondre en remuant.

Hors du feu, ajoutez-y les jaunes d'œufs et le reste de sucre en poudre. Mélangez bien.
Versez cette crème au chocolat dans des ramequins individuels et déposez-y les blancs d'œufs.

Servez immédiatement.

Oranges pochées au chocolat

Préparation : 20 minutes ■ Repos : 2 heures ■ Cuisson : 10 minutes ■ Budget : ★ Difficulté : ★

Pour 4 personnes

- 150 g de sucre en poudre
- 4 oranges
- Le jus de 1 citron

Pour la sauce chocolat

- 200 g de chocolat noir
- 2 cuil. à soupe de crème fraîche
- 30 g de sucre en poudre
- 20 g de beurre
- 15 cl de lait

Dans une casserole, faites bouillir 50 cl d'eau avec le sucre en poudre et le jus du citron.

Pelez les oranges et trempez-les entières dans le sirop. Laissez cuire 5 minutes avant de les sortir et de les égoutter. Déposez-les dans de petits ramequins.

Laissez réduire le sirop de moitié puis versez-le sur les oranges. Laissez refroidir puis placez au frais au moins 2 heures.

Juste avant de servir, coupez le chocolat en petits carrés et faites-le fondre doucement au bain-marie. Faites bouillir le lait puis mélangez-le avec le chocolat fondu. Ajoutez la crème fraîche, le sucre en poudre et le beurre. Mélangez bien pour obtenir une sauce onctueuse.

Oranges rôties au four

Préparation : 10 minutes ■ Cuisson : 10 minutes ■ Budget : ★ Difficulté : ★

Pour 6 personnes

- 3 oranges
- 100 g de sucre roux en poudre
- 15 g de beurre

Préchauffez votre four à 240 °C (th. 8).

Lavez les oranges et coupez-les en deux. Disposez-les dans un plat à gratin. Saupoudrez-les avec le sucre roux.

Dans une poêle, faites fondre le beurre à feu très doux et répartissez-le sur les oranges.

Placez au four et laissez cuire 10 minutes.

Pain d'épices

Préparation : 10 minutes ■ Cuisson : 1 heure ■ Budget : ★ Difficulté : ★

Pour 6 personnes

- 250 g de farine
- 150 g de miel
- 100 g de cassonade
- 25 cl de lait
- 1 cuil. à café de cannelle
- 1 cuil. à café de mélange quatre-épices (spécial pain d'épices)
- 1 sachet de levure chimique

Préchauffez le four à 170 °C (th. 5-6).

Dans un saladier, mélangez la farine, la levure, la cassonade et les épices. Mélangez bien puis faites un puits au centre.

Dans une casserole, faites chauffer le lait à feu doux et diluez-y le miel en mélangeant bien. Versez-le ensuite dans le saladier et incorporez-le doucement.

Versez la pâte dans un moule à cake beurré et placez-le au four.

Laissez cuire 1 heure. Le pain d'épices doit être bien doré.

Pain d'épices au chocolat

Préparation : 25 minutes ■ Repos : 8 heures ■ Cuisson : 45 minutes ■ Budget : ★
Difficulté : ★

Pour 6 personnes

- 300 g de farine
- 240 g de miel
- 200 g de chocolat noir
- 60 g de sucre en poudre roux
- 30 cl de lait
- 3 œufs
- 1 gousse de vanille
- 15 ml de fleur d'oranger
- 15 g de bicarbonate de soude
- 10 g de mélange quatre-épices (spécial pain d'épices)
- Beurre

Dans un saladier, mélangez le sucre, la farine et les œufs. Ajoutez-y également la fleur d'oranger, le bicarbonate de soude et les épices.
Dans une casserole, faites chauffer le lait avec le miel, en remuant bien pour qu'il fonde. Ajoutez-y la gousse de vanille fendue en deux. Laissez infuser 10 minutes, puis ôtez la gousse et versez cette préparation dans le saladier. Mélangez soigneusement.
Faites fondre le chocolat au bain-marie et versez-le dans le saladier. Mixez le tout pour obtenir une préparation parfaitement homogène et lisse. Versez-la dans un moule à cake beurré et fariné et placez-la au frais pendant 8 heures.
Préchauffez le four à 200 °C (th. 6-7).
Placez le moule au four et laissez cuire 45 minutes. Piquez le centre avec une pointe pour vérifier la cuisson : le centre doit être parfaitement cuit.

Pain perdu

Préparation : 5 minutes ■ Cuisson : 5 minutes ■ Budget : ★ Difficulté : ★

Pour 4 personnes

- 4 tranches de pain rassis
- ½ l de lait
- 75 g de sucre en poudre
- 15 g de sucre vanillé
- Beurre
- 2 œufs

Dans un bol, fouettez les œufs avec le lait et le sucre vanillé. Trempez-y les tranches de pain quelques minutes pour qu'elles soient bien imbibées.

Égouttez-les, puis faites-les cuire à la poêle avec un peu de beurre, jusqu'à ce que les deux faces soient bien dorées.

Saupoudrez de sucre en poudre juste avant de servir.

Pain perdu au caramel

Préparation : 10 minutes ■ Cuisson : 5 minutes ■ Budget : ★ Difficulté : ★

Pour 4 personnes

- 8 tranches épaisses de brioche
- ¼ l de lait
- 3 œufs
- 150 g de sucre
- 50 g de beurre
- 1 citron

Faites tiédir le lait et mêlez-y 75 g de sucre jusqu'à ce qu'il soit bien dissous.

Battez les œufs en omelette.

Faites fondre le beurre dans une grande poêle.

Trempez les tranches de brioche dans le lait sucré puis dans les œufs battus. Faites-les dorer dans la poêle, 2 minutes de chaque côté.

Pendant ce temps, préparez un caramel avec 75 g de sucre et une goutte d'eau. Une fois doré, ajoutez un trait de jus de citron et mélangez.

Servez la brioche chaude, nappée de caramel.

Palets aux raisins

Préparation : 10 minutes ■ Repos : 1 heure ■ Cuisson : 20 minutes ■ Budget : ★ Difficulté : ★

Pour 20 palets

- 80 g de farine
- 70 g de beurre
- 70 g de sucre en poudre
- 25 g de raisins secs
- 1 œuf
- 15 cl de rhum

Dans un bol, faites tremper les raisins secs dans le rhum pendant 1 heure.

Préchauffez le four à 150 °C (th. 5).

Travaillez le beurre en pommade et ajoutez le sucre en poudre. Battez l'œuf au fouet et mélangez-le au beurre. Ajoutez la farine tamisée et les raisins secs. Mélangez bien.

Déposez des petits tas de pâte sur une plaque de cuisson beurrée et farinée.

Placez au four pendant 20 minutes.

Palmiers de mon enfance

Préparation : 10 minutes ■ Cuisson : 15 minutes ■ Budget : ★ Difficulté : ★

Pour 4 personnes

- 1 pâte feuilletée
- 60 g de sucre en poudre
- 2 jaunes d'œufs

Préchauffez le four à 180 °C (th. 6).

Étalez la pâte feuilletée et parsemez-la de sucre.

Roulez la pâte des deux côtés jusqu'en son centre.

Coupez le rouleau obtenu en fines tranches et disposez-les sur une plaque recouverte de papier sulfurisé.

Badigeonnez les tranches de jaune d'œuf.

Enfourner pour 15 minutes puis laissez refroidir avant de déguster.

Pamplemousses caramélisés

Préparation : 10 minutes ■ Cuisson : 10 minutes ■ Budget : ★ Difficulté : ★

Pour 4 personnes

- 2 pamplemousses
- 100 g de cassonade
- Cannelle

Préchauffez le four en position gril.

Lavez les pamplemousses et coupez-les en deux.

Prélevez la chair des fruits et mixez-la grossièrement pour obtenir une pulpe épaisse.

Remplissez les peaux des fruits avec cette pulpe et saupoudrez de cassonade et de cannelle.

Enfournez sous le gril pour 10 minutes. La chair des pamplemousses doit être caramélisée.

Pancakes

Préparation : 10 minutes ■ Cuisson : 4 minutes ■ Budget : ★ Difficulté : ★

Pour 4 personnes

- 250 g de farine
- 50 g de levure
- 50 g de sucre
- 40 cl de lait
- 50 g de beurre
- 2 œufs
- Sel

Tamisez la farine avec la levure, le sucre et une pincée de sel. Mélangez le tout.

Séparez les blancs d'œufs des jaunes.

Dans un saladier, mélangez le lait, le beurre fondu et les jaunes d'œufs.

Ajoutez-y la farine tamisée avec le sucre en poudre, la levure et une pincée de sel.

Battez les blancs d'œufs en neige ferme et incorporez-les délicatement à la pâte.

Dans une crêpière beurrée, versez environ 2 cuil. à soupe de pâte. Laissez dorer 2 minutes puis retournez. Laissez cuire 1 minute de plus et réservez au chaud.

Panettone

Préparation : 15 minutes ■ Cuisson : 50 minutes ■ Repos : 1 h 15 ■ Budget : ★ Difficulté : ★

Pour 8 personnes

- 600 g de farine
- 120 g de beurre
- 100 g de citron confit
- 100 g de raisins secs
- 80 g de sucre en poudre
- 6 œufs
- Extrait de vanille
- Le zeste de 1 citron
- 2 sachets de levure boulangère
- Sel

Séparez les blancs d'œufs des jaunes. Dans un saladier, mélangez la farine tamisée et la levure. Ajoutez les jaunes d'œufs, l'extrait de vanille, le sucre et du sel.
Ajoutez le zeste et 10 cl d'eau tiède. Mélangez. Mettez du beurre ramolli de côté et ajoutez le reste. Travaillez la pâte. Déposez la pâte dans une terrine beurrée, saupoudrez de farine, recouvrez et laissez reposer 1 heure.
Ajoutez alors le citron confit et les raisins et mélangez bien pour les répartir dans la pâte. Garnissez un moule à brioche de papier sulfurisé beurré. Déposez-y la pâte et laissez reposer à couvert 15 minutes de plus.
Préchauffez le four à 200 °C (th. 6-7). Badigeonnez la pâte avec du beurre ramolli puis placez au four. Laissez cuire 15 minutes puis renouvelez l'opération. Baissez le four à 160 °C (th. 5-6) et laissez cuire 35 minutes de plus. La brioche doit être bien dorée.

Panna cotta vanille

Préparation : 20 minutes ■ Cuisson : 5 minutes ■ Repos : 8 heures ■ Budget : ★ Difficulté : ★

Pour 4 personnes

- 50 g de sucre en poudre
- 30 cl de lait
- 25 cl de crème fraîche liquide
- 3 feuilles de gélatine
- 1 gousse de vanille

Dans un bol d'eau froide, faites ramollir les feuilles de gélatine pendant 20 minutes.

Pendant ce temps, dans une casserole, faites chauffer à feu moyen la crème fraîche liquide, le lait, le sucre en poudre et la gousse de vanille fendue en deux. Dès le début de l'ébullition, ôtez la gousse de vanille et ajoutez la gélatine ramollie.

Remuez pour homogénéiser la préparation. Laissez chauffer 2 minutes de plus puis répartissez la crème dans quatre ramequins individuels.

Laissez reposer 8 heures avant de servir.

Pavé au chocolat

Préparation : 10 minutes ■ Cuisson : 20 minutes ■ Budget : ★ Difficulté : ★

Pour 6 personnes

- 125 g de chocolat noir
- 125 g de beurre
- 125 g de poudre d'amandes
- 125 g de sucre en poudre
- 75 g de farine
- 4 œufs
- Sel

Dans une casserole, faites fondre à feu doux le beurre et le chocolat noir, en remuant régulièrement.

Préchauffez le four à 175 °C (th. 5-6).

Dans un saladier, mélangez la farine, le sucre en poudre, les œufs et la poudre d'amandes. Ajoutez-y la préparation au chocolat et mélangez jusqu'à obtenir une texture bien homogène. Ajoutez une pincée de sel. Versez le tout dans un moule à manqué préalablement beurré et fariné.

Placez au four et laissez cuire 20 minutes.
Piquez le centre avec une pointe pour vérifier la cuisson : il doit rester moelleux.

Perles de coco

Préparation : 15 minutes ■ Cuisson : 10 minutes ■ Budget : ★ Difficulté : ★

Pour 6 personnes

- 40 cl de lait de coco
- 120 g de tapioca
- 100 g de sucre en poudre
- 100 g de noix de coco râpée
- 2 bananes

Dans une casserole, faites chauffer 10 cl d'eau, le sucre et le lait de coco. Une fois que le mélange est bien chaud, ajoutez-y le tapioca et les bananes réduites en purée.

Mélangez sans cesse jusqu'à ce que le mélange devienne transparent (environ 10 minutes).

Laissez tiédir hors du feu. Quand la texture le permet, confectionnez des boules de la taille d'une noix. Faites-les rouler dans la noix de coco râpée.

Laissez refroidir.

Petites crèmes à l'amande

Préparation : 10 minutes ■ Cuisson : 10 minutes ■ Repos : 2 heures ■ Budget : ★ Difficulté : ★

Pour 4 personnes

- 60 g de sucre en poudre
- 30 g de beurre
- 30 g de farine
- ½ l de lait
- 2 cl d'extrait d'amande amère

Dans une jatte, mélangez le lait et l'extrait d'amande. Réservez.

Dans une casserole, faites fondre le beurre à feu doux et ajoutez-y la farine. Mélangez au fouet. Dès que le mélange devient mousseux, ôtez du feu et laissez refroidir quelques minutes. Versez ensuite peu à peu le lait en fouettant pour éviter les grumeaux.

Une fois la préparation bien lisse, remettez sur le feu et remuez constamment jusqu'à ébullition. Ajoutez alors le sucre en poudre et laissez chauffer 2 minutes de plus.

Répartissez la crème dans des ramequins individuels et laissez refroidir. Placez au frais au moins 2 heures avant de consommer.

Petites crèmes de marrons

Préparation : 15 minutes ■ Repos : 3 heures ■ Budget : ★ Difficulté : ★

Pour 4 personnes

- 300 g de châtaignes fraîches
- 100 g de chocolat noir
- 3 cuil. à soupe de crème fraîche épaisse
- 75 g de sucre
- 30 cl de lait
- 1 gousse de vanille

Plongez les châtaignes dans une casserole d'eau bouillante pendant 2 minutes. Sortez-les, égouttez-les puis pelez-les.

Dans une casserole, faites-les cuire pendant 30 minutes (après le premier bouillon) dans le lait, en ajoutant le sucre en poudre et la gousse de vanille fendue en deux.

Égouttez-les, réduisez-les en purée puis mélangez-les à la crème fraîche et au chocolat fondu au bain-marie.

Versez cette crème dans des petits moules individuels et placez au frais. Laissez reposer au moins 3 heures.

Petits carrés banane-chocolat

Préparation : 25 minutes ■ Cuisson : 35 minutes ■ Budget : ★ Difficulté : ★

Pour 2 personnes

- 110 g de farine
- 60 g de beurre
- 60 g de sucre en poudre
- 2 œufs
- 1 citron
- 5 cl de vanille liquide
- 1 sachet de levure
- Sel

Pour la pâte de banane
- 1 banane
- 15 g de sucre en poudre
- 50 g de pépites de chocolat
- 1 cuil. à café de vanille liquide
- Beurre

Dans un saladier, fouettez le beurre et le sucre jusqu'à ce que le mélange soit mousseux. Ajoutez alors 1 œuf battu, la vanille liquide et le zeste du citron finement râpé. Incorporez la farine tamisée, la levure et le sel. Malaxez bien pour obtenir une pâte homogène. Réservez.

Préchauffez le four à 180 °C (th. 6). Dans un bol, écrasez grossièrement la banane et mélangez-la avec le sucre en poudre et la vanille liquide.

Étalez la pâte et découpez-y deux rectangles de la même taille. Placez un des rectangles de pâte dans un plat beurré. Versez dessus la pâte de banane et saupoudrez avec les pépites de chocolat.

Recouvrez avec le 2e rectangle de pâte et soudez les bords avec un peu d'eau chaude. Badigeonnez avec un jaune d'œuf battu et placez au four. Laissez cuire 35 minutes (la pâte doit être bien dorée).

Poires pochées au chocolat

Préparation : 30 minutes ■ Cuisson : 30 minutes ■ Repos : 13 heures ■ Budget : ★
Difficulté : ★

Pour 4 personnes

- 4 poires type williams
- 250 g de chocolat noir
- 250 g de sucre en poudre
- 125 g de beurre
- 40 cl de vin blanc moelleux
- 3 œufs
- 1 citron
- 2 gousses de vanille
- Sel

Faites chauffer le vin avec 100 g de sucre en poudre, 20 cl d'eau et les gousses de vanille fendues. Pelez les poires et coupez-en la base. Arrosez-les du jus du citron et plongez-les dans le sirop à base de vin. Laissez cuire 20 minutes sur feu doux. Égouttez-les et réservez-les au frais.

Séparez les blancs d'œufs des jaunes. Mélangez le chocolat fondu, le beurre, les jaunes d'œufs et le reste de sucre. Montez les blancs en neige ferme avec une pincée de sel et incorporez-les. Remplissez un moule à cake beurré avec la préparation et réservez au frais 12 heures.

Coupez ensuite les poires en trois grosses tranches (dans le sens de la hauteur). Coupez le gâteau au chocolat en huit tranches. Reformez les poires en intercalant une tranche de poire et une de chocolat. Maintenez le tout à l'aide d'une pique. Réservez au frais au moins 1 heure.

Poires rôties et fromage blanc

Préparation : 15 minutes ■ Cuisson : 25 minutes ■ Budget : ★ Difficulté : ★

Pour 6 personnes

- 6 poires
- 250 g de fromage blanc
- 100 g de beurre
- 45 g de sucre roux en poudre
- 3 citrons
- Cannelle en poudre

Préchauffez le four à 200 °C (th. 6-7).
Pelez les poires et découpez-les en deux dans le sens de la longueur. Ôtez le cœur.
Lavez les citrons, prélevez les zestes puis pressez les citrons afin de recueillir le jus.
Humectez totalement les demi-poires avec le jus de citron afin qu'elles ne noircissent pas. Déposez une feuille de papier sulfurisé dans le fond d'un plat à gratin et déposez-y les poires, côté bombé vers le haut.
Dans une casserole, faites chauffer à feu doux le beurre, le sucre roux et la cannelle, en mélangeant très régulièrement pour que ça n'attache pas.
Versez cette préparation sur les poires puis placez au four et laissez pendant 25 minutes, jusqu'à ce que les poires soient bien dorées.
Répartissez le fromage blanc sur des assiettes et déposez deux demi-poires sur chacune. Décorez avec les zestes

Pommes au four de ma grand-mère

Préparation : 5 minutes ■ Cuisson : 30 minutes ■ Budget : ★ Difficulté : ★

Pour 4 personnes

- 4 pommes
- 20 g de beurre
- 4 cuil. à café de sucre en poudre

Préchauffez le four à 180 °C (th. 6).
Pelez les pommes et retirez le trognon en faisant attention de ne pas abîmer les fruits.

Placez les pommes sur un plat à gratin et mettez au centre de chacune d'elle 1 cuil. à café de sucre et un quart du beurre.

Versez également un verre d'eau dans le plat et enfournez pour 30 minutes.

Cette gourmandise se déguste tiède.

Pommes farcies au chocolat

Préparation : 15 minutes ■ Cuisson : 30 minutes ■ Budget : ★ Difficulté : ★

Pour 6 personnes

- 6 pommes type goldens
- 200 g de chocolat noir
- 175 g de beurre
- 175 g de farine
- 175 g de sucre en poudre
- Cannelle

Préchauffez le four à 180 °C (th. 6).

Préparez une base de crumble : dans un saladier, versez la farine, le beurre ramolli coupé en morceaux et le sucre en poudre. Malaxez à la main jusqu'à obtenir une pâte qui ait un aspect de sable grossier.

Pelez les pommes et évidez-les avec un économe.

Remplissez les pommes avec le chocolat coupé en tout petits morceaux, saupoudrez de cannelle et complétez avec la pâte.

Emballez les pommes avec du papier aluminium en laissant juste le haut ouvert pour que le crumble puisse dorer. Placez les pommes au four et laissez cuire 30 minutes.

Pudding aux raisins secs

Préparation : 25 minutes ■ Repos : 1 heure ■ Cuisson : 50 minutes ■ Budget : ★ Difficulté : ★

Pour 6 personnes

- 500 g de pain sec
- 250 g de sucre en poudre
- 250 g de beurre
- 200 g de raisins secs
- 15 g de Maïzena
- 4 œufs
- ½ l de lait
- 12 cl d'eau de fleur d'oranger
- 10 cl de rhum
- 2 sachets de sucre vanillé
- 1 sachet de levure chimique

Laissez les raisins gonfler dans le rhum pendant 1 heure. Faites tremper le pain sec dans 2 l d'eau et la fleur d'oranger pendant 10 minutes. Essorez-le pour enlever le plus d'eau possible.

Mélangez le pain détrempé avec le beurre fondu, 200 g de sucre en poudre, un sachet de sucre vanillé, 3 œufs battus, les raisins secs avec le rhum et le sachet de levure. Faites chauffer à feu doux pendant 10 minutes en remuant.

Dans une autre casserole, faites chauffer le lait, l'œuf restant, 50 g de sucre en poudre et la Maïzena jusqu'à ce que le mélange épaississe.

Préchauffez le four à 200 °C (th. 6-7). Mélangez le contenu des deux casseroles. Répartissez cette pâte dans un plat beurré et saupoudrez de sucre vanillé. Laissez cuire 50 minutes.

Quatre-quarts breton

Préparation : 10 minutes ■ Cuisson : 40 minutes ■ Budget : ★ Difficulté : ★

Pour 6 personnes

- 250 g de farine
- 4 œufs
- 250 g de sucre
- 250 g de beurre
- 1 sachet de levure

Préchauffez le four à 150 °C (th. 5).

Battez les œufs avec le sucre et ajoutez le beurre fondu.

Mélangez et incorporez peu à peu la farine puis la levure.

Beurrez un moule à cake et versez-y la préparation.

Enfournez pour 40 minutes.

Avant de le sortir du four, vérifiez la cuisson avec un couteau. Dégustez tiède ou froid.

Quatre-quarts chocolat-banane

Préparation : 15 minutes ■ Cuisson : 35 minutes ■ Budget : ★ Difficulté : ★

Pour 6 personnes

- 200 g de pépites de chocolat
- 200 g de farine
- 200 g de sucre en poudre
- 200 g de beurre
- 4 œufs
- 3 bananes
- 1 sachet de levure chimique
- 1 pincée de sel

Préchauffez le four à 210 °C (th. 7).

Dans un saladier, mélangez la farine, le sucre en poudre et la levure. Ajoutez une pincée de sel et formez un puits. Versez-y les œufs et incorporez-les un par un. Ajoutez enfin le beurre préalablement fondu. Mélangez bien.

Coupez les bananes en petits morceaux et mixez-les. Ajoutez-les à la préparation, ainsi que les pépites de chocolat.

Beurrez un moule à cake et versez-y la pâte. Placez au four pendant 35 minutes.

Vérifiez la cuisson en piquant le centre avec une pointe : elle doit ressortir sèche.

Quatre-quarts marbré

Préparation : 20 minutes ■ Cuisson : 50 minutes ■ Budget : ★ Difficulté : ★

Pour 4 personnes

- 200 g de beurre
- 200 g de sucre en poudre
- 120 g de fécule
- 120 g de farine
- 100 g de chocolat noir
- 30 g de poudre de cacao
- 3 cl de lait
- 0,5 cl de vanille liquide
- 4 œufs
- 1 sachet de levure
- Sel

Pour le glaçage

- 110 g de chocolat noir
- 10 cl de crème fraîche liquide

Dans un saladier, battez le beurre et le sucre jusqu'à ce que le mélange blanchisse.
Ajoutez petit à petit les œufs battus avec le lait et la vanille liquide.
Incorporez la farine tamisée, la fécule, la levure et une pincée de sel.
Prélevez la moitié de cette pâte et placez-la dans un autre saladier.
Ajoutez-y le chocolat noir que vous aurez fait fondre et la poudre de cacao diluée dans 2 cuil. à soupe d'eau chaude.
Beurrez un moule à cake puis versez des couches successives de chaque pâte.
Placez au four et laissez cuire 50 minutes. Laissez refroidir.
Dans un bol, râpez 110 g de chocolat noir et versez dessus la crème fraîche liquide bouillante. Mélangez bien et étalez ce glaçage sur toute la surface du gâteau.

Quiche tatin

Préparation : 15 minutes ■ Cuisson : 30 minutes ■ Budget : ★ Difficulté : ★

Pour 6 personnes

- 1 pâte feuilletée
- 6 petites pommes de terre
- 8 fines tranches de lard
- 3 œufs
- 20 cl de crème liquide
- 1 camembert
- 150 g de gruyère râpé
- Sel et poivre

Préchauffez le four à 200 °C (th. 6-7).

Faites cuire les pommes de terre à la vapeur. Tapissez le moule des tranches de lard. Recouvrez de fromage râpé.

Coupez les pommes de terre en rondelles puis disposez-les sur le râpé. Recouvrez de morceaux de camembert.

Battez les œufs et incorporez-y la crème puis assaisonnez.

Versez cette préparation dans le moule et recouvrez de la pâte feuilletée. Piquez-la à la fourchette.

Enfournez 30 minutes. Démoulez en retournant la tatin et servez aussitôt.

Riz au lait

Préparation : 20 minutes ■ Cuisson : 15 minutes ■ Repos : 2 heures ■ Budget : ★ Difficulté : ★

Pour 6 personnes

- 1 l de lait
- 200 g de riz rond
- 50 g de sucre en poudre
- 1 œuf
- 1 orange non traitée
- 1 citron non traité
- 1 bâton de cannelle
- Cannelle en poudre

Lavez l'orange et le citron et prélevez les zestes.

Dans une casserole, faites chauffer le lait et le sucre. Ajoutez-y le bâton de cannelle et les zestes.

Au premier frémissement, ajoutez le riz et laissez cuire pendant 15 minutes, en remuant régulièrement.

Ôtez du feu, enlevez le bâton de cannelle et les zestes. Battez l'œuf et ajoutez-le au riz. Mélangez bien.

Répartissez dans six ramequins individuels, saupoudrez de cannelle en poudre et laissez refroidir.

Placez ensuite au frais pendant au moins 2 heures avant de servir.

Riz au lait au chocolat

Préparation : 15 minutes ■ Cuisson : 25 minutes ■ Budget : ★ Difficulté : ★

Pour 6 personnes

- 100 g de chocolat noir
- 150 g de riz rond
- 50 cl de lait
- 15 g de sucre en poudre
- 1 sachet de sucre vanillé

Dans une casserole, faites bouillir à feu moyen le lait avec le chocolat coupé en petits morceaux et le sucre en poudre. Ajoutez le sachet de sucre vanillé et mélangez bien pour que la préparation soit homogène.

Rincez le riz dans une écumoire à l'eau froide pendant 3 minutes, pour ôter l'amidon. Ajoutez le riz rincé dans la casserole, remuez bien et laissez mijoter à feu doux, pendant 25 minutes : le riz doit alors être bien moelleux.

Rochers au chocolat

Préparation : 15 minutes ■ Cuisson : 20 minutes ■ Budget : ★ Difficulté : ★

Pour 4 personnes

- 200 g de chocolat noir
- 150 g de beurre
- 150 g de sucre en poudre
- 150 g de farine
- 150 g de poudre de noisettes
- 100 g de fécule
- 3 œufs
- 1 sachet de levure
- 1 sachet de sucre vanillé
- Sel

Préchauffez le four à 180 °C (th. 6).

Dans un saladier, mélangez les œufs, le sucre en poudre, la farine, la fécule et la poudre de noisettes.

Dans une casserole, faites fondre à feu doux le chocolat noir coupé en morceaux et le beurre. Laissez tiédir et versez cette préparation dans le saladier. Mélangez bien pour homogénéiser. Ajoutez-y le sachet de levure, le sucre vanillé et la pincée de sel et mélangez à nouveau.

Formez des petites boules de la taille d'une noix et déposez-les à intervalle régulier sur une plaque de cuisson beurrée et farinée. Enfournez et laissez cuire 15 minutes. Laissez refroidir et placez au frais pendant au moins 2 heures.

Roses des sables

Préparation : 15 minutes ■ Cuisson : 2 heures ■ Budget : ★ Difficulté : ★

Pour 4 personnes

- 350 g de chocolat noir
- 250 g de corn-flakes

Préchauffez le four à 150 °C (th. 5).

Dans un plat, versez les corn-flakes et mettez-les au four 10 minutes. Pendant ce temps, faites fondre le chocolat coupé en morceaux dans une casserole, au bain-marie.

Lorsque le chocolat a complètement fondu, versez-le sur les corn-flakes et malaxez bien pour enrober complètement tous les pétales. Faites-en des petit tas.

Laissez refroidir puis mettez au réfrigérateur pendant au moins 2 heures.

Roulé au Nutella

Préparation : 15 minutes ■ Cuisson : 10 minutes ■ Budget : ★ Difficulté : ★

Pour 6 personnes

- 220 g de Nutella
- 100 g de farine
- 100 g de sucre en poudre
- 3 œufs
- Sel

Préchauffez le four à 180 °C (th. 6).
Préparez la génoise : séparez les blancs d'œufs des jaunes. Montez les blancs en neige ferme avec une pincée de sel.
Dans un saladier, mélangez le sucre en poudre et les jaunes d'œufs jusqu'à ce que le mélange blanchisse. Ajoutez-y la farine en pluie et mélangez rapidement. Incorporez alors les blancs en neige délicatement.
Posez une feuille de papier aluminium sur la plaque de cuisson du four et étalez-y la génoise, bien régulièrement. Faites cuire 10 minutes.
Faites fondre au bain-marie le Nutella pour le liquéfier. Sortez la génoise du four, soulevez la feuille de papier aluminium et posez-la sur un torchon humidifié.
Tartinez la génoise avec le Nutella liquide et roulez immédiatement la génoise sur elle-même en vous aidant du torchon. Ôtez le papier aluminium au fur et à mesure.

Rouleaux de printemps aux fruits

Préparation : 20 minutes ■ Budget : ★ Difficulté : ★

Pour 4 personnes

- 4 feuilles de riz
- 2 pommes type goldens
- 2 oranges
- 10 fraises
- 10 g de cassonade
- 1 cuil. à café de cannelle

Pelez et râpez les pommes. Dans un bol, mélangez-les avec la cassonade et 1 cuil. à café de cannelle.

Pelez les oranges et découpez-les en tranches fines. Tranchez les fraises finement.

Faites ramollir les feuilles de riz dans des bols d'eau tiède pendant 15 minutes (un bol par feuille pour éviter qu'elles ne collent).

Déposez une feuille de riz sur une assiette et placez-y des tranches d'oranges, des pommes râpées et des tranches de fraises. Rabattez les bords et roulez la feuille sur elle-même.Emballez ce rouleau dans du film alimentaire et réservez au frais.

Faites de même pour chaque feuille de riz.

Roulés à la cannelle

Préparation : 30 minutes ■ Cuisson : 25 minutes ■ Repos : 2 heures ■ Budget : ★ Difficulté : ★

Pour 10 roulés

- 400 g de farine (spéciale pour pain)
- 180 g de cassonade
- 175 g de beurre
- 90 g de lait en poudre
- 65 g de glace à la vanille
- 50 g de sucre en poudre
- 1 œuf
- 5 g de levure de boulangerie instantanée
- Cannelle en poudre
- Sel

Mélangez 23 cl d'eau tiède, l'œuf, la farine, le sucre en poudre. Ajoutez le lait en poudre, du sel, 75 g de beurre et la levure. Pétrissez jusqu'à obtenir une pâte homogène. Laissez lever 1 heure en couvrant d'un torchon.
Faites fondre 75 g de beurre. Ajoutez 90 g de cassonade et la glace à la vanille. Portez à ébullition et laissez cuire 2 minutes de plus. Versez la sauce au caramel dans un moule à manqué et tapissez-en le fond.
Préchauffez le four à 180 °C (th. 6). Étalez la pâte sur une surface farinée en lui donnant une forme de rectangle. Tartinez-la avec le reste de beurre légèrement ramolli et saupoudrez de cannelle et de la cassonade restante. Roulez la pâte sur elle-même et scellez le bord avec un peu d'eau. Découpez le rouleau de pâte en dix roulés et placez-les dans le moule. Laissez la pâte finir de lever environ 1 heure.
Placez au four et laissez cuire 20 minutes.

Sablés à l'orange

Préparation : 15 minutes ■ Repos : 12 heures ■ Cuisson : 10 minutes ■ Budget : ★
Difficulté : ★

Pour 2 personnes

- 60 g de farine
- 50 g de beurre
- 25 g de sucre glace
- 25 g de zeste d'orange confit
- 20 g de poudre d'amandes
- 3 cl de lait
- 1 jaune d'œuf
- Le zeste de 1 citron
- Sel

Dans un saladier, mélangez la farine, le sucre glace, la poudre d'amandes et une pincée de sel.

Incorporez le beurre fondu. Ajoutez-y le zeste de citron râpé et le zeste d'orange confit.

Sans pétrir, roulez la pâte en boule et laissez-la reposer 12 heures au frais.

Préchauffez le four à 180 °C (th. 6).Étalez la pâte et déposez-la sur une plaque de cuisson farinée.

Dans un bol, mélangez 1 jaune d'œuf avec le lait et badigeonnez la pâte avec cette préparation. Découpez la pâte en petits carrés de taille égale. Placez la plaque au four et laissez cuire les sablés 10 minutes.

Sablés à la noix de coco

Préparation : 25 minutes ■ Repos : 2 heures ■ Cuisson : 8 minutes ■ Budget : ★ Difficulté : ★

Pour 30 sablés

- 150 g de beurre
- 150 g de farine
- 75 g de sucre glace
- 35 g de poudre d'amande
- 35 g de noix de coco râpée
- 1 œuf + 1 jaune
- Sel

Dans un saladier, travaillez le beurre en pommade puis ajoutez-y le sucre glace, une pincée de sel, la poudre d'amande et la noix de coco. Malaxez bien puis ajoutez 1 œuf battu. Versez enfin la farine et pétrissez la pâte pour qu'elle soit bien homogène. Laissez reposer au frais pendant 2 heures.

Préchauffez le four à 180 °C (th. 6).

Étalez la pâte sur un plan de travail fariné et découpez-y des cercles de taille identique.

Déposez les sablés sur une plaque de cuisson beurrée et badigeonnez-les avec le jaune d'œuf.

Placez au four 8 minutes, jusqu'à ce que les sablés soient bien dorés.

Salade d'oranges

Préparation : 10 minutes ■ Repos : 3 heures ■ Budget : ★ Difficulté : ★

Pour 4 personnes

- 30 g de sucre en poudre
- 9 cl de fleur d'oranger
- 6 oranges
- 10 dattes
- 10 amandes

Épluchez les oranges et coupez-les en tranches très fines. Disposez-les dans un plat. Parsemez de dattes coupées en petits morceaux, ainsi que d'amandes cassées en petits éclats.

Dans un bol, mélangez la fleur d'oranger, le sucre en poudre et 6 cl d'eau. Versez ce mélange sur les oranges.

Placez au frais et laissez reposer 3 heures, pour que les oranges s'imbibent bien.

Salade de pomme caramélisée

Préparation : 10 minutes ■ Cuisson : 15 minutes ■ Budget : ★ Difficulté : ★

Pour 1 personne

- 1 pomme type golden
- 25 cl de jus de pomme
- 15 g de sucre en poudre
- 5 morceaux de sucre
- 1 cuil. à café de cannelle

Épluchez la pomme et coupez-la en petits dés.

Dans une casserole, faites chauffer le jus de pomme avec la cannelle et ajoutez la pomme en dés. Versez le sucre en poudre en pluie.

Laissez cuire à feu moyen et à couvert pendant 15 minutes, jusqu'à ce que presque tout le jus ait disparu. Placez les dés de pomme dans un ramequin et réservez au chaud.

Pendant ce temps, dans une casserole, placez cinq morceaux de sucre juste imbibés d'eau et faites chauffer à feu doux. Dès que le caramel se colore, sortez du feu.

Versez le caramel sur les dés de pomme et servez immédiatement.

Scones

Préparation : 10 minutes ■ Cuisson : 10 minutes ■ Budget : ★ Difficulté : ★

Pour 12 scones

- 500 g de farine
- 12,5 cl de lait
- 60 g de beurre
- 2 cuil. à soupe de crème fraîche
- 30 g de sucre
- 1 sachet de levure
- Sel

Préchauffez le four à 180 °C (th. 6).

Dans un saladier, tamisez la farine avec la levure et une pincée de sel.

Ajoutez le sucre en poudre et le beurre ramolli coupé en petits morceaux. Mélangez bien. Ajoutez alors le lait et la crème fraîche petit à petit, en battant bien pour obtenir une préparation homogène.

Pétrissez la pâte sur un plan de travail fariné jusqu'à ce qu'elle ne soit plus collante.

Découpez-y des cercles d'environ 5 cm de diamètre.

Déposez ces cercles de pâte sur une plaque de cuisson farinée et faites cuire 10 minutes.

Soufflé au chocolat

Préparation : 25 minutes ■ Cuisson : 30 minutes ■ Budget : ★ ★ Difficulté : ★

Pour 6 personnes

- 175 g de chocolat noir
- 100 g de sucre en poudre
- 100 g de beurre
- 50 g de farine
- 5 œufs
- 50 cl de lait
- 1 gousse de vanille
- Sel

Dans une casserole, faites bouillir le lait avec la moitié du sucre en poudre, le chocolat coupé en morceaux et le beurre. Ajoutez la gousse de vanille fendue en deux.

Séparez les blancs d'œufs des jaunes. Mélangez les jaunes d'œufs avec le reste du sucre en poudre jusqu à ce que la préparation blanchisse. Ajoutez-y la farine.

Versez le lait chaud sur cette préparation, mélangez bien et remettez sur feu doux 5 minutes. Laissez refroidir.

Préchauffez le four à 170 °C (th. 5-6).

Montez les blancs en neige ferme avec une pincée de sel et incorporez-les doucement à la préparation refroidie. Beurrez un moule à soufflé et versez-y la pâte. Placez au four et laissez cuire 30 minutes.

Soufflé au Grand Marnier

Préparation : 20 minutes ■ Cuisson : 25 minutes ■ Budget : ★ Difficulté : ★

Pour 4 personnes

- 30 cl de lait
- 100 g de sucre en poudre
- 30 g de crème de riz
- 30 g de beurre
- 6 œufs
- 6 cl de Grand Marnier
- Le zeste de 1 orange

Dans une casserole, faites chauffer à feu moyen 1 cl de lait et ajoutez-y 70 g de sucre en poudre et le zeste d'orange. Faites bouillir, ôtez le zeste et laissez sur feu doux.
Dans un bol, délayez la crème de riz dans le reste de lait, puis versez cette préparation dans le lait bouillant. Remuez au fouet jusqu'à ce que la crème épaississe. Réservez.
Séparez les blancs d'œufs des jaunes. Ajoutez dans la casserole le beurre et 4 jaunes d'œufs en remuant fermement. Laissez refroidir.
Préchauffez le four à 210 °C (th. 7).
Dans un saladier, battez les 6 blancs d'œufs en neige ferme avec le reste de sucre. Incorporez-les à la préparation (qui doit être à peine tiède). Ajoutez le Grand Marnier.
Versez la pâte dans un moule à soufflé et placez au four pour 25 minutes.

Soufflés à l'orange

Préparation : 50 minutes ■ Cuisson : 20 minutes ■ Budget : ★ Difficulté : ★

Pour 2 personnes

- 60 g de farine
- 40 g de sucre en poudre
- 25 g de beurre
- 2 œufs
- 2 oranges
- 1 citron
- Sel

Coupez les oranges en deux. Ôtez la pulpe et réservez les écorces vides. Pressez la pulpe d'orange et le citron. Réservez le jus. Faites fondre le beurre à feu moyen. Ajoutez la farine et laissez cuire en remuant, jusqu'à ce que la farine se colore légèrement.
Ajoutez le jus du citron et le jus des oranges, sans cesser de remuer et laissez cuire jusqu'à obtenir une crème lisse.
Portez à petits bouillons 2 minutes, puis retirez la casserole du feu. Ajoutez le sucre en poudre, remuez et laissez tiédir.
Préchauffez le four à 200 °C (th. 6-7).
Séparez les blancs d'œufs des jaunes. Incorporez les jaunes à la crème, un par un.
Montez les blancs en neige ferme avec une pincée de sel et incorporez-les délicatement au mélange.
Versez le mélange dans les écorces d'oranges et placez-les au four pour 20 minutes.

Spéculoos

Préparation : 15 minutes ■ Repos : 12 heures ■ Cuisson : 20 minutes ■ Budget : ★
Difficulté : ★

Pour 4 personnes

- 150 g de farine
- 125 g de beurre
- 125 g de cassonade
- 3 g de bicarbonate de soude
- 1 œuf
- Cannelle en poudre
- 2 clous de girofle
- Sel

Dans un saladier, coupez le beurre en petits morceaux et laissez-le ramollir à température ambiante. Malaxez-le à la fourchette pour lui donner une consistance crémeuse. Ajoutez-y l'œuf et la cassonade et battez au fouet pour bien mélanger.

Incorporez ensuite la farine tamisée, le bicarbonate de soude, une pincée de sel et une cuil. à soupe de cannelle. Écrasez les clous de girofle et ajoutez-les à la pâte. Formez une boule avec cette pâte et placez-la 12 heures au frais.

Préchauffez le four à 160 °C (th. 5-6). Étalez la pâte sur une épaisseur de 2 mm et découpez des rectangles de pâte d'environ 3 cm par 5 cm.

Déposez les spéculoos sur une plaque de cuisson beurrée et faites-les cuire 20 minutes, jusqu'à ce qu'ils soient bien dorés.

Tarte à la compote de pommes et fromage blanc

Préparation : 10 minutes ■ Cuisson : 25 minutes ■ Budget : ★ Difficulté : ★

Pour 6 personnes

- 1 pâte sablée
- 500 g de compote de pommes
- 500 g de fromage blanc
- 3 œufs
- 150 g de sucre
- 2 cuil. à soupe de vanille liquide

Préchauffez le four à 210 °C (th. 7).

Étalez la pâte dans un plat à tarte beurré et fariné puis piquez le fond à la fourchette.

Garnissez-la d'une couche de compote.

Fouettez le fromage blanc avec les œufs, le sucre et la vanille.

Étalez ce mélange sur la compote.

Faites cuire 25 minutes. Dégustez tiède ou froid.

Tarte à la crème de coco

Préparation : 20 minutes ■ Cuisson : 25 minutes ■ Budget : ★★ Difficulté : ★

Pour 6 personnes

- 1 pâte sablée
- 200 g de sucre
- 250 g de noix de coco en poudre
- 25 cl de lait de coco
- 2 œufs
- 10 cl de rhum

Préchauffez le four à 210 °C (th. 7).

Étalez la pâte dans un plat à tarte beurré et fariné puis piquez le fond à la fourchette.

Faites chauffer le lait de coco dans une casserole puis incorporez le sucre. Mélangez jusqu'à ce que le sucre ait fondu.

Hors du feu, ajoutez la poudre de noix de coco et mélangez bien.

Fouettez les œufs et incorporez-les à la préparation ci-dessus, ainsi que le rhum.

Versez cette crème sur le fond de tarte.

Enfournez pour 25 minutes. Dégustez froid.

Tarte à la rhubarbe

Préparation : 15 minutes ■ Cuisson : 30 minutes ■ Budget : ★ Difficulté : ★

Pour 6 personnes

- 1 pâte brisée
- 500 g de rhubarbe
- 200 g de sucre
- 30 cl de crème fraîche
- 3 œufs
- Cannelle

Préchauffez le four à 200 °C (th. 6-7).

Pelez la rhubarbe et coupez-la en petits cubes.

Étalez la pâte brisée dans un moule et piquez le fond avec une fourchette.

Parsemez de haricots secs, recouvrez d'une feuille de papier aluminium et placez au four. Laissez cuire pendant 10 minutes.

Mélangez les œufs et le sucre jusqu'à ce que le mélange blanchisse. Ajoutez-y la crème fraîche et mélangez à nouveau. Versez cette préparation sur la rhubarbe préalablement déposée sur le fond de tarte. Parsemez de cannelle. Enfournez pour 30 minutes.

Tarte aux abricots

Préparation : 15 minutes ■ Cuisson : 45 minutes ■ Budget : ★ Difficulté : ★

Pour 6 personnes

- 1 pâte brisée
- 1 kg d'abricots
- 100 g de sucre en poudre
- 50 g d'amandes effilées
- 20 cl de crème fraîche liquide
- 1 cuil. à soupe de crème fraîche épaisse
- 1 cl d'extrait de vanille liquide
- 2 œufs

Dans un saladier, mélangez la crème liquide avec le sucre en poudre, les œufs et la crème fraîche épaisse. Ajoutez l'extrait de vanille et laissez reposer.

Préchauffez le four à 180 °C (th. 6).

Étalez la pâte brisée et déposez-la dans un moule à tarte. Piquez le fond avec une fourchette.

Lavez les abricots, coupez-les en deux et dénoyautez-les.

Disposez-les sur la pâte, partie plate en haut. Versez dessus la préparation et parsemez d'amandes effilées. Placez la tarte au four et laissez cuire 45 minutes (les abricots doivent être bien dorés).

Tarte ananas-noix de coco

Préparation : 15 minutes ■ Cuisson : 30 minutes ■ Budget : ★ ★ Difficulté : ★

Pour 6 personnes

- 1 pâte sablée
- 25 cl de crème liquide
- 3 œufs
- 100 g de noix de coco râpée
- 80 g de sucre
- 5 tranches d'ananas au sirop
- 5 cl de rhum

Préchauffez le four à 200 °C (th. 6-7).

Étalez la pâte dans un plat à tarte beurré et fariné puis piquez le fond à la fourchette.

Battez les œufs et incorporez la crème, la noix de coco râpée, le sucre et le rhum. Mélangez bien.

Versez la préparation sur le fond de tarte.

Placez joliment les rondelles d'ananas et enfournez 30 minutes.

Laissez tiédir avant de déguster.

Tarte au chocolat express

Préparation : 10 minutes ■ Cuisson : 15 minutes ■ Repos : 3 heures ■ Budget : ★
Difficulté : ★

Pour 6 personnes

- 1 pâte sablée
- 250 g de chocolat noir
- 30 cl de crème fraîche liquide

Préchauffez le four à 170 °C (th. 5-6).
Étalez la pâte et placez-la dans un moule à tarte beurré. Recouvrez-la de haricots secs et mettez-la au four pour 10 minutes. Sortez et laissez refroidir.

Pendant ce temps, cassez le chocolat noir en petits morceaux dans un bol.
Dans une casserole, faites chauffer la crème fraîche liquide jusqu'à frémissement et versez-la sur les éclats de chocolat. Sans mélanger, recouvrez immédiatement le bol avec une assiette et laissez reposer 5 minutes. Mélangez alors le chocolat fondu et la crème jusqu'à obtenir une pâte très lisse.

Versez cette préparation sur le fond de tarte bien froid et laissez refroidir l'ensemble à l'air libre jusqu'à ce que le chocolat durcisse (3 heures environ).

Tarte au citron

Préparation : 20 minutes ■ Cuisson : 25 minutes ■ Budget : ★ Difficulté : ★

Pour 6 personnes

- 1 pâte brisée
- 130 g de sucre en poudre
- 10 g de beurre
- 4 œufs
- 2 citrons

Préchauffez le four à 220 °C (th. 7-8)

Étalez la pâte dans un moule à tarte beurré. Pressez les citrons et réservez le jus.

Récupérez la peau de 1 citron, lavez-la bien et prélevez le zeste.

Dans un saladier, mélangez les 4 œufs, le sucre en poudre, le jus des citrons et les zestes. Versez cette préparation sur la pâte et placez au four.

Laissez cuire 20 minutes.

Vérifiez la cuisson avec une pointe dans le centre de la tarte, elle doit ressortir sèche.

Tarte au citron meringuée

Préparation : 30 minutes ■ Cuisson : 15 minutes ■ Budget : ★ ★ Difficulté : ★

Pour 6 personnes

- 1 rouleau de pâte sablée
- 4 citrons
- 150 g + 100 g de sucre
- 3 œufs
- 2 blancs d'œufs
- 1 cuil. à soupe de Maïzena

Dans un moule à tarte, faites cuire votre pâte sablée, que vous aurez préalablement piquée, 10 minutes à 180 °C (th. 6).

Prélevez les zestes des citrons. Pressez leur jus. Mettez le tout dans une casserole, versez 150 g de sucre et la Maïzena. Mélangez et faites chauffer 5 minutes à feux doux.

Pendant ce temps, battez les œufs entiers et incorporez-les au mélange précédent tout en remuant. Augmentez la puissance du feu et continuez de bien mélanger jusqu'à épaississement. Ôtez du feu et versez l'appareil sur le fond de tarte cuit.

Montez les blancs en neige avec une pincée de sel. Quand ils commencent à être fermes, ajoutez 100 g de sucre et continuez de battre 3 minutes.

Recouvrez la tarte des blancs en neige et enfournez 5 minutes sous le gril puis servez aussitôt.

Tarte au miel de lavande

Préparation : 15 minutes ■ Cuisson : 25 minutes ■ Repos : 30 minutes ■ Budget : ★ Difficulté : ★

Pour 6 personnes

- 1 pâte brisée
- 200 g de miel de lavande
- 60 g de farine
- ½ l de lait
- 3 œufs

Étalez la pâte et déposez-la dans un moule à tarte beurré.

Préchauffez le four à 180 °C (th. 6).

Dans un saladier, mélangez la farine et les œufs en délayant avec un peu de lait.

Dans une casserole, faites chauffer le reste du lait et le miel, en mélangeant bien.

Une fois que la préparation est bien lisse et prête à bouillir, versez-la doucement dans le saladier et battez fermement au fouet. Versez la crème formée dans la casserole et faites chauffer à feu doux, en remuant, jusqu'à ce qu'elle épaississe. Laissez refroidir.

Versez cette crème au miel dans le fond de tarte et placez-la au four.

Laissez cuire 25 minutes. La crème doit être bien dorée.

Tarte au sucre

Préparation : 30 minutes ■ Repos : 40 minutes ■ Cuisson : 30 minutes ■ Budget : ★
Difficulté : ★

Pour 6 personnes

- 400 g de farine
- 100 g de beurre pommade
- 3 œufs
- 40 g de levure de boulanger
- 20 cl de lait
- 30 g de sucre
- 3 cuil. à soupe de cassonade

Commencez par préparer la pâte : délayez la levure dans un peu de lait tiède. Dans un saladier, versez la farine et incorporez-y les œufs, le beurre et la levure. Mélangez jusqu'à l'obtention d'une pâte homogène.

Faites reposer la pâte 40 minutes dans un endroit tempéré.
Préchauffez le four à 200 °C (th. 6-7).
Incorporez le sucre à la pâte en la pétrissant à nouveau.

Étalez-la sur une plaque ronde à pizza en ayant pris soin de la beurrer préalablement.

Faites des trous sur la surface avec le doigt et parsemez-la de cassonade.

Enfournez 30 minutes. Laissez tiédir avant de déguster.

Tarte aux fraises

Préparation : 10 minutes ■ Cuisson : 15 minutes ■ Budget : ★★ Difficulté : ★

Pour 6 personnes

- 1 pâte sablée
- 1 kg de fraises
- 100 g de gelée de groseilles

Préchauffez le four à 180 °C (th. 6).

Abaissez la pâte dans une tourtière. Piquez le fond avec une fourchette et faites-la cuire 15 minutes.

Diluez la gelée avec 1 cuil. à soupe d'eau tiède.

Nappez-en le fond de tarte et placez les fraises. Recouvrez avec le restant de coulis. Dégustez aussitôt.

Tarte aux framboises

Préparation : 30 minutes ■ Cuisson : 25 minutes ■ Budget : ★ ★ Difficulté : ★

Pour 6 personnes

- 1 pâte sablée
- 500 g de framboises fraîches ou surgelées
- 3 jaunes d'œufs
- 90 g de beurre fondu
- 120 g de sucre
- 120 g de poudre d'amandes

Préchauffez le four à 210 °C (th. 7).

Étalez la pâte dans un plat à tarte beurré et fariné puis piquez le fond à la fourchette.

Faites-la précuire 10 minutes.

Pendant ce temps, mélangez le beurre avec le sucre, la poudre d'amandes et les jaunes d'œufs.

Versez cette préparation sur le fond de tarte.

Enfournez 15 minutes.

Une fois la tarte refroidie, disposez les framboises et saupoudrez de sucre. Servez aussitôt.

Tarte aux mirabelles

Préparation : 20 minutes ■ Cuisson : 35 minutes ■ Budget : ★ Difficulté : ★ ★

Pour 6 personnes

- 1 pâte brisée
- 1 kg de mirabelles
- 50 g de biscuits à la cuillère
- 25 g de sucre en poudre

Préchauffez le four à 180 °C (th. 6).

Étalez la pâte brisée et déposez-la dans le moule. Piquez le fond avec une fourchette et parsemez les biscuits émiettés.

Lavez les mirabelles, coupez-les en deux et dénoyautez-les.

Placez les mirabelles en cercles sur la pâte, de façon à ce qu'elles s'emboîtent les unes sur les autres. Parsemez le sucre en poudre.

Placez au four et laissez cuire 35 minutes. La pâte doit être bien dorée.

Tarte aux pêches express

Préparation : 10 minutes ■ Cuisson : 45 minutes ■ Budget : ★ Difficulté : ★

Pour 6 personnes

- 1 pâte sablée
- 50 g de sucre en poudre
- 3 pêches
- 2 œufs
- Beurre

Préchauffez le four à 180 °C (th. 6).

Étalez la pâte sablée et déposez-la dans un plat à tarte préalablement beurré. Piquez le fond avec une fourchette, recouvrez de haricots secs et faites cuire 10 minutes à 180 °C (th. 6). Réservez la pâte précuite.

Lavez les pêches et découpez-les en petits dés. Répartissez-les sur le fond de pâte.

Dans un bol, battez les œufs avec le sucre en poudre. Versez cette préparation sur les fruits.

Placez au four et laissez cuire 35 minutes. Les fruits doivent être bien dorés.

Tarte choco-poires

Préparation : 15 minutes ■ Cuisson : 30 minutes ■ Budget : ★ Difficulté : ★

Pour 6 personnes

- 1 pâte sablée
- 100 g de chocolat noir
- 3 œufs
- 6 cuil. à soupe de crème fraîche épaisse
- 70 g de sucre
- 3 poires au sirop

Préchauffez le four à 180 °C (th. 6).

Faites fondre le chocolat au four à micro-ondes. Ajoutez la moitié de la crème et mélangez.

Abaissez la pâte dans une tourtière et piquez-la.

Nappez le fond de tarte du chocolat et déposez les poires coupées en deux (dans le sens de la longueur), côté bombé vers vous.

Mélangez les œufs, le sucre, le restant de crème et nappez-en la tarte.

Enfournez 30 minutes.

Laissez tiédir avant de démouler puis dégustez.

Tarte poires-caramel

Préparation : 30 minutes ■ Cuisson : 25 minutes ■ Budget : ★ Difficulté : ★

Pour 6 personnes

- 1 pâte sablée
- 6 poires au sirop
- Le jus de ½ citron
- 90 g de sucre
- 1 sachet de sucre vanillé
- 125 g de crème fraîche épaisse
- 2 jaunes d'œufs
- 25 g de Maïzena
- 10 cl de lait

Préchauffez le four à 180 °C (th. 6).
Étalez la pâte dans un plat à tarte beurré et fariné puis piquez le fond à la fourchette. Faites-la précuire pendant 10 minutes.
Dans une casserole, faites chauffer la crème. Dans une autre, faites fondre 75 g de sucre avec le jus de citron. Mélangez.

Laissez le sucre se transformer en caramel blond puis incorporez la crème. Réservez.

Fouettez le reste de sucre avec les jaunes d'œufs. Ajoutez la Maïzena, puis le lait froid et le sucre vanillé. Mélangez puis ajoutez le caramel.

Disposez les poires coupées en deux sur le fond de tarte et recouvrez-les de la préparation ci-dessus. Enfournez 15 minutes. Laissez tiédir avant de servir.

Tarte pommes-amandes

Préparation : 20 minutes ■ Cuisson : 35 minutes ■ Budget : ★ Difficulté : ★

Pour 6 personnes

- 1 pâte brisée
- 4 pommes
- 100 g d'amandes effilées
- 75 g de sucre en poudre
- 5 cl de crème fraîche liquide
- 1,5 cuil. à soupe de crème fraîche épaisse
- 1 cl de vanille liquide
- 1 sachet de sucre vanillé
- 1 citron
- 1 œuf

Étalez la pâte brisée dans un moule et piquez-la avec une fourchette. Réservez au frais.

Préchauffez le four à 180 °C (th. 6).

Mélangez la crème fraîche liquide avec le sucre en poudre et le sucre vanillé, la vanille liquide, l'œuf, la crème fraîche épaisse et le zeste d'un demi-citron.

Pelez et coupez les pommes en dés, disposez-les morceaux sur la pâte et nappez-les de la préparation.

Placez au four et laissez cuire 15 minutes. Sortez-la tarte du four et recouvrez la surface avec les amandes effilées.

Remettez au four et laissez cuire 20 minutes de plus, jusqu'à ce que les amandes soient bien dorées.

Tarte Tatin à la banane

Préparation : 15 minutes ■ Cuisson : 30 minutes ■ Budget : ★ Difficulté : ★

Pour 4 personnes

- 1 pâte brisée
- 3 bananes
- 80 g de sucre en morceaux
- Gingembre en poudre
- Cannelle

Préchauffez le four à 200 °C (th. 6-7).

Dans une casserole, préparez un caramel : imbibez les morceaux de sucre d'eau et faites chauffer sans remuer. Dès que le caramel est doré, versez-le dans le fond d'un moule à manqué en le répartissant bien uniformément.

Pelez et coupez les bananes en petits morceaux. Déposez les bananes sur le caramel et saupoudrez de cannelle et de gingembre.

Étalez la pâte brisée et recouvrez-en les bananes. Pensez à rentrer les bords vers l'intérieur. Placez au four et laissez cuire 30 minutes.

Laissez refroidir complètement avant de démouler sur un plat.

Tarte Tatin exotique

Préparation : 25 minutes ■ Cuisson : 45 minutes ■ Budget : ★ ★ Difficulté : ★

Pour 6 personnes

- 1 pâte sablée
- 1 grosse papaye
- 1 mangue
- 500 g de litchis au sirop
- 100 g de beurre demi-sel
- 2 sachets de sucre vanillé

Coupez la mangue et la papaye en cubes.

Faites-les revenir dans le beurre puis ajoutez les litchis avec 10 cl de leur jus et le sucre vanillé. Faites mijoter 15 minutes.

Pendant ce temps, préchauffez le four à 200 °C (th. 6-7).

Placez les fruits dans un moule à tarte et recouvrez-les de la pâte en la glissant le long du bord jusqu'au fond. Effectuez quelques ouvertures dans la pâte pour permettre à la vapeur de s'échapper.

Enfournez 30 minutes.

Laissez un peu refroidir avant de démouler sur un plat à service et dégustez.

Tartelettes au café

Préparation : 10 minutes ■ Cuisson : 25 minutes ■ Budget : ★ Difficulté : ★

Pour 4 personnes

- 1 pâte sablée
- 50 g de sucre en poudre
- 5 cl de crème fraîche liquide
- 30 g de café soluble
- 10 g de cacao en poudre
- 3 œufs

Dans un saladier, battez les œufs avec le sucre en poudre. Ajoutez la cuil. à soupe de café dilué dans une cuil. à soupe d'eau chaude, la poudre de cacao et la crème fraîche liquide.

Étalez la pâte sablée et découpez-y 4 cercles de même diamètre. Déposez-les dans 4 petits moules à tartes beurrés et farinés.

Préchauffez le four à 180 °C (th. 6).

Versez la crème sur les fonds de pâte en les remplissant jusqu'au bord. Placez les tartelettes au four et laissez cuire pendant 25 minutes.

Tiramisu au chocolat

Préparation : 30 minutes ■ Repos : 8 heures ■ Budget : ★ Difficulté : ★

Pour 6 personnes

- 500 g de mascarpone
- 200 g de biscuits à la cuillère
- 150 g de sucre en poudre
- 100 g de chocolat noir
- 50 g de poudre de cacao
- 20 cl de lait
- 4 œufs
- 3 cuil. à soupe de café

Dans une casserole, chauffez le lait à feu moyen et versez-y la moitié du sucre en poudre. Surveillez pour que le mélange ne bouille pas.

Dans un bol, mélangez la poudre de cacao et le café. Versez ce mélange dans le lait chaud, hors du feu. Mélangez bien et laissez refroidir.

Battez les jaunes d'œufs avec le reste de sucre en poudre. Ajoutez-y environ 80 g de chocolat noir préalablement râpé, la moitié du lait cacaoté et le mascarpone. Mélangez bien pour que la préparation soit homogène. Montez les blancs en neige et incorporez-les soigneusement à cette préparation.

Trempez les biscuits dans le lait cacaoté restant et disposez-en la moitié dans un plat. Recouvrez-les avec la moitié de la crème, déposez le reste des biscuits et une dernière couche de crème. Saupoudrez avec le reste de chocolat noir râpé.

Placez au frais et laissez au moins 8 heures avant de servir.

Tiramisu aux framboises

Préparation : 20 minutes ■ Repos : 12 heures ■ Budget : ★ Difficulté : ★ ★

Pour 6 personnes

- 250 g de framboises
- 200 g de mascarpone
- 200 g de crème fraîche épaisse
- 75 g de sucre en poudre
- 3 œufs
- 40 biscuits à la cuillère
- 6 cl de kirsch
- Sel

Mixez les framboises avec 25 g de sucre en poudre. Imbibez les biscuits à la cuillère avec le kirsch et déposez-les dans le fond d'un plat. Recouvrez avec les framboises.

Séparez les blancs d'œufs des jaunes.

Mélangez 50 g de sucre en poudre avec les 3 jaunes d'œufs, ajoutez le mascarpone et la crème fraîche fouettée. Battez les blancs en neige bien ferme avec une pincée de sel. Incorporez-les doucement à la crème.

Versez cette préparation sur les fruits et placez au frais.

Laissez reposer 12 heures.

Truffes au chocolat

Préparation : 15 minutes ■ Cuisson : 10 minutes ■ Repos : 14 heures ■ Budget : ★ Difficulté : ★

Pour 30 truffes

- 500 g de chocolat noir
- 150 g de cacao en poudre
- 15 g de beurre
- 2 bonnes cuil. à soupe de crème fraîche

Dans une casserole, faites bouillir la crème fraîche et le beurre, en mélangeant sans arrêt. Hors du feu, ajoutez le chocolat cassé en morceaux et remuez jusqu'à obtenir une pâte bien lisse.

Placez cette préparation au réfrigérateur pendant 12 heures pour qu'elle durcisse.

Le lendemain, formez de petites boules de la taille d'une noix et roulez-les dans le cacao. Placez-les au frais pour 2 heures avant de servir.

Verrines de figues rôties sur pain d'épices

Préparation : 15 minutes ■ Cuisson : 10 minutes ■ Budget : ★ ★ Difficulté : ★

Pour 4 personnes

- 6 figues fraîches
- 4 tranches de pain d'épices
- 4 cuil. à café de miel
- 10 g de beurre
- Cannelle en poudre

Émiettez grossièrement le pain d'épices. Faites dorer le pain d'épices dans une poêle avec le beurre. Répartissez les miettes de pain d'épices dans quatre verrines.

Dans la même poêle, faites rôtir les figues coupées en quatre. Arrosez-les de miel.

Placez les figues sur le pain d'épices et saupoudrez de cannelle. Servez aussitôt.

Verrines de mousse de pommes

Préparation : 10 minutes ■ Cuisson : 20 minutes ■ Repos : 2 heures ■ Budget : ★
Difficulté : ★

Pour 4 personnes

- 4 pommes
- 60 g de miel toutes fleurs
- 4 cl d'huile d'olive

Préchauffez le four à 200 °C (th. 6-7).

Lavez les pommes et épépinez-les. Enrobez-les de papier aluminium et faites-les cuire 20 minutes au four. Prélevez la pulpe des pommes à la cuillère et répartissez-la dans des verrines.

Dans une casserole, faites fondre le miel et incorporez l'huile en mélangeant bien. Versez le miel sur la pulpe de pommes et laissez refroidir. Placez ensuite au frais pendant 2 heures.

Verrines de spéculoos

Préparation : 20 minutes ■ Repos : 3 heures ■ Budget : ★ Difficulté : ★

Pour 5 personnes

- 7 cuil. à soupe de crème fraîche
- 200 g de spéculoos
- 75 g de sucre en poudre
- 2 blancs d'œufs
- 2 feuilles de gélatine
- 1 tasse de café fort
- Sel

Dans un bol, faites tremper les feuilles de gélatine dans de l'eau froide pendant 20 minutes, pour les faire ramollir.

Pendant ce temps, préparez une tasse de café fort (type expresso) et diluez-y le sucre en poudre puis la gélatine. Mélangez bien.

Dans un saladier, cassez les spéculoos en petits morceaux et malaxez-les dans le café. Battez la crème fraîche au fouet et ajoutez-la aux spéculos.

Battez les blancs d'œufs en neige ferme avec une pincée de sel et incorporez-les délicatement à la préparation.

Répartissez le mélange dans des verrines et placez au frais pendant au moins 3 heures.

Yaourt glacé aux framboises

Préparation : 10 minutes ■ Repos : 2 heures ■ Budget : ★ Difficulté : ★

Pour 1 personne

- 200 g de framboises
- 15 g de sucre en poudre
- 1 yaourt nature

Dans un robot, mixez soigneusement les framboises, le yaourt et le sucre en poudre.
La préparation doit être parfaitement homogène.

Versez-la dans un récipient hermétique et placez-la au congélateur pendant 2 heures.
Remuez très régulièrement pour éviter que des cristaux de glace se forment.

EDITIONS ESI

Imprimeur : Imprimé en Espagne par Printer Industria Grafica - Barcelone
Dépôt légal : octobre 2009 - Achevé d'imprimer : octobre 2009
ISBN : 978-2-35355-370-9